묻고 생각하고 답하다
중국어 문법 강의

묻고 생각하고 답하다

중국어 문법 강의

문유미·오유정 지음

중국어 문법을 공부하는 사람도, 가르치는 사람도, 연구하는 사람도
한 권으로 모든 궁금증이 해결될 수 있는 문법서

한국문화사

답안지 파일 다운로드 안내

답안지 파일 제공
(다운로드)

한국문화사 독자자료실 접속 →
중국어 문법 강의 폴더 → 답안지 다운로드
http://hph.co.kr

일러두기

이 책의 중국어는 모두 간화자(简化字)를 사용하였고, 예문 앞 * 표시는 문법적으로 비문임을 의미합니다.

머리말

중국어에 대한 대중의 관심이 증가함에 따라 수많은 중국어 학습 교재가 출판되고 있다. 하지만 막상 대학에서 중어중문학을 전공하는 학습자나 중국어 문법에 관심이 많은 비전공자가 스스로 펼쳐보며 중국어 문법에 대한 궁금증을 해결할 수 있는 적절한 교재가 부족한 것이 현실이다. 더욱이 다양한 교수법이 개발되고 학생 참여와 커뮤니케이션이 중요하게 부각되고 있는 상황 속에서 중국어 문법을 암기식이 아닌 사고와 토론의 방식으로 학습할 수 있도록 설계된 문법서는 거의 없다고 할 수 있다.

이 책은 이러한 현실 인식에서 기획되었다. 중국어 문법을 공부하는 사람도, 가르치는 사람도, 연구하는 사람도 그 이유와 동기가 어떻든 한 권으로 모든 궁금증이 해결될 수 있는 문법서를 만들고자 하였다. 중국어 문법을 사고와 토론을 통해 학습하는 것이다.

이 책이 가지는 가치 및 활용도는 다음과 같이 정리할 수 있다.

첫째, 중국어 문법 연구의 과거와 현재, 이론과 적용을 포괄하는 체계성

이 책은 중국어 문법 학계의 축적된 연구를 바탕으로 최신의 성과를 체계적으로 제시하였다. 이로써 중국어를 전공하는 학습자와 연구자를 위한 이론적이고 학술적인 분석을 제공하고자 하였다. 주요 문법 요소를 유형별로 나누어 특징을 소개하는 것에서 나아가 '이론-분석-적용'의 구성을 갖추어 독자의 체계적이고 효과적인 학습을 유도하였다. 이 책은 크게 '중국어 문법 개관', '품사' 및 '문장성분' 세 개의 부로 구성되어 중국어 문법 현상을 다양한 각도에서 분석할 수 있도록 하였다. 각 챕터 역시 '각 문법 요소에 대한 이론적 서술-예시를 바탕으로 한 분석-학습 내용에 대한 점검'으로 이어지는 순환적 학습이 가능하도록 구성하였다.

둘째, 한국의 중국어 학습자 및 교수자를 위한 최적의 문법서

이 책은 특별히 한국의 중국어 학습자 및 교수자에게 최적화된 문법서를 지향하였다. 기획 초기부터 한국인 학습자가 학습에 어려움을 겪는 문법 항목 및 그로 인해 발생하는 여러 오류 사항에 주목하였다. 이에 따라 이 책은 한국인 학습자의 다양한 오류를 수집하고, 이에 대한 중국어 문법 학계의 전통적인 인식과 최근의 연구 성과를 체계적으로 제시하고자 하였다. 특히 한국인 학습자가 자주 범하는 오류나 구분이 어려운 문법 항목과 유의문을 비교·분석한 '참고' 항목을 통해 학습자들은 중국어에 나타나는 중국인의 사고방식을 이해하고 중국어가 가진 다채로움과 아름다움을 경험하게 될 것이다.

셋째, 교육 현장에 곧바로 적용 가능한 실용성과 효율성

이 책은 실제 대학 또는 여러 교육 현장의 수업 운영 및 독자의 학습 흐름을 고려하여 구성되었다. 중국어 학습 및 교육의 진행 과정에 최적화된 구성을 제시함으로써 교수자가 별도의 재구성 및 가감 없이 교육 현장에 곧바로 적용 가능하도록 하였다. 구체적으로 각 챕터는 서두에 '학습목표'와 '목차'를 제시하는 것 외에 '생각해 봅시다' 항목을 제시하여 각 챕터의 주요 문법 항목을 환기할 수 있도록 하였다. 이는 수업 현장에서 토론 및 커뮤니케이션의 주제로 활용될 수 있으며, 학습자의 학습 집중도 또한 높여줄 것이다. 또한, 이에 대한 해답을 각 챕터의 말미에 제시하여, 본문 학습 후 학습 내용을 확인할 수 있도록 하였다. 이는 학습자의 높은 학습 효능감을 기대할 수 있을 것이다. 부록의 형식으로 강의노트와 연습문제를 제공함으로써, 교수자는 학습 내용을 점검할 수 있고 개별 학습자는 스스로 학습의 성과를 점검할 수 있도록 구성하였다.

이처럼 이 책은 중국어 문법의 축적된 연구 성과를 체계적으로 제시하는 것과 더불어 문법에 담긴 중국인의 사고를 이해하고 중국어의 다양한 문제를 사고하고 토론할 수 있도록 구성하였다. 특히 한국에서 중국어를 공부하는 학습자와 이를 가르치는 교수자의 요구 사항을 충실히 반영하고자 노력하였다. 중국어 문법서의 홍수 속에서도 여전히 해결되지 않았던 갈증을 다소나마 해소할 수 있기를 기대한다. 마지막까지 함께해 주신 한국문화사 김진수 사장님 및 관계자 여러분께 깊이 감사드린다. 또한 정성을 다해 부족한 원고를 탄탄하게 다듬어 주신 왕수 선생님, 최진이 선생님께 진심으로 감사의 마음을 전한다.

2025.02.

저자 일동

이 책의 구성과 활용

본서

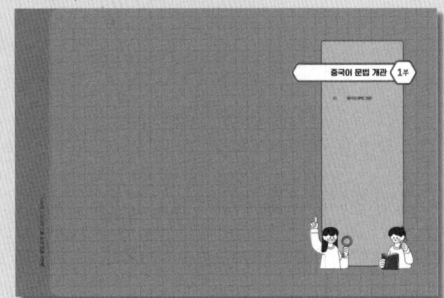

이 책은 '중국어 문법 개관', '품사', '문장성분' 세 개의 부, 총 20개의 챕터로 구성되어, 학습자의 필요에 따라 선별하여 학습할 수 있다.

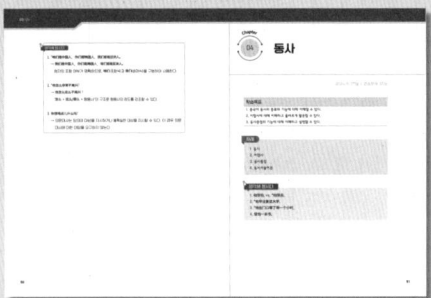

각 챕터의 서두에 '학습목표', '차례', '생각해 봅시다' 항목을 제시하여 주요 학습 내용을 환기하고, 말미에 해답을 수록하여 '주요 내용 환기-본문 학습-학습 내용 점검'의 순환식 학습이 가능하도록 하였다.

'Tip'을 통해 실생활에서 유용하게 활용할 수 있는 문법 지식을 제공하고, '참고'에서 한국인 학습자가 자주 범하는 오류나 혼동하기 쉬운 문법 요소를 비교·분석하여 설명함으로써 사고와 토론을 통한 학습이 가능하게 하였다.

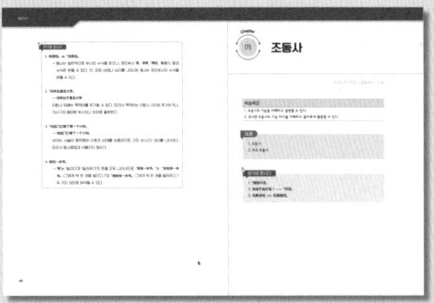

부록

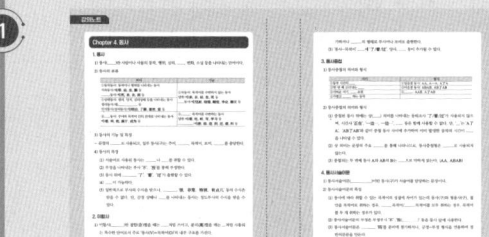

강의노트는 강의 전·후 학습에 활용할 수 있도록 각 챕터의 핵심 내용을 요약·정리 하였다.

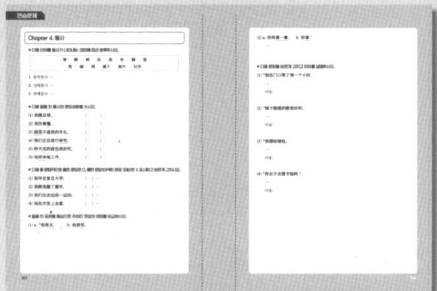

연습문제는 각 챕터에서 학습한 핵심 내용을 이해하고, 학습 성과를 확인·보완할 수 있도록 설계하였다.

차례

머리말   5

1부 중국어 문법 개관

01 중국어 문법 개관   14
1. 문법   15
2. 중국어의 품사   18
3. 중국어의 구   20
4. 중국어의 문장   21
5. 중국어의 문장 유형   24
6. 중국어의 유형적 특징   26
7. 중국어의 문장부호   27

2부 품사

02 명사   30
1. 명사   31
2. 방위명사   34
3. 시간명사   36
4. 명사서술어문   37

03 대사   39
1. 대사   40
2. 인칭대사   41
3. 지시대사   44
4. 의문대사   45

04 동사   51
1. 동사   52
2. 이합사   55
3. 동사중첩   56
4. 동사서술어문   58

05 조동사   61
1. 조동사   62
2. 주요 조동사   63

06 형용사   73
1. 형용사   74
2. 형용사중첩   77
3. 형용사서술어문   80

07 수사, 양사   82
1. 수사   83
2. 양사   90

08 부사   95
1. 부사   96
2. 주요 부사   98

09 개사   112
1. 개사   113
2. 주요 개사   115

10 조사   125
1. 조사   126
2. 구조조사   126
3. 동태조사   131
4. 어기조사   133

11 접속사   138
1. 접속사   139
2. 주요 접속사   140

12 감탄사 148
1. 감탄사 149

13 의성사 152
1. 의성사 153

3부 문장성분

14 주요성분 158
1. 중국어의 문장성분 159
2. 주요성분 159
3. 주어 160
4. 서술어 161
5. 목적어 162

15 부가성분 167
1. 부가성분 168
2. 관형어 168
3. 부사어 172

16 보충성분(보어) 177
1. 보충성분 178
2. 보어 178
3. 결과보어 179
4. 방향보어 183
5. 가능보어 189
6. 상태보어 193
7. 정도보어 194
8. 수량보어 196
9. 개사구보어 200

17 중국어의 특수구문 203
1. 특수구문 204
2. '是'자문 204
3. '是……的'문 206
4. '有'자문 209
5. 존현문 210
6. 연동문 213
7. 겸어문 215
8. 비교문 217
9. 처치문 220
10. 피동문 223

18 중국어의 문장 228
1. 중국어의 문장 229
2. 문장의 구분 230
3. 복문 236

19 중국어의 상 241
1. 상 242
2. 완료상 243
3. 미완료상 248
4. 기타상 251

20 중국어의 주요 문법 원리 254
1. 한정성 255
2. 시간순서원칙 257

부록
강의노트 261
연습문제 315

중국어 문법 강의: 묻고 생각하고 답하다

중국어 문법 개관 1부

01　　중국어 문법 개관

Chapter 01 중국어 문법 개관

강의노트 262p | 연습문제 316p

학습목표

1. 문법의 개념에 대해 이해할 수 있다.
2. 중국어 문법의 기본 단위와 품사, 문장성분, 문장 구조에 대해 이해할 수 있다.
3. 중국어의 유형적 특징에 대해 설명할 수 있다.

차례

1. 문법
2. 중국어의 품사
3. 중국어의 구
4. 중국어의 문장
5. 중국어의 문장 유형
6. 중국어의 유형적 특징
7. 중국어의 문장부호

 문법

1) 문법grammar, 语法이란?

문법은 광의广义와 협의狭义로 정의된다. 넓은 의미로는 '언어에 관한 모든 규칙 및 이를 연구하는 학문'으로 이해되며, 여기에는 음성/음운학, 형태론, 통사론, 의미론, 화용론 등이 모두 포함된다. 반면, 좁은 의미의 문법은 이 중 통사론syntax, 句法을 지칭한다. 즉, 형태소, 단어, 구를 구성하고 운영하여 올바른 문장을 형성하는 규칙과 방법이라 정의할 수 있다. 여기서 말하는 문법은 좁은 의미의 문법, 즉 '올바른 문장을 형성하는 규칙과 방법'이다.

2) 문법단위语法单位

문법을 이루는 단위는 다음과 같다.

(1) 문장sentence, 句子
- 구조적으로 독립적이고, 완전한 의미를 나타내는 최소 단위이자, 문법의 가장 큰 단위이다.
- 어조语调와 어기语气를 가지고, 문장부호(마침표, 물음표, 느낌표 등)로 구분된다.

> **Tip 중국어 문장을 이루는 요소**
>
> - **어조**intonation, 语调: 뜻과 감정을 전달하는 데 쓰이는 문장 전체의 억양으로, 상승어조와 하강어조 등이 있다.
> - **어기**mood, 语气: 발화자가 대화에서 말하는 상황에 대한 태도로, 평서문, 의문문, 명령문, 감탄문 등의 서법을 말한다.
>
>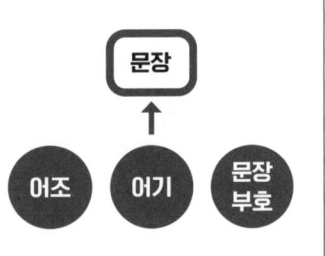

(2) 구phrase, 短语

두 개 이상의 단어로 이루어진 단위이다.

我喜欢　喜欢巧克力　非常喜欢

(3) 단어 word, 词
　　– 문장에서 자유롭게 운용될 수 있는 최소 단위이다.
　　– 음절을 기준으로 일음절어, 이음절어, 다음절어가 있으며, 중국어에는 이음절어가 가장 많다.
　　　　• 일음절어: 大　才
　　　　• 이음절 및 다음절어: 医生　应该　玻璃杯　图书馆　奥林匹克
　　– 내부구조에 따라 형태소 하나로 이루어진 단일어와 둘 이상의 형태소로 이루어진 복합어로 구분할 수 있으며, 복합어는 다시 합성어어근 + 어근와 파생어어근 + 접사로 구분된다.
　　　　• 단일어: 大　才　沙发　巧克力　奥林匹克
　　　　• 복합어: ⓐ 합성어: 学生　中国人　图书馆
　　　　　　　　 ⓑ 파생어: 桌子　老虎

Tip 자유로운 운용이란?

• 단독으로 문장을 이룰 수 있다.
　A: 谁？ B: 我。
• 문장에서 문장성분을 담당할 수 있다.
　[他]주어[非常]부사어[聪明]서술어。
• 자유롭게 단어, 구, 문장 등과 결합하여 문법 의미를 나타낼 수 있다.
　聪明的孩子
　在家休息
　被他说服了

> **Tip 단어와 접사**
>
> - 접사는 어근과 결합하여 단어(파생어)를 형성한다.
> - 접사의 종류
>   - 접두사前缀: 阿姨 老虎
>   - 접미사后缀: 鼻子 木头 盖儿 读者
>   cf) 접요사中缀: 看得懂 糊里糊涂
> - 접사의 기능
>   - 품사 전환
>
>   剪(동사) - 剪子(명사)
>
>   苦(형용사) - 苦头(명사)
>   - 의미 변환
>
>   头(사람, 동물의 머리) - 头儿(우두머리, 보스)
>
>   腿(사람, 동물의 하지) - 腿儿(물건의 다리)
>   - 사용 범위 구분
>
>   鼻(전문 분야) - 鼻子(통용)

(4) 형태소 morpheme, 语素
- 소리와 의미를 가진 최소의 단위이다.
- 음절을 기준으로 중국어의 형태소는 대부분 일음절이지만 일부 이음절 및 다음절 형태소도 존재한다.
    - 일음절 형태소: 桌 学 大 才 就 的 子 老
    - 다음절 형태소: 玻璃 葡萄 巧克力 奥林匹克
- 독립성을 기준으로 형태소는 자립 형태소와 의존 형태소로 구분된다. 자립 형태소는 단독으로 단어를 구성할 수 있지만, 의존 형태소는 단독으로 단어를 구성할 수 없고 반드시 자립 형태소와 결합하여야 한다.
    - 자립 형태소: 吃 好 喝 家 来 手
    - 의존 형태소: 老 小 子 儿 头

>  **我喜欢黑咖啡。**
>
> - **문장**: 1개,   我喜欢黑咖啡。
> - **구**: 3개,   我喜欢   喜欢黑咖啡   黑咖啡
> - **단어**: 4개,   我   喜欢   黑   咖啡
> - **형태소**: 5개,   我   喜   欢   黑   咖啡

2 중국어의 품사

1) 품사词类란?

- 문법적 기능에 따라 분류한 단어의 부류를 품사라고 한다.
- 중국어는 대개 12품사로 구분된다.

2) 중국어의 12품사

중국어의 12품사는 명사名词, 대사代词, 수사数词, 양사量词, 동사动词, 형용사形容词, 부사副词, 개사介词, 조사助词, 접속사连词, 감탄사叹词, 의성사拟声词로 구분된다.

(1) 명사: 사람, 사물, 시간, 장소 등의 명칭을 나타내는 단어
  └ 人   书   朋友   公司   北京   今天   现在   旁边   对面

(2) 대사: 지칭이나 대체의 기능을 담당하는 단어
  └ 我   你   他们   这   那   谁   什么   哪   怎么样

(3) 동사: 사람이나 사물의 동작, 행위, 심리, 존재, 변화, 소실 등을 나타내는 단어
  └ 是   有   看   做   想   觉得   希望   睡觉

(4) 형용사: 사람 또는 사물의 성질, 상태를 나타내는 단어
  └ 好   大   干净   漂亮   雪白   笔直   糊里糊涂   男   女   主要   次要

(5) 수사: 수를 나타내는 단어
　　└ 一　二　两　零　十　百　千

(6) 양사: 사람, 사물, 동작행위 및 수량의 단위를 나타내는 단어
　　└ 个　张　条　本　次　遍　趟　点　分

(7) 부사: 동사, 형용사, 부사 또는 문장 앞에서 수식하는 단어
　　└ 很　非常　忽然　渐渐　刚　已经　又　都　就　才　不　没

(8) 개사: 명사(구)나 대사의 앞에서 서술어를 수식, 보충하는 개사구를 형성하는 단어
　　└ 对　关于　和　给　把　被　让　在　根据　为　从　由

(9) 조사: 실사实词나 구, 절의 뒤에서 문법적 기능을 나타내는 단어
　　└ 的　地　得　了　着　过　吗　呢　吧　啊

(10) 접속사: 단어, 구, 절을 연결하는 단어
　　└ 不但　因为　所以　如果　虽然　然而　不过　即使　而且　并　无论

(11) 감탄사: 느낌, 놀람, 환호, 응답 등을 나타내는 단어
　　└ 喂　哎呀　啊　哦

(12) 의성사: 사람, 사물이나 자연계 등 일상생활에서 나오는 소리를 묘사하는 단어
　　└ 扑通　叮铃铃　稀里哗啦

3) 실사 content word, 实词 와 허사 function word, 虚词

단어는 실질적인 의미를 가지고 있느냐 문법적인 기능만을 나타내느냐에 따라 실사와 허사로 구분되기도 한다.

(1) 실사(내용어): 실질적인 의미를 가지는 단어
　　└ 명사, 동사, 형용사 등

(2) 허사(기능어): 문법적 기능만을 나타내는 단어
　　└ 조사, 개사 등

③ 중국어의 구

중국어의 구는 단어 간 의미 구조 및 기능적 특징에 따라 유형을 구분할 수 있다.

1) 구조적 구분

중국어의 구는 내부 의미 구조에 따라 다음과 같이 구분된다.

(1) 주술구主谓短语　身体健康　你们来　今天星期五

(2) 술목구述宾短语　参观博物馆　画画儿　当老师

(3) 수식구偏正短语　灿烂的阳光　一本书　认真学习　不去

(4) 술보구述补短语　做完　坐下来　累得很　看不懂　来一趟

(5) 연합구联合短语　吃、住、行　聪明而善良　吃饭还是吃面

(6) 동위구同位短语　他这个人　首都首尔

2) 기능적 구분

중국어의 구는 중심어의 기능적 특징에 따라 다음과 같이 구분된다.

(1) 명사성구名词性短语 명사가 중심어인 구
　　黑咖啡　一个　饭前　我的

(2) 동사성구动词性短语 동사가 중심어인 구
　　做作业　好好儿地学习　说得很清楚

(3) 형용사성구形容词性短语 형용사가 중심어인 구
　　非常忙　漂亮得很

# 중국어의 문장

중국어의 문장은 문장성분의 선형 배열로 이루어진다.

1) 문장성분句子成分이란?
- 문장성분이란 문장에서 문법적 기능과 작용을 하는 단어와 구를 가리킨다.
- 중국어의 문장성분은 크게 주요성분, 부가성분, 보충성분으로 구분되며 이는 다시 여섯 가지로 분류된다.

(1) 주요성분
- 주어subject, 主语: 서술어가 나타내는 동작이나 상태의 주체, 서술의 대상이다.
- 서술어predicate, 谓语: 주어의 동작, 상태, 성질 따위에 대한 진술이다.
- 목적어object, 宾语: 서술어를 구성하는 동사의 지배를 받는 대상, 동작의 대상이다.

> **Tip 중국어의 서술어**
>
> 중국어에서 서술어를 지칭하는 표현으로는 '谓语'와 '述语' 두 가지가 있다. 둘 다 서술어로 번역되지만, 개념적으로는 차이가 있다.
>
> - **谓语**: 주어에 대응하는 개념으로, 문장에서 주어를 뺀 나머지 부분이다. 주어와 함께 '主谓结构'를 구성하고, 이는 주부-술부(主语部分-谓语部分)로도 이해할 수 있다.
> - **述语**: 목적어 및 보어에 대응하는 개념으로, 술부의 서술어가 동사이며 목적어를 취한 경우 '述宾结构'라고 하고, 술부의 서술어가 보어를 취한 경우 '述补结构'라고 한다.

(2) 부가성분
- 관형어adnominal, 定语: 체언성성분명사, 체언성 대사의 앞에서 이를 수식하는 성분으로, 소유, 성질, 수량 등을 나타낸다.
- 부사어adverbial, 状语: 용언성성분동사, 형용사의 앞에서 이를 수식하는 성분으로, 정도, 방식, 시간, 장소, 상태 등을 나타낸다.

(3) 보충성분

- 보어complement, 补语: 서술어에 대한 보충설명을 담당하는 성분이다. 서술어동사, 형용사의 뒤에서 서술어가 나타내는 사건이나 상황/상태의 결과, 방향, 가능, 정도, 상태, 수량, 장소 등을 나타낸다.

2) 기본 어순

- 중국어의 문장성분은 주요성분인 주어, 서술어, 목적어가 '주어-서술어-목적어(목적어를 가지는 서술어는 사실상 동사이므로 이를 SVO 어순이라 한다)'의 순서로 배열된다.
- '주어-서술어-목적어'를 중심으로 부가성분인 관형어와 부사어 및 보충성분인 보어가 수의적으로 부가되어 문장을 이룬다.
- 중국어 문장의 기본 어순은 다음과 같다.

| (관형어)-**주어**-(부사어)-**서술어**-(보어)-(관형어)-**목적어** |

我喝咖啡。
  └ (주어 + 서술어 + 목적어)

我喝黑咖啡。
  └ (주어 + 서술어 + 관형어 + 목적어)

我在咖啡厅喝黑咖啡。
  └ (주어 + 부사어 + 서술어 + 관형어 + 목적어)

我喝完了咖啡。
  └ (주어 + 서술어 + 보어 + 목적어)

咖啡我喝完了。
  └ (화제 + 주어 + 서술어 + 보어)

> **Tip** 한국어와 중국어의 기본 어순
>
> 한국어 문장의 기본 어순은 서술어가 문장의 끝에 오는 '주어-목적어-서술어(SOV)'로 SVO 어순인 중국어와 차이를 보인다.
>
> 나는 카페에서 블랙 커피를 마신다.
> └ (주어 + 부사어 + 관형어 + 목적어 + 서술어)
>
> 我在咖啡厅喝黑咖啡。
> └ (주어 + 부사어 + 서술어 + 관형어 + 목적어)

3) 품사와 문장성분

- 각 품사의 단어(구)는 문장에서 특정 문장성분을 충당하는 경향성을 보인다. 즉, 명사는 주로 주어나 목적어로 사용되고, 동사와 형용사는 서술어, 관형어, 보어로 사용되며, 부사는 부사어로 사용된다.
- 중국어는 품사와 문장성분 사이의 대응 관계가 절대적이지 않고, 비교적 복잡한 양상을 보인다. 즉, 동사와 형용사가 주어나 목적어가 될 수 있고, 명사도 조건에 따라 서술어로 사용되기도 한다.

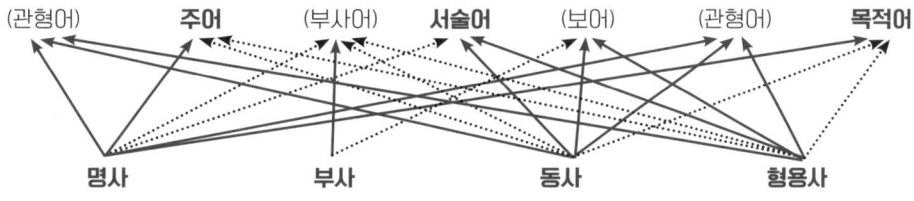

- 중국어는 단어, 구, 문장의 구조적 구성 관계가 일치하는 특징을 보인다.

구성 구조	단어	구	문장
주어 + 서술어	心疼	脑子聪明	他很聪明。
서술어 + 목적어	知己	看电影	看电影吧。
서술어 + 보어	说明	吃饱	吃饱了。
수식어 + 피수식어	黑板	黑裙子	好美的风景！
병렬	朋友	吃、喝、玩	一边喝茶一边聊天儿。

5 중국어의 문장 유형

중국어의 문장은 서술어의 유형 및 어기에 따라 다음과 같이 구분된다.

1) 서술어 유형에 따른 구분

중국어의 문장은 서술어를 충당하는 성분의 유형에 따라 다음과 같이 구분된다.

(1) 동사서술어문 动词谓语句

동사(구)가 서술어를 담당하는 문장이다.

我看。

我看电影。

我不看。 我没看。

你看电影吗？ 你看不看电影？

(2) 형용사서술어문 形容词谓语句

형용사(구)가 서술어를 담당하는 문장이다.

她很忙。

她不忙。

她忙吗？ 她忙不忙？

(3) 명사서술어문 名词谓语句

- 명사(구)가 서술어를 담당하는 문장이다.
- 명사서술어문의 부정은 '不是'를 사용한다.

现在早上八点整。

他上海人。

今天星期几？

他不是上海人。*他不上海人。

(4) 주술서술어문 主谓谓语句

　　주술구가 서술어를 담당하는 문장이다.

　　　大象鼻子很长。

　　　我工作很忙。

　　　他学习不努力。

2) 문장 어기에 따른 구분

중국어의 문장은 어기 mood, 语气에 따라 다음과 같이 구분된다(서법).

(1) 평서문 陈述句

　　어떠한 사실이나 사건/상태를 설명하고 진술하는 문장이다.

　　　上海是中国的经济首都。

　　　我学习汉语。

(2) 의문문 疑问句

　　화자가 청자에게 물어 그 대답을 요구하는 문장이다.

　　　你学习汉语吗？

　　　你学习什么？

　　　你去不去？

　　　你去还是我去？

(3) 명령문 祈使句

　　어떠한 행위를 하거나 하지 말 것을 명령, 요구, 재촉, 권유하는 문장이다.

　　　快跑！　帮我一下。　请坐！　走吧！

(4) 감탄문 感叹句

　　과장, 찬양, 의외, 놀라움, 분노 등의 감정을 나타내는 문장이다.

　　　好美啊！　太好了！　真不可思议！

3) 특수구문

- 중국어의 기본 어순은 '주어 + 서술어 + 목적어(SVO)'이지만, 이와는 다른 독특한 형식으로 별도의 의미를 나타내는 경우가 있는데, 이를 특수구문이라 한다.
- '是'자문, '是……的'문, '有'자문, 존현문, 연동문, 겸어문, 비교문, '把'자문, 피동문 등이 있다.

중국어의 유형적 특징

전 세계에는 약 7,000여 종의 언어가 존재한다. 이들 언어의 다양성 안에서 발견되는 공통된 자질은 몇 가지 유형으로 분류되며, 이를 바탕으로 인류 언어의 보편성을 규명할 수 있다. 중국어의 유형적 특징으로는 다음과 같은 것들이 있다.

(1) 중국어는 형태 변화가 없는 고립어孤立语이다. 따라서 문장의 의미는 '어순'과 '허사'를 통해 나타난다.

我爱你 —— 你爱我

买礼物 —— 买的礼物

(2) 중국어는 성조를 가진 언어이다. 중국어 보통화普通话는 4개의 성조를 가진다.

(3) 중국어의 기본 어순은 '주어-서술어-목적어(SVO)'이다.

我喝咖啡。

(4) 중국어는 양사가 매우 발달한 언어로, 명사의 수를 나타낼 때에는 반드시 양사를 함께 사용해야 한다. 기본 어순은 '지시사 + 수사 + 양사 + 명사'이다.

一个学生 这杯咖啡 那两本书 这支笔

(5) 중국어의 동사와 관련 성분들(서술어, 부사어, 보어 등)은 사건이 발생한 순서에 따라 어순이 결정된다. `Ch. 20 중국어의 주요 문법 원리 '시간순서원칙' 참조`

我去学校学习汉语。

他在家休息。

(6) 중국어는 '화제topic, 话题중심 언어'로, 문장의 첫 부분에 두 개의 명사(구)가 사용되는 경우가 많다.

那部电影我看完了。

作业你做好了吗？

(7) 중국어는 단음절 언어이다.
- 중국어는 하나의 음절로 이루어진 단어가 주를 이루는 단음절 언어이다.
- 다만, 현대중국어는 다양한 복합어가 증가하며 이음절어가 증가하는 경향을 보인다.

家　我　忙　走

중국어의 문장부호

문장부호	중국어명	한국어명	내용
。	句号	마침표	중국어의 마침표는 '.'이 아닌 '。' 사용
?	问号	물음표	
!	叹号	느낌표	
,	逗号	쉼표	절 또는 구 중간의 휴지 표시
、	顿号	모점	단어, 구의 병렬 표시
:	冒号	쌍점	보충, 부연 설명, 인용 전 사용
;	分号	쌍반점	절, 문장의 병렬 표시
——	破折号	말바꿈표 (줄표)	앞서 제시한 화제에 대한 부연 설명, 의미 전환
' ' " " 「」『』	引号 (单引号、双引号) (直角引号)	따옴표 (작은 따옴표, 큰 따옴표)	중국어는 단어에도 큰 따옴표 사용 단, 따옴표 내부에 또 따옴표가 들어갈 경우 작은 따옴표 사용
( ) [ ] 〖 〗	括号 (圆括号、方括号、六角 括号、方头括号)	괄호 대괄호	
〈〉《》	书名号	홑화살괄호 겹화살괄호	편명, 서명 표시

중국어 문법 강의: 묻고 생각하고 답하다

품사 2부

- 02　명사
- 03　대사
- 04　동사
- 05　조동사
- 06　형용사
- 07　수사, 양사
- 08　부사
- 09　개사
- 10　조사
- 11　접속사
- 12　감탄사
- 13　의성사

명사

강의노트 265p | 연습문제 318p

학습목표
1. 중국어 명사의 종류와 특징, 명사서술어문에 대해 이해할 수 있다.
2. 방위명사의 특징과 활용에 대해 이해할 수 있다.
3. 시간명사의 특징과 활용에 대해 이해할 수 있다.

차례
1. 명사
2. 방위명사
3. 시간명사
4. 명사서술어문

생각해 봅시다
1. *教室里有很多学生们。
2. *她不学生。
3. *那本书在桌子。
4. *他在中国里。

 명사

1) 명사名词란?

사람, 사물, 시간, 장소 등의 명칭을 나타내는 단어이다.

2) 명사의 분류

명사는 의미에 따라 다음과 같이 하위 분류된다.

(1) 고유명사专有名词: 인명, 지명, 국명 등 고유한 사물의 명칭을 나타낸다.

(2) 보통명사普通名词: 일반적인 대다수의 명사이다. 수를 셀 수 있는 가산명사可数名词와 셀 수 없는 불가산명사不可数名词로 분류할 수 있고, 가산명사는 다시 개체명사个体名词와 집합명사集体名词로 분류된다.

(3) 장소명사处所名词: 장소를 나타낸다.

(4) 방위명사方位名词: 방위를 나타낸다.

(5) 시간명사时间名词: 시간을 나타낸다.

고유명사	中国 韩国 亚洲 欧洲 北京 首尔 黄河 长城 毛泽东 邓小平 등		
보통명사	가산명사		불가산명사
	개체명사	집합명사	友谊 经济 思想 概念 道德 精神 등
	人 鱼 羊 花 车 山 등	人类 观众 花草 树木 등	
장소명사	教室 学校 门口 周围 附近 外地 郊区 등		
방위명사	上 下 前 后 里 外 上边 后面 对面 旁边 등		
시간명사	早上 中午 今天 去年 上午 秋天 以前 刚才 将来 등		

3) 명사의 기능

(1) 주어와 목적어를 충당한다.

菜都准备好了。

他学习汉语。

(2) 관형어를 충당한다.

　　这是老师的书。

　　我没有汉语书。

(3) 일반적으로 서술어가 될 수 없으나, 일부 명사(구)는 직접 서술어로 사용될 수 있다. (절기, 본적, 날짜, 신분, 전공 등)

　　今天星期五。

　　老王上海人。

　　现在十一点半。

　　他中文专业，我英文专业。

> **Tip** 동사로 오해하는 명사
>
> 兴趣 友谊 礼貌 措施 乐趣 精力 愿望 经验 食欲 生命 등
> 我对中国的社会情况很感兴趣。*我很兴趣中国的社会情况。

(4) 방위명사, 시간명사는 부사어를 충당할 수 있다.

　　我们里面谈。

　　我刚才在路上碰到他。

(5) '개사 + 명사'의 형태로 개사구를 형성하여 부사어를 충당한다.

　　我在学校学习。

　　他跟我商量一件事。

4) 명사의 특징

(1) 명사는 지량구/수량구('지시대사/수사 + 양사')의 수식을 받는다.

　　十二个人

　　这个人

　　那三本书

(2) 접미사 '们'을 사용해 복수를 나타낼 수 있다.
- 중국어는 복수 표현이 발달한 언어가 아니며, 사람을 가리키는 명사에만 복수 접미사 '们'을 사용할 수 있다.

老师 —— 老师们

同学 —— 同学们

我 —— 我们

- 사물에는 일반적으로 '们'을 사용하지 않는다.

*书们

*楼房们

*书本们

- '수량사 + 명사', 정도부사의 사용 등을 통해 이미 복수의 의미를 나타내는 경우에는 추가로 '们'을 부가하지 않는다.

两位老师　　　　*两位老师们

很多人　　　　　*很多人们

教室里有**很多**学生。　*教室里有很多学生们。

(3) 부정부사 '不'를 포함하여 부사의 수식을 직접 받지 않는다.

她**不**是学生。　　　*她不学生。

他**很**爱你。　　　　*他很爱情你。

> **Tip 시간·범위 부사**
>
> 명사가 서술어 역할을 하는 경우에는 시간, 범위 등을 나타내는 부사 '才, 都, 刚, 就, 已经, 一共' 등의 수식을 받을 수 있다.
>
> 我爷爷**都**八十了。
> 他的书包里**就**一本书。
> 这些东西**一共**三百块钱。

(4) 양사의 성질을 가지는 일부 일음절 명사는 중첩하여 사용할 수 있으며, 이때는 '매…, 모든…'의 의미를 가진다.

人人=每人　　人人都知道。
天天=每天　　他天天来找我。
时时=每时　　我会时时为你着想。
事事=每件事　祝大家事事一帆风顺。

방위명사

1) 방위명사方位名词란?
방위명사는 방향, 위치를 나타내는 단어이다.

2) 방위명사의 분류

(1) 단순 방위명사: 일음절로 이루어진다.

上 下 前 后 里 外 左 右 东 西 南 北 旁 中

(2) 복합 방위명사: '단순 방위명사 + –边, –面, –头' 등으로 이루어진다.

	上/下	前/后	里/外	左/右	东/西/南/北
–边	○	○	○	○	○
–面	○	○	○	○	○
–头	○	○	○	×	×
以–	○	○	以外	×	○
之–	○	○	之外	×	○

기타: 旁边 中间 中央 当中 之中 其中 以内 之内 内部 之间 这边 对面

3) 방위명사의 기능 및 특징

(1) 단순 방위명사는 단독으로 사용되지 않고, 다른 단어와 결합한 방위구의 형태로 사용된다.

门旁　楼上　毕业后

(2) 복합 방위명사는 단독으로 사용되거나, 다른 단어와 함께 사용될 수 있다.

前边有一个商店。

书在桌子上面。

他在哪儿？—— 里面。　*里。

(3) 방위명사는 다른 단어와 결합한 방위구의 형식으로 장소, 시간, 범위 등을 나타낸다.

门前有一位警察站着。

今天下班以后先别回家，我请你吃饭。

(4) '上/下/前/后'가 시간명사와 결합할 경우, 시간명사 앞에 사용된다.

下周有期末考试。

上个月我去法国旅游了。

小学毕业后已经二十年了。　*小学后毕业已经二十年了。

(5) 보통명사가 장소를 나타내는 경우, 방위명사나 지시대사 '这儿/那儿'을 추가하여 장소화해야 한다. 단, 국가명, 지명은 방위명사와 같이 사용되지 않는다.

那本书在桌子上。　　　*那本书在桌子。

咱们去沙发那儿坐一会儿吧。

他在中国。　　　　　　*他在中国里。

3 시간명사

1) 시간명사(时间名词)란?

시간명사는 시간을 나타내는 단어이다.

2) 시간명사의 분류

(1) 시점(时点): 특정 시점을 나타낸다.

(2) 시구간(时段): 동작행위/상황이 지속된 시간이나 동작 완료 이후 경과한 시간의 양을 나타낸다.

시점		시구간	
시간의 흐름 속 어느 한 순간		시간의 양, 즉 '시간의 길이'	
'几点', '什么时候'로 질문		'几个小时', '多长时间'으로 질문	
1일	一号	하루	一天
1월	一月	1개월	一个月
2시	两点	2시간	两个小时
A: 你平时几点起床？ B: 我平时七点起床。		A: 你睡了几个小时？ B: 我睡了六个小时。	

3) 시간명사의 기능

(1) 주어와 목적어를 충당한다.

今天是国庆节。

国庆节是十月一号。

(2) 관형어로 사용될 때는 뒤에 구조조사 '的'를 추가해야 한다.

昨天的作业都做好了。

以前的事儿都忘了。

(3) 부사어로 사용되어 주로 서술어 앞에 출현하지만, 주어 앞에도 사용할 수 있다.

我弟弟去年毕业了。

去年我弟弟毕业了。

 **명사서술어문**

1) 명사서술어문 名词谓语句 이란?

명사(구) 또는 수량구가 서술어를 담당하는 문장이다.

2) 명사서술어문의 분류

(1) 시간, 나이, 날씨, 날짜, 가격 등을 나타낼 때 사용된다.

今天星期一。

我二十岁。

(2) 절기, 출신을 나타낼 때 사용된다.

明天中秋节。

他上海人。

(3) 신분, 전공, 직업 등을 나타낼 때 사용된다. 이때 대비의 뜻을 나타낸다.

他中文专业，我英文专业。

他歌手，我演员。

3) 명사서술어문의 특징

(1) 부정은 부정부사 '不'가 아닌 '不是'를 사용해야 한다.

今天星期五。　今天不是星期五。　*今天不星期五。

他上海人。　他不是上海人。　*他不上海人。

(2) 의문문은 명사 앞에 '是'를 추가한 뒤 '是 + 명사 + 吗？'의 형태로 사용한다.

今天星期五。 今天**是**星期五**吗**？

他上海人。 他**是**上海人**吗**？

> **생각해 봅시다**
>
> 1. *教室里有很多学生们。
>   → 教室里有很多学生。
>   '수량사 + 명사' 등을 통해 이미 복수의 의미를 나타내는 경우 복수접미사 '们'을 사용하지 않는다.
>
> 2. *她不学生。
>   → 她不是学生。
>   명사는 부정부사 '不'를 포함하여 부사의 수식을 직접 받지 않는다.
>
> 3. *那本书在桌子。
>   → 那本书在桌子上。
>   보통명사가 장소를 나타내는 경우, 방위명사나 지시대사 '这儿/那儿'을 추가하여 장소화해야 한다.
>
> 4. *他在中国里。
>   → 他在中国。
>   국가명, 지명 뒤에는 방위명사를 사용하지 않는다.

Chapter 03 대사

강의노트 267p | 연습문제 320p

학습목표
1. 중국어 대사의 특징에 대해 이해할 수 있다.
2. 주요 대사의 올바른 용법을 이해하고 활용할 수 있다.

차례
1. 대사
2. 인칭대사
3. 지시대사
4. 의문대사

생각해 봅시다
1. *咱们是中国人，你们是韩国人，我们都是亚洲人。
2. *他怎么非常不高兴？
3. 你想喝点儿什么吗？

 **대사**

1) 대사代词란?

- 단어, 구, 문장을 대체替代, 지칭指別하는 기능을 담당하는 단어이다.
- 명사, 동사, 형용사, 수량사, 부사를 대체한다.
- 사람이나 사물 등 개체뿐 아니라 사건 및 상태 역시 지칭할 수 있다.

2) 대사의 분류

대사는 지칭 대상에 따라 인칭대사(사람, 사물을 대체), 지시대사(사람, 사물, 상황을 지칭하거나 구별), 의문대사로 분류된다.

	대체 품사	인칭대사人称代词	지시대사指示代词		의문대사疑问代词
체언성	보통명사	我/我们 咱们 你 您/你们 他 她 它/他们 她们 它们 自己 别人 人家	这	那	谁 什么 哪
	장소명사		这儿 这里	那儿 那里	哪儿 哪里 什么地方
	시간명사		这时 这会儿	那时 那会儿	哪会儿 多会儿 什么时候
	수량사				几 多少
용언성	동사 형용사		这样 这么样	那样 那么样	怎样 怎么 怎么样
	부사		这么	那么	多 (+ 형용사) 为什么 怎么

3) 대사의 기능

(1) 주어와 목적어를 충당한다.

你去哪儿?

她不在这里。

这是什么?

(2) 관형어를 충당한다.

你的书包呢？

这样的机会是很难得的。

你们公司有多少职员？

(3) 지시대사와 의문대사는 부사어를 충당할 수 있다.

你别那么生气。

这个字怎么写？

(4) 지시대사와 의문대사는 서술어를 충당할 수 있다.

今天就这样吧！

你最近怎么样？

(5) 의문대사 '怎么样'은 보어를 충당할 수 있다.

他汉语说得怎么样？

文老师讲得怎么样？

인칭대사

1) 인칭대사人称代词 란?

사람, 사물을 대체替代하거나 지시指别하는 단어이다.

2) 인칭대사의 분류

	단수	복수
1인칭	我	我们　咱们
2인칭	你　您	你们　*您们
3인칭	他　她　它	他们　她们　它们
기타	自己　别人　人家	

3) 인칭대사의 특징

(1) 단수 대사에 복수접미사 '们'을 추가하여 복수를 나타낼 수 있다.

　　他们是同班同学。

　　你们是哪国人？

(2) 중국어에는 인칭 높임 표현으로 '您'이 사용되지만, 그 복수 표현인 '您们'은 사용하지 않는다.

　　你们是哪国人？　　*您们是哪国人？

　　欢迎你们来韩国。　*欢迎您们来韩国。

(3) 1인칭 복수형식(우리)에는 청자를 포함하는지 여부에 따라 '我们'과 '咱们'으로 구분된다. '咱们'은 청자를 포함하는 '우리'만을 나타내는 반면, '我们'은 청자를 포함하거나 포함하지 않는 '우리'를 모두 나타낼 수 있다.

	我们	咱们
포함식 (청자 포함 O)	O	O
배제식 (청자 포함 X)	O	X

　　我们是中国人，你们是韩国人，咱们都是亚洲人。

　　你们继续聊吧，我们先走了。　*你们继续聊吧，咱们先走了。

(4) '자칭' & '타칭' 대사

1/2/3인칭, 단/복수와 상관없이 그 사람 자신을 가리키는 것을 '자칭'이라고 하고, 다른 사람을 가리키는 것을 '타칭'이라고 한다. 자칭으로는 '自己'가, 타칭으로는 '别人', '人家'가 주로 사용된다. 단, '人家'는 화자 자신을 가리킬 수도 있다.

① '자칭'을 나타내는 '自己'

　　- '자기 자신'을 가리킨다. 단독으로 사용하거나 사람/사물을 가리키는 명사/대사와 함께 사용할 수 있다.

他能够照顾好自己。

你自己好好儿想一想该怎么做。

每个人都爱自己的母校。

- 일반적인 임의의 사람/사물 '자기 자신'을 가리킨다.

自己的问题自己解决。

② '자칭'과 '타칭'을 나타내는 '人家'

- '화자 자신'을 가리키며, 주로 친숙한 상황에서 귀여움과 애교의 뉘앙스를 나타낸다.

人家不想去啦。

人家不好意思说嘛。

- 한정적이고 확정적인 '다른 사람'을 가리킨다. '人家'가 지시하는 사람은 주로 앞뒤 문맥에 제시되지만, 제시되지 않더라도 그 대상을 유추할 수 있다.

人家都那么努力学习，你怎么还在玩游戏？

小张给你打过几次电话了，你给人家回个电话吧！

你看人家小王多勇敢！

- 일반적인 '다른 사람'을 가리킨다. '别人'과 호환할 수 있다.

你只有尊重人家，人家才会尊重你。

③ '타칭'을 나타내는 '别人'

- 화자와 청자의 인식 범주 내에서, 가리키는 대상을 제외한 '다른 사람'을 가리킨다.

除了小刘以外，别人都来了。

她的工作别人帮不了。

- 일반적인 '다른 사람'을 가리킨다. '人家'와 호환할 수 있다.

你只有尊重别人，别人才会尊重你。

3 지시대사

1) 지시대사 指示代词란?
사람, 사물, 상황을 지칭하거나 구별하는 단어이다.

2) 지시대사의 분류

	근거리 지시 近指	원거리 지시 远指
사람 또는 사물	这 这个 这些	那 那个 那些
장소	这儿 这里	那儿 那里
시간	这时 这会儿	那时 那会儿
성질·상태·방식·방법	这么	那么
	这样 这(么)样	那样 那(么)样

3) 지시대사의 특징

(1) '这'는 화자와 가까운 거리의 사람/사물을 지시(근거리 지시 近指), '那'는 화자와 먼 거리의 사람/사물을 지시(원거리 지시 远指)하며, 단독으로 사용할 수 있다.

这是我的中国朋友。

那是什么?

(2) '这/那 + (수사) + 양사 + 명사'의 형식을 구성하며, 한정적인 대상을 지시한다.

这(两)本书　　*这书两本

那(五)位同学　*五位那同学

(3) '这儿/那儿', '这里/那里'는 장소를, '这时/那时', '这会儿/那会儿'은 시간을 나타내며, 각각 근거리 지시와 원거리 지시를 의미한다.

今天的课讲到这儿。

我们俩那时一个20岁，一个22岁。

(4) 인칭대사나 사람/사물을 나타내는 보통명사가 장소를 나타내는 경우, 명사 뒤에 '这里/这儿/那里/那儿'을 추가하여 장소화할 수 있다.

你先把行李放到我这儿。

下午我要去老师那儿一趟。

 **의문대사**

1) 의문대사(疑问代词)란?

의문을 나타내는 단어이다.

2) 의문대사의 분류

사람	사물	시간	장소	수량	정도	상태/정도/방식
谁 什么人 哪	什么 哪	什么时候 哪会儿 多会儿	哪儿 哪里	多少 几	多 + 형용사	怎样 怎么 怎么着 怎么样 什么样

3) 주요 의문대사

(1) 谁(누구)

- 사람을 물을 때 사용한다.
- 주어, 목적어, 관형어로 사용된다.
- 관형어를 충당할 경우, 구조조사 '的'를 수반한다.

谁会说汉语？

他是谁？

这是谁的钱包？

(2) 什么(무엇)
- 사물을 물을 때 사용한다.
- '什么人사람', '什么时候시간', '什么地方장소', '为什么원인'등의 형태로 사용한다.

　　她去北京做什么?

　　你什么时候去医院?

> **Tip** 什么의 활용
>
> | 어떤 사람(누구) | 什么 + 人 | 谁 |
> | 어느 때(언제) | 什么 + 时候 | X |
> | 어느 곳(어디) | 什么 + 地方 | 哪儿 |
> | 무엇 때문에(왜) | 为 + 什么 | 怎么 |

(3) 哪(어느)
- 지정된 사람과 사물을 물을 때 사용한다.
- 이 경우 '哪'는 단독으로 사용하지 못하고, 뒤에 수량구를 취해야 한다.

　　哪(一)位是你的老师?　　*哪是你的老师?

　　哪几本是他的?

(4) 哪儿/哪里(어디)
- 장소를 물을 때 사용한다.

　　你现在在哪儿?

　　你那个同学在哪儿工作?

- 반어문에 사용되어 장소가 아닌 부정의 의미를 나타낼 수 있다. 생각하고 있는 가능성에 대한 부정 또는 어떠한 상황에 대한 부정을 나타낸다.

　　我哪儿会忘记你呢?　　잊을 수 없음, 가능성 부정

　　他哪里做过这件事?　　한 적 없음, 상황 부정

(5) 几/多少(몇, 얼마)

- 수량을 물을 때 사용한다.
- '几'는 주로 한 자릿수의 적은 수량에, '多少'는 많은 수량에 사용한다.
- '几'를 사용해 불확실한 숫자를 나타낼 수 있다.
- '几'는 반드시 양사와 함께 사용해야 하지만, '多少'는 단독으로 사용 가능하다.

我要买这几本书，一共多少钱？

昨天的晚会来了二十几个人。

你们公司有多少(个)职员？

(6) 多(얼마나)

형용사 앞에서 나이, 길이, 무게 등을 물을 때 사용한다. 이때, 형용사는 적극적 의미를 나타내야 한다.

他今年多大了？　*他今年多小了？

你个子多高？　*你个子多矮？

나이	길이	무게	높이	두께	폭
多大	多长	多重	多高	多厚	多宽
*多小	*多短	*多轻	*多低	*多薄	*多窄

(7) 为什么(왜)

원인 혹은 목적을 물을 때 사용한다.

你为什么迟到了？

你为什么不喝咖啡？

(8) 怎么(어떻게, 어째서, 어떠하다)

- 동작행위의 방식(어떻게), 원인(왜, 어째서), 사람 또는 사물의 성질이나 상태(어떠하다)를 물을 때 사용한다.

芒果怎么卖？　　방식

她怎么没来？　　원인

今天他**怎么**了？　　상태

- '怎么 + 这么/那么 + 형용사'의 구조로 형용사의 정도를 강조할 수 있다. 이 때, '这么/那么' 외에 다른 정도부사는 사용할 수 없다.

你今天来得**怎么这么**晚？　　*你今天来得怎么很晚？

他**怎么那么**不高兴？　　*他怎么非常不高兴？

- 부정부사 '不', '没' 뒤에 사용하여 '그다지', '별로'와 같이 정도가 낮음을 나타낼 수 있다.

情况不**怎么**严重。

我这次考试没**怎么**复习，果然没及格。

- '怎么'는 반어문에 사용되어 생각하고 있는 가능성에 대한 부정을 나타낼 수 있다.

怎么不可以？　　가능함

这**怎么**能行啊？　　가능하지 않음

참고 반어문에서의 哪儿 vs. 怎么

	哪儿	怎么
가능성에 대한 부정	这么多作业**哪儿**做得完啊？ (다 할 수 없음)	这么多作业**怎么**做得完啊？ (다 할 수 없음)
상황에 대한 부정	A: 我已经把钱还给你了。 B: 你**哪儿**还给我了？ (돈을 갚은 적이 없음)	A: 我已经把钱还给你了。 B: *你怎么还给我了？

참고 원인을 묻는 为什么 vs. 怎么

为什么	怎么
– 객관적인 원인을 물으며, 그에 대한 대답을 요구함. – 질책/추궁의 의미를 나타내기도 함.	– 원인을 물으나, 주로 의아스럽거나 생각하지 못한 상황에 대한 놀라움을 내포함. 대답을 요구하지 않을 수 있음.
A: 你**为什么**没来上课？ B: 我身体不舒服，去医院看病了。	A: 你**怎么**没来上课？(의아함, 놀라움 내포) B: 我身体不舒服，去医院看病了。

(9) 怎么样(어때/어떠합니까)

사람이나 사물의 성질이나 상태를 물을 때 사용한다.

他的汉语**怎么样**？

这个星期天气**怎么样**？

3) 의문대사의 특수 용법(의문대사의 非의문 용법)

- 의문대사는 평서문에서 어떠한 대상을 지시할 수 있다.
- 이 경우, 의문문이 아니므로 의문대사에 대한 대답을 요구하지 않는다.

(1) 임의지시 任指

- 일정 범위에 속한 임의의 대상을 지시할 수 있으며, 주로 부사 '都/也'와 호응하여 사용한다.

谁都可以参加。　　　　　임의의 모든 사람

吃**什么**都可以。　　　　　임의의 모든 것

- '의문대사A…, (就) 의문대사A…'와 같이 동일한 의문대사가 문장의 앞·뒤에 호응하여 사용할 수 있다. 이때 앞의 의문대사는 임의의 대상을 지시하고, 뒤의 의문대사는 앞의 것과 동일한 대상을 지시한다.

谁愿意去，**谁**就去。　　　　누구든

说到**哪儿**，做到**哪儿**。　　　어디든

(2) 가상지시 虛指

- 잘 모르거나 확정되지 않은 어떤 사람, 사물, 상황 등을 지시할 수 있다.

我的手机好像被**谁**拿走了。　누군가

我们**哪天**去欧洲旅行吧。　　언젠가

참고 你想喝什么？ vs. 你想喝点儿什么吗？

你想喝什么？ — 我想喝绿茶。　　　　　　　　　　(의문대사의 의문 용법)

你想喝点儿什么吗？ — 不用，我已经喝了两杯咖啡了。(의문대사의 비의문 용법, 가상지시)

생각해 봅시다

1. *咱们是中国人，你们是韩国人，我们都是亚洲人。
   → 我们是中国人，你们是韩国人，咱们都是亚洲人。

   청자의 포함 여부가 명확하므로, 咱们(포함식)과 我们(배제식)을 구분하여 사용한다.

2. *他怎么非常不高兴?
   → 他怎么这么不高兴？

   '怎么 + 这么/那么 + 형용사'의 구조로 형용사의 정도를 강조할 수 있다.

3. 你想喝点儿什么吗?
   → 의문대사는 임의의 대상을 지시하거나 불확실한 대상을 지시할 수 있다. 이 경우 의문대사에 대한 대답을 요구하지 않는다.

Chapter 04 동사

강의노트 270p | 연습문제 322p

학습목표
1. 중국어 동사의 종류와 기능에 대해 이해할 수 있다.
2. 이합사에 대해 이해하고 올바르게 활용할 수 있다.
3. 동사중첩의 기능에 대해 이해하고 설명할 수 있다.

차례
1. 동사
2. 이합사
3. 동사중첩
4. 동사서술어문

생각해 봅시다
1. 他很怕。 vs. *他很去。
2. *他毕业复旦大学。
3. *他在门口等了等一个小时。
4. 借他一本书。

동사

1) 동사动词란?

사람이나 사물의 동작, 행위, 심리, 존재, 변화, 소실 등을 나타내는 단어이다.

2) 동사의 분류

동사의 분류 기준은 다양하지만, 주로 의미 및 기능에 따라 분류된다.

(1) 의미에 따른 분류

① 동작동사

- 동작이나 행위를 나타낸다.
- 지속 가능 여부에 따라 지속동사와 비지속동사(순간동사)로 구분된다.
- 지속동사는 동태조사 '着', 부사 '在'를 수반하여 동작행위의 지속을 나타낼 수 있으나, 비지속동사는 순간적으로 발생하는 동작행위를 나타내어 '着', '在'와 함께 사용할 수 없다.
- 시량보어가 사용될 경우 지속동사는 동작행위가 지속된 시간을 나타내지만, 비지속동사는 동작 완료 이후 경과한 시간의 양을 나타낸다.
  - 지속동사: 等 站 坐 躺 睡 拉 关 挂 贴 등
  - 비지속동사: 死 来 去 到 离开 结婚 毕业 등

  我**在**等你。　　　*我在毕业。

  他在沙发上**躺**着。　　*他来着学校。

  我**等**了你半天。　　지속된 시간

  我**毕业**十年了。　　경과한 시간

② 상태동사

- 생리, 인지, 심리상태 등을 나타낸다.

- 생리동사: 醉　病　困　饿 등
- 인지동사/심리동사: 明白　了解　喜欢　爱　讨厌　担心 등

③ 관계동사

주어와 목적어 간의 관계를 나타낸다.

是　叫　姓　属于　成为　当作　等于 등

(2) 기능에 따른 분류

① 자동사不及物动词

- 목적어를 취하지 않는다.

来　去　站　坐　死　生活　出生　出发 등

- 이합사는 목적어를 취할 수 없는 자동사로 분류된다.

见面　结婚　睡觉　毕业　聊天 등

② 타동사及物动词

- 목적어를 취할 수 있다.

看　吃　听　写　学习　进行　讨厌 등

- 일부 타동사는 두 개의 목적어를 취할 수 있다.

教　给　送　问　还　借　叫　称　告诉　通知 등

3) 동사의 기능

(1) 문장의 서술어로 사용된다.

我们走吧。

我踢足球。

(2) 일부 동사(구)는 주어, 관형어, 목적어, 보어, 부사어를 충당한다.

做菜不是我的专长。　　　　　주어

昨天买的面包很好吃。 관형어

我们正在进行研究。 목적어

我没看懂。 我看得不太明白。 보어

他拼命地工作。 부사어

4) 동사의 특징

(1) 서술어로 사용된 동사는 목적어나 보어를 취할 수 있다.
  我学习英语。 목적어
  衣服洗得很干净。 보어

(2) 부정을 나타내는 부사 '不', '没'를 통해 부정한다.
  我不看电视。
  我没去过中国。

(3) 동사 뒤에 동태조사 '了', '着', '过'가 출현할 수 있다.
  我等了半天。
  他在沙发上坐着。
  你吃过北京烤鸭吗?

(4) 중첩이 가능하다.
  你再看(一)看。
  我们休息休息吧。

(5) 일반적으로 부사의 수식을 받으나, 정도부사 '很, 非常, 特别, 有点儿' 등의 수식은 받을 수 없다. 단, 감정 상태나 심리를 나타내는 동사는 정도부사의 수식을 받을 수 있다.
  请您再说一遍。
  他很喜欢猫。
  他很怕。 *他很去。

 이합사

1) 이합사离合词란?

결합合했을 때는 단어처럼 쓰이고, 분리离했을 때는 구처럼 사용되는 특수한 단어를 이합사라 한다. 주로 '동사(V) + 목적어(O)'의 내부 구조를 가진다.

2) 이합사의 특징

(1) 대개 이음절로 구성되며, '동사 + 목적어'의 결합이 주를 이룬다.

见面 睡觉 请客 请假 打工 打折 结婚 毕业 帮忙 吃亏 考试
散步 出差 生气 游泳 등

今天我请客。

老师, 我想请个假。

你别开玩笑。

(2) 이합사 뒤에는 목적어를 추가할 수 없다(자동사). 따라서 목적어는 이합사 사이에 추가하거나, 개사구의 형태로 부사어나 보어로 출현한다.

我想帮他的忙。　　　　　　＊我想帮忙他。

他恭恭敬敬地向老师问好。　＊他恭恭敬敬地问好老师。

他毕业于复旦大学。　　　　＊他毕业复旦大学。

(3) '동사-목적어' 사이에 '了/着/过', 양사, 보어 등이 추가될 수 있다.

他毕了业就开始工作。

我们从来没打过架。

我还是吃点亏好了。

很抱歉, 我实在帮不上忙。

我每天早上跑一个小时步。

04 동사

> **Tip** 주요 이합사의 활용형
>
> | | |
> |---|---|
> | 跑步 | 跑跑步　跑完步　跑一个小时的步 |
> | 游泳 | 游游泳　游完泳　游一个小时泳 |
> | 说话 | 说说话　说完话　说几句话 |
> | 聊天儿 | 聊聊天儿　聊一会儿天儿 |
> | 帮忙 | 帮帮忙　帮个忙　帮他的忙　帮过他的忙 |
> | 见面 | 见见面　见过面　见个面　见一次面　见过一次面 |
> | 洗澡 | 洗洗澡　洗过澡　洗个澡　洗完澡　洗了半小时澡 |
> | 结婚 | 结过婚　结过一次婚 |
> | 考试 | 考完试　考一次试 |
> | 上班 | 上了一天班 |
> | 睡觉 | 睡了一个小时觉 |
> | 请假 | 请个假　请三天假 |
> | 生气 | 生他的气 |

3 동사중첩

동사는 중첩의 형식으로 사용되어, 동작 시간의 짧음(잠시 …하다), 시도(…해 보다), 가벼운 느낌의 동작(좀 …하다) 등의 의미를 나타낸다.

你**看看**就明白了。　　　　　동작 시간의 짧음

我们向她**学习学习**吧。　　　시도

你再**说一说**。　　　　　　　가벼운 어기, 공손 표현

我们出去**散散步**、**聊聊天儿**吧。　가볍고 편하게 하는 동작

> **참고** 你再看一看。 vs. 你看！
>
> "你再看一看。"은 동사가 중첩의 형식으로 사용되어 가벼운 어기를 나타내므로, "你看！"에 비해 공손한 표현이다.

1) 동사중첩의 형식

동사에 따라 중첩의 형식에는 차이가 있다.

(1) 일음절 동사: AA, A—A, A了A

你再想(一)想吧。

她想了想就答应了。

(2) 이음절 동사: ABAB, AB了AB, *AB—AB

我们出去运动运动。 *我们出去运动一运动。

这个课题我们商量了商量, 觉得不太妥当。

(3) 이합사: AAB, A了AB

我来做做菜。

我跟他握了握手。

2) 동사중첩의 특징

(1) 동사중첩은 '동작 시간의 짧음', '시도'와 같은 상 의미를 나타내므로 기타 단어와의 사용에 제약이 따른다. **Ch. 19 중국어의 상 '기타상' 참조**

- 중첩된 동사 뒤에는 상(시간) 의미를 나타내는 동태조사 '了/着/过'가 사용되지 않으며, 시간사 '正在', '一边…, 一边…' 등도 동사중첩과 함께 사용할 수 없다. 단, '了'는 'A了A', 'AB了AB'와 같이 중첩 동사 사이에 추가하여 이미 발생한 동작의 시간이 짧음을 나타낼 수 있다.

他洗了澡, 就吃晚饭。　*他洗洗了/过澡, 就吃晚饭。

这个题目我正在研究。　*这个题目我正在研究研究。

他一边听音乐, 一边看小说。　*他一边听听音乐, 一边看看小说。

- 보어는 서술어 동작행위 이후의 상태를 보충하므로 이미 상(시간) 의미를 나타낸다. 따라서 동사중첩과 어울리지 않는다.

他甜甜地笑了起来。　*他甜甜地笑笑起来。

他在门口等了一个小时。　*他在门口等了等一个小时。

(2) 상 의미는 문장의 주요 서술어를 통해 나타나므로, 동사중첩은 관형어로 사용되지 않는다.

刚才唱的歌很好听。　　　　*刚才唱唱的歌很好听。

跟老师说话的时候，要讲礼貌。*跟老师说说话的时候，要讲礼貌。

(3) 중첩되는 두 번째 동사 A와 AB의 B는 경성으로 약하게 읽는다. (AA, ABAB)

等等 [děngdeng]

讨论讨论 [tǎolun tǎolun]

 **동사서술어문**

1) 동사서술어문动词谓语句이란?

동사(구)가 서술어를 담당하는 문장이다.

2) 동사서술어문의 특징

(1) 동사는 목적어를 취할 수 있다. 동사에 따라 취할 수 있는 목적어의 성질에 차이가 나타난다.

- 일부 동사는 동사(구)와 형용사(구), 절 만을 목적어로 취한다.

进行　开始　主张　希望　觉得　感到　以为　认为 等

我们正在进行讨论。

我以为你不来了。

- 일부 동사는 체언성목적어, 용언성목적어를 모두 취할 수 있다.

看　听　看见　听见　喜欢　考虑　研究 等

我看见我的朋友了。 我看见我的朋友走过来了。

- 일부 동사는 목적어를 두 개 취할 수 있다.

　　给　送　找잔돈을 거슬러주다　卖　买　拿　借　教　告诉　问 등

　　他给我一件生日礼物。

　　我教两个大学生汉语语法。

> **참고 借他一本书**
>
> '借'는 '빌리다'와 '빌려주다'의 뜻을 모두 나타낸다.
> 따라서 "借他一本书。"는 "向他借一本书。(그에게 책 한 권을 빌리다.)"와 "借给他一本书。(그에게 책 한 권을 빌려주다.)" 두 가지 의미로 해석될 수 있다.

(2) 동사서술어문의 부정은 부정부사 '不', 没(有)(완료 사건)' 등을 동사 앞에 사용한다.

　　我不去。

　　他没来。

(3) 동사서술어문의 의문문은 어기조사 '吗'를 문미에 첨가하거나, 긍정-부정형식을 연용하여 정반의문문을 만든다.

　　你去图书馆吗?

　　你去不去图书馆?　　*你去不去图书馆吗?

04 동사

> **생각해 봅시다**
>
> 1. 他很怕。 vs. *他很去。
>   → 동사는 일반적으로 부사의 수식을 받으나, 정도부사 '很, 非常, 特别, 有点儿' 등의 수식은 받을 수 없다. 단, 감정 상태나 심리를 나타내는 동사는 정도부사의 수식을 받을 수 있다.
>
> 2. *他毕业复旦大学。
>   → 他毕业于复旦大学
>   이합사 뒤에는 목적어를 추가할 수 없다. 따라서 목적어는 이합사 사이에 추가하거나, 개사구의 형태로 부사어나 보어로 출현한다.
>
> 3. *他在门口等了等一个小时。
>   → 他在门口等了一个小时。
>   보어는 서술어 동작행위 이후의 상태를 보충하므로, 이미 상(시간) 의미를 나타낸다. 따라서 동사중첩과 어울리지 않는다.
>
> 4. 借他一本书。
>   → '借'는 '빌리다'와 '빌려주다'의 뜻을 모두 나타내므로, "借他一本书。"는 "向他借一本书。(그에게 책 한 권을 빌리다.)"와 "借给他一本书。(그에게 책 한 권을 빌려주다.)" 두 가지 의미로 해석될 수 있다.

Chapter 05 조동사

강의노트 272p | 연습문제 324p

학습목표

1. 조동사의 기능을 이해하고 설명할 수 있다.
2. 유사한 조동사의 기능 차이를 이해하고 올바르게 활용할 수 있다.

차례

1. 조동사
2. 주요 조동사

생각해 봅시다

1. *我想不去。
2. 你会不会开车？—— *开车。
3. 他真会吃。 vs. 他真能吃。

조동사

1) 조동사 助动词/能愿动词란?

조동사는 동사나 형용사 앞에 사용되어 의지, 능력, 의무, 허가, 추측 등의 의미를 나타내는 단어이다.

2) 조동사의 분류

- 조동사는 의미에 따라 분류된다.
- 하나의 조동사가 다양한 의미를 나타낼 수 있다.

(1) 능력: 会　能　可以
(2) 허락, 허가: 能　可以
(3) 의지, 바람: 要　想
(4) 의무, 도리: 要　得(děi)　应该
(5) 추측: 会　能　要　得(děi)　应该

3) 조동사의 특징

(1) 조동사는 동사(구) 앞에 사용된다.
　　我想跟她见个面。
　　学生应该准时上课。

(2) 조동사가 사용된 문장은 조동사 앞에 부정부사 '不'를 사용한다.
　　我不想去。　　　　*我想不去。
　　他不会游泳。　　　*他会不游泳。

(3) 조동사가 사용된 문장의 의문문은 문장 끝에 '吗'를 붙이거나, 조동사의 긍정-부정형을 연용한다. 질문에 대한 대답은 조동사를 사용해야한다.
　　你能参加我的生日聚会吗？

他会不会开车？—— 会/不会(开车)。

—— *开车。

(4) '把/被/给/向' 등의 개사구나 부사어는 조동사 뒤, 동사 앞에 출현한다.

你应该向他表示感谢。　*你向他应该表示感谢。

我想好好儿考虑一下。　*我好好儿想考虑一下。

(5) 조동사는 중첩할 수 없으며, 동태조사 '了/着/过'를 직접 취할 수 없다.

我要做作业。　　　*我要要做作业。　　　*我要了做作业。

(6) 일부 조동사는 부사의 수식을 받을 수 있다.

我很想去中国旅行。

你一定要参加今天的会议。

# 주요 조동사

조동사		기능
会	능력	학습을 통한 후천적 능력
	추측	사건 발생 가능성에 대한 주관적 예측, 일반적 사실/개별적 특징에 따른 객관적 예측
能	능력	선천적/일정 수준에 도달한/회복한 능력
	허락·허가	
	추측	사건 발생에 대한 의구심
可以	능력	일정 수준에 도달한 능력
	허락·허가	
想	바람	어떤 일에 대한 바람, 계획
要	의지·바람	어떤 일에 대한 강한 바람, 의지
	의무·도리	마땅히 해야함, 반드시 해야함
	추측	주관성이 부가된 비교적 강한 추측
得(děi)	의무·도리	이치상, 객관적 사실에 따른 필요성
	추측	확정적이고 확신을 가진 비교적 강한 추측
应该	의무·도리	사회적 통념, 규정, 도리상 해야 할 필요성이 있음
	추측	이치, 섭리 등에 따른 예측

1) 会

(1) 능력

- 학습을 통해 어떠한 기능을 가지게 되었음을 나타낸다. (후천적 능력)

我会说英语。

他会游泳。

- 정도부사 '很(매우)'을 사용해 '매우 능숙함'의 의미를 나타낼 수 있다.

他很会游泳。

这孩子很会吃。

(2) 추측

- 주관적인 예상, 예측, 추측을 나타낸다. 주로 사건 발생의 가능성을 나타낸다.

明天会下雨。

他不会来的。

- 객관적 근거를 바탕으로 일반적인 사실 또는 개별적 특징에 대한 예측을 나타낸다.

人都会死的。

他每天都会吃早饭。

(3) 의문문: 会不会…?, 会…吗?

今天会下雪吗?

今天会不会下雪?

(4) 부정문: 不会

他不会游泳。

我不会说汉语。

2) 能

(1) 능력

- 어떤 일을 할 수 있는 능력이 있거나, 객관적인 조건을 갖추었음을 나타낸다.

(선천적 능력, 일정 수준에 도달한 능력, 회복한 능력)

我**能**看懂中国电影。

他一次**能**跑5公里。

- 정도부사 '很(매우)'을 사용해 '양이 많음'의 의미를 나타낼 수 있다.

这孩子**很能**吃。

他**很能**喝酒。

(2) 허가, 허락

허가, 허락의 의미를 나타내며, 주로 부정문(금지)이나 의문문(허락을 구함)에 사용된다.

这里**不能**抽烟。 (금지)

这里**能**抽烟吗？ (허락)

(3) 추측

예측이나 추측을 나타낸다. 주로 의문문에 사용되며, 사건 발생 가능성에 대한 의구심을 나타낸다.

他的病**能**治好吗？

大家都没想到他**能**来。

(4) 의문문: 能不能…？, 能…吗？

我**能**去洗手间吗？

我**能不能**去洗手间？

(5) 부정문: 不能, 没能

일반적으로 부정부사 '不'로 부정하나, 발화 이전 또는 과거에 객관적 조건이 갖추어지지 않아 불가능했음을 나타내는 경우 부정부사 '没'로 부정할 수 있다.

他下了很大功夫，却**没能**考上大学。

当时还没毕业，**没能**参加面试。

3) 可以

(1) 능력

어떤 일을 할 수 있는 능력을 나타낸다. 일정 수준에 도달한 능력

不用担心，他**可以**自己做好。

我一小时**可以**打一千多字。

(2) 허락, 허가

어떠한 조건이나 기준을 바탕으로 허락, 허가를 나타낸다. 주로 긍정문에 많이 쓰인다.

现在**可以**进来。

考试**可(以)**用铅笔吗？—— **可以**，没问题。

(3) 의문문: 可以…吗？, 可(以)不可以…？

现在**可以**进来吗？

现在**可(以)不可(以)**进来？

(4) 부정형: **不能**(능력의 부정, 허락의 부정), **不可以**(허락의 부정)

'可以'의 부정은 주로 '不能'을 사용하지만, 허락에 대한 부정으로 '不可以'를 사용하기도 한다.

我一次**不能**跑5公里。　　　　　　　　　　　　능력의 부정

这里**不能/不可以**拍照。　　　　　　　　　　　허락의 부정

这里**可以**拍照吗？—— **不可以**(拍照)/**不能**(拍照)/**不行**。　허락의 부정

> **참고** 会 vs. 能 vs. 可以

		会	能	可以
가능	객관적 환경 조건	없음	时间还早, 七点之前能到达。	这个房间很大, 可以住5个人。
능력	능력의 갖춤	他会游泳。 (학습을 통한 기술의 습득)	他能游泳。 (체력 조건의 갖춤)	없음
	능숙함	他真会吃。 (기교의 갖춤, 미식가)	他真能吃。 (양의 많음, 대식가)	없음
	도달	없음	他一次能跑5公里。	他一次可以跑5公里。
	회복	없음	他的病好了, 能游泳了。	없음
허가		없음	这里不能抽烟。 现在我能回家吗？ (의문문/부정문)	现在可以进来。 (긍정문)
추측		明天会下雨。	他的病能治好吗？	없음
부정형		'不会'	'不能' '没能'	능력의 부정: '不能' / 허락의 부정: '不能', '不可以'

4) 想

(1) 바람

- 바람이나 계획을 나타낸다.

- 정도부사 '很' 등을 앞에 추가하여 어기를 강화할 수 있다.

    我想喝水。

    他很想去中国学习汉语。

(2) 의문문: 想…吗？, 想不想…？

    你想去中国吗？

    你想不想去中国？

(3) 부정형: 不想

我不想喝咖啡。

我不想穿这件衣服。

> **Tip 동사 想의 용법**
>
> ① 생각하다. 머리를 쓰다.
>   你好好儿想办法。
>   (참고) 我想好好儿休息一下。
> ② 추측하다. 상상하다. 이때 목적어는 '주술(목)'의 형태이다.
>   我想他今天不会来。
>   我想他明天可能去中国。
> ③ 그리워하다. 정도부사를 추가하여 의미를 강조할 수 있다.
>   我很想家。
>   我们很想你。

5) 要

(1) 의지, 바람

의지가 담긴 바람, 계획을 나타낸다.

我要赚钱。

我要找工作。

(2) 의무, 도리

마땅히 해야함(의무) 또는 해야 할 필요성이 있음(도리)을 나타낸다. 반드시 그렇게 해야 함을 강조한다.

为了健康，要多运动。

作为一个学生，要好好儿学习。

(3) 추측

주관성이 부가된 비교적 강한 추측을 나타낸다.

你这样做要出问题的。

这件事早晚要完成的。

(4) 의문문: 要…吗？, 要不要…？

你要去接他吗？

你要不要去接他？

(5) 부정형: 不想, 不愿意(의지, 바람의 부정), 不用, 不必, 用不着(의무, 도리의 부정), 不会
(추측의 부정)

他要出去。── 他不想出去。 의지, 바람의 부정

　　　　　　 他不用出去。 의무, 도리의 부정

　　　　　　 他不会出去。 추측의 부정

Tip 你不要出去。

"你别出去。"의 뜻으로 이때 '不要'는 금지, 만류를 나타내는 부사 '别'와 동일하다.

참고 바람을 나타내는 想, 要

	想	要
어기	– 어떠한 생각, 계획을 가지고 있음을 나타낼 뿐, 실제 실행 여부는 확실하지 않음. – 약한 어기. 　我想买台平板电脑。 사고 싶다.	– 단호한 의지, 강력한 바람이나 결정, 결심을 나타내어, 대개 그러한 결정, 결심대로 행동함. – 강한 어기. 　我要买台平板电脑。 사려고 하다.
부사	– 정도부사 '很, 特别, 有点儿' 등을 추가하여 바람의 정도를 강화함. 　我很想去韩国工作。 　*我一定想去韩国工作。	– 부사 '一定'을 추가하여 강한 의지를 표현. 　*我很要去韩国工作。 　我一定要去韩国工作。

6) 得(děi)

(1) 의무, 도리
- 이치상, 객관적 사실에 따라 어떤 일을 해야 할 필요가 있음을 나타낸다.
- 강한 당위의 의미를 나타내어 의지적으로 바꿀 수 없음(하기 싫어도 해야함)을 나타낸다.
- 단독으로 대답에 사용될 수 없으며, 주로 구어에 사용된다.

这件衬衫得用手洗。

你不想去也得去。

(2) 추측
- 확정적이고 확신을 가진 추측을 나타낸다.
- 주로 구어에 사용한다.

你又逃课了，老师准得说你。

这本书好厚，得几百万字吧？

(2) 의문형: 得…吗？
(긍정-부정을 연용한 정반의문문은 사용할 수 없다. *得不得)

我得参加这次比赛吗？

这件衣服得干洗吗？

(3) 부정형: 不用, 不必, 用不着 (의무, 도리의 부정), 不会 (추측의 부정), *不得(děi)

不用那么努力学习。

> **Tip** **不得**
>
> '不得(dé)'는 불허의 의미를 나타낸다.
> 室内不得抽烟。

> **Tip 得의 기타 용법**
>
> ① dé 동사: '획득하다, 얻다'
>   我得了一百分。
>
> ② děi 동사: 수량사와 함께 사용, '(시간, 금전 등) 필요하다, 요구되다'
>   做这件事儿得五个人。 这个工程得半年才能完成。
>
> ③ de 구조조사: 서술어의 뒤에서 상태보어, 정도보어 및 가능보어의 긍정형식을 연결한다.
>   你说得对。　　　　　　　(상태)
>   你说中文说得很流利。　　(정도)
>   这件事你一个人办得到吗？ (가능)

7) 应该

(1) 의무, 도리

사회적 통념, 규정, 도리상 어떤 일을 해야 할 필요가 있음을 나타낸다.

父母应该做出榜样。

去爬山的时候，应该穿一双运动鞋。

(2) 추측

이치, 사실, 자연의 섭리 등을 근거로 상황을 예측할 때 사용한다.

已经入秋了，天气应该凉快了。

都三点了，他们应该下课了。

(3) 의문문: 应该…吗？, 应(该)不应该…？

去爬山应该穿运动鞋吗？

去爬山应(该)不应该穿运动鞋？

(4) 부정형: 不应该

你不应该迟到。

已经入秋了，天气不应该这么热了。

05 조동사

> **생각해 봅시다**
>
> 1. *我想不去。
>
>   → 我不想去。
>
>   조동사가 사용된 문장은 조동사 앞에 부정사 '不'를 사용하여 부정한다.
>
> 2. 你会不会开车？——*开车
>
>   → 会/不会(开车)。
>
>   조동사가 사용된 의문문의 대답은 조동사를 사용해야한다.
>
> 3. 他真会吃。 vs. 他真能吃。
>
>   → '会'는 기교의 갖춤을 나타내어, 정도부사 '真'과 함께 사용시 능숙함의 의미를 나타낸다(미식가). '能'은 도달한 능력을 나타내어, 정도부사 '真'과 함께 사용시 양이 많음을 나타낸다(대식가).

Chapter 06 형용사

강의노트 274p | 연습문제 326p

학습목표
1. 형용사의 기능과 특징을 이해할 수 있다.
2. 형용사중첩의 기능과 특징에 대해 설명할 수 있다.
3. 형용사서술어문을 올바르게 사용할 수 있다.

차례
1. 형용사
2. 형용사중첩
3. 형용사서술어문

생각해 봅시다
1. *这件衣服没漂亮。
2. *这些是主要的问题。
3. *昨晚下了大雪，到处雪雪白白的。

 형용사

1) 형용사形容词란?

형용사는 사람 또는 사물의 성질, 상태를 나타내는 단어이다.

2) 형용사의 분류

- 형용사는 통사적으로 서술어를 충당할 수 있는지 여부에 따라 '서술어성 형용사谓语形容词'와 '비서술어성 형용사非谓形容词, 区别词'로 구분된다.
- 서술어성 형용사는 다시 의미에 따라 '성질형용사性质形容词'와 '상태형용사状态形容词'로 구분된다.

(1) 서술어성 형용사

서술어, 관형어, 부사어, 보어로 사용된다.

① 성질형용사

사람, 사물의 성질이나 모양을 나타낸다.

好　坏　大　小　清楚

② 상태형용사

사람, 사물의 상태를 묘사한다.

雪白　冰凉　绿油油　清清楚楚　糊里糊涂

(2) 비서술어성 형용사

- 관형어로만 사용된다.
- 사람, 사물의 속성이나 특징을 구별하고 분류한다.

男　女　正　副　高档

구분		특징	예
서술어성 형용사 관형어, 서술어, 부사어, 보어로 사용되며, 대부분의 형용사가 이에 속한다.	성질 형용사	사람, 사물의 성질이나 모양을 나타내며, 대부분의 형용사가 이에 속한다.	多 少 好 坏 大 小 高 矮 长 短 冷 热 对 错 黑 红 绿 高兴 漂亮 正确 认真 清 楚 聪明 亲切
	상태 형용사	사람, 사물의 상태를 나타낸다. 주로 성질 형용사에서 파생되어 만들어진다. 비유 및 묘사의 의미를 나타낸다.	雪白 笔直 冰凉 血红 金黄 漆黑 瓦蓝 红红 大大 长长 好好 漂漂亮亮 清清楚楚 绿油油 亮晶晶 香喷喷 胖乎乎 糊里糊涂 土里土气 啰里啰唆 可怜巴巴 雪白雪白 冰冰凉
비서술어성 형용사 (구별사) 관형어로만 사용된다.		사람, 사물의 속성을 나타내며, 특히 한 사물을 기타 사물과 구분, 구별해주는 기능이 있다.	男-女 正-副 单-双 雄-雌 主要-次要 长期-短期 黑白-彩色 中式-西式 国营-私营 高级-中级-初级 上等-中等-下等 高档-中档-抵挡

3) 형용사의 기능

(1) 명사를 수식하는 관형어로 사용된다. 이때 구조조사 '的'가 사용될 수 있다. 단, 일음절 형용사는 '的'를 생략할 수 있는데, 생략하지 않는 경우 특징이 강조, 부각된다.

　　这家店有很多漂亮的衣服。

　　我想买一套新房子。

　　我想买的是那件白的衬衫，不是这件黑的。

(2) 관계동사 '是'의 도움 없이 서술어로 사용된다. (형용사서술어문)

　　这件衣服很漂亮。

　　她总是匆匆忙忙的。

(3) 서술어의 앞에서 수식의 기능을 하는 부사어, 서술어의 뒤에서 보충의 기능을 하는 보어로 사용된다.

　　你快走吧！　부사어

　　他走得很快。　보어

4) 형용사의 특징

(1) 성질형용사는 정도부사의 수식을 받을 수 있으나, 상태형용사와 비서술어성 형용사는 정도부사의 수식을 받을 수 없다. 상태형용사는 그 자체로 정도의 심화를 나타내고, 비서술어성 형용사는 속성을 구분하는 데 사용되기 때문이다.

他非常着急。

她穿了一件雪白的连衣裙。　*她穿了一件很雪白的连衣裙。

这些是主要问题。　　　　　*这些是非常主要问题。

(2) 성질형용사는 부정부사 '不'를 통해 부정한다. 상태형용사는 일반적으로 부정형식으로 사용되지 않고, 비서술어성 형용사는 대개 '非'를 사용하여 반대의 속성을 나타낸다.

他不着急。

她穿了一件雪白的连衣裙。　*她穿了一件不雪白的连衣裙。

这些是非主要问题。　　　　*这些是不主要问题。

(3) 형용사는 목적어를 취할 수 없다.

他们的教室很干净。　　*他们干净了教室。

我肚子很饱。　　　　　*我很饱了肚子。

> **참고** 他的态度很端正。 vs. 他端正了态度。
>
> 일부 형용사는 사동의 의미를 나타내는 동사로도 기능한다(겸품사兼类词). 사동사로 사용된 경우 목적어를 취할 수 있다.

(4) 과거의 상태를 나타내더라도 동태조사 '了1'를 취하지 않으나, 상황의 변화를 나타내는 어기조사 '了2'과는 함께 사용할 수 있다.

去年夏天很热。　*去年夏天很热了。

天气热了。

(5) 비서술어성 형용사는 관형어로만 사용되며, 구조조사 '的'의 도움 없이 명사를 직접 수식한다.

这些是主要问题。   *这些是主要的问题。

这是高档产品。   *这是高档的产品。

(6) 비서술어성 형용사는 문장의 주어나 목적어를 담당할 수 없으나, 구조조사 '的'를 통해 명사화('…은/는 것')할 경우, 명사와 같은 기능을 담당할 수 있다.

男的坐这儿, 女的坐那儿。　　주어

我喜欢天然的, 不喜欢人工的。　　목적어

 **형용사중첩**

- 일부 형용사는 중첩이 가능하다.
- '정도의 깊음'을 강조하거나 '긍정적 감정'을 나타내며, 성질형용사가 중첩된 후에는 상태형용사로 분류된다.
- 중첩한 형용사는 상태에 대한 묘사에 사용되며, 문장에서 서술어, 관형어, 부사어, 보어를 담당한다.

1) 형용사중첩의 형식

형용사에 따라 중첩의 형식에는 차이가 있다.

(1) 일음절 성질형용사: AA

这个孩子肚子胖胖的, 很可爱。

她的手小小的。

(2) 이음절 성질형용사: AABB

衣柜里的衣服放得整整齐齐的。

他老老实实地工作。

(3) 상태형용사(명사 + 형용사): ABAB

昨晚下了大雪，到处雪白雪白的。

这条路笔直笔直的，直通火车站。

(4) 기타

- 일부 부정적 의미의 형용사: A里AB

糊涂 – 糊里糊涂　　土气 – 土里土气　　小气 – 小里小气

*漂里漂亮

- 일부 일음절 형용사: ABB

绿 – 绿油油　　红 – 红通通　　亮 – 亮晶晶　　热 – 热乎乎

冷 – 冷冰冰

6) 형용사중첩의 특징

(1) 형용사중첩이 서술어로 사용될 경우, '很, 非常'과 같은 정도부사의 수식을 받지 않는다. 중첩을 통해 이미 정도의 심화를 나타내기 때문이다.

她的手小小的。　　　　　　　*她的手很小小的。

衣柜里的衣服放得整整齐齐的。　*衣柜里的衣服放得非常整整齐齐的。

(2) 형용사중첩은 부정문이나 의문문에 사용되지 않는다. 중첩은 어떠한 상태를 묘사하기 위해 선택된 형식이기 때문이다.

他做事认认真真的。

*他做事不认认真真。　　　　*他做事认认真真吗？

(3) 형용사중첩은 동태조사 '了, 着, 过'와 사용될 수 없다. 중첩은 존재하는 어떤 상태를 묘사하기 위해 선택된 형식이기 때문이다.

屋子干干净净的。　　　　　　*屋子干干净净了/着/过。

孩子快快乐乐的。　　　　　　*孩子快快乐乐了/着/过。

> 참고 我以前胖过，现在瘦了。 vs. *我以前胖胖过，现在瘦瘦了。
>
> 중첩하지 않은 성질형용사는 어떠한 상태를 경험했거나, 지속되거나, 변화했음을 나타낼 수 있으나(이때 '了'는 완료를 나타내는 동태조사 '了₁'가 아닌, 변화를 나타내는 어기조사 '了₂'), 중첩한 뒤에는 존재하는 상태에 대한 묘사를 나타내므로 동태조사와 함께 사용할 수 없다.

(4) 형용사중첩이 서술어, 보어로 사용되어 사물을 묘사할 때에는 주로 어기조사 '的'를 추가한다.

她的头发长长的。

衣服洗得雪白雪白的。

(5) 관형어를 충당할 경우 구조조사 '的'를, 부사어를 충당할 경우 구조조사 '地'를 사용한다.

他手里拿着一本厚厚的词典。

他匆匆忙忙地离开了。

(6) 형용사중첩은 발음에 변화가 있어 주의가 필요하다.

- 일음절 형용사중첩을 권설음화儿化하는 경우 두 번째 형용사는 제1성으로 발음한다.

  好好 [hǎohǎo]　好好儿 [hǎohāor]

  慢慢 [mànmàn]　慢慢儿 [mànmānr]

- 이음절 성질형용사의 중첩은 두 번째 음절의 성조를 경성으로 발음한다.

  漂漂亮亮 [piàopiaoliàngliàng]　明明白白 [míngmingbáibái]

- 이음절 상태형용사의 중첩은 모두 본래의 성조로 발음한다.

  雪白雪白 [xuěbái xuěbái]　笔直笔直 [bǐzhí bǐzhí]

- ABB식 중첩은 뒤 두 음절 모두 제1성으로 발음한다.

  硬棒棒 [yìngbāngbāng]　绿油油 [lǜyōuyōu]

 **형용사서술어문**

1) 형용사서술어문 形容词谓语句 이란?

형용사(구)가 서술어를 담당하는 문장이다.

2) 형용사서술어문의 특징

(1) 형용사서술어문에서 형용사는 일반적으로 정도부사와 함께 사용해야 한다.

这件衣服**很漂亮**。 *这件衣服漂亮。

他做事**非常认真**。 *他做事认真。

가장 빈번하게 사용되는 정도부사 '很'은 경성으로 발음할 경우 정도 심화의 의미를 나타내지 않고 형용사서술어문을 형성하는 기능적 역할만을 담당한다. 본래의 성조인 제3성으로 발음할 경우 정도 심화의 의미를 나타낼 수 있다.

叔叔**很高**。 키가 크다 or 키가 매우 크다

妈妈**很矮**。 키가 작다 or 키가 매우 작다

(2) 형용사가 정도부사의 수식 없이 단독으로 사용될 경우, '비교'나 '대조'의 의미를 나타낸다.

这个**便宜**，那个贵。

他**着急**，我也着急。

(3) 형용사서술어 뒤에 정도의 의미를 보충하는 보어를 취할 수 있다.

我**累死了**。

我**累得很**。

(4) 형용사서술어문의 부정은 부정부사 '不'를 형용사 앞에 사용한다.

这件衣服**不漂亮**。 *这件衣服没漂亮。

> **참고** 这朵花不红。 vs. 这朵花还没红。
>
> 这朵花不红。 ('红', 즉 성질에 대한 부정, 꽃이 붉지 않음)
>
> 这朵花还没红。 ('红 + 了₂', 즉 성질의 변화에 대한 부정, 붉게 변하지 않음)

(5) 형용사서술어문의 의문문은 어기조사 '吗'를 문미에 첨가하거나, 긍정-부정형식을 연용하여 정반의문문을 만든다.

这个好吗？

这个好不好？   *这个好不好吗？

> **생각해 봅시다**
>
> 1. *这件衣服没漂亮。
>   → 这件衣服不漂亮。
>   형용사서술어문의 부정은 '不'를 사용한다.
>
> 2. *这些是主要的问题。
>   → 这些是主要问题。
>   비서술어성 형용사는 관형어로만 사용되며, 구조조사 '的'의 도움 없이 명사를 직접 수식한다.
>
> 3. *昨晚下了大雪，到处雪雪白白的。
>   → 昨晚下了大雪，到处雪白雪白的。
>   상태형용사의 중첩 형식은 ABAB(雪白-雪白雪白)이고, 이음절 성질형용사의 중첩 형식은 AABB이다(漂亮-漂漂亮亮).

Chapter 07 수사, 양사

강의노트 277p | 연습문제 328p

학습목표
1. 수사와 양사의 기능과 특징을 이해하고 설명할 수 있다.
2. 수량구의 기능과 특징을 이해하고 올바르게 사용할 수 있다.

차례
1. 수사
2. 양사

생각해 봅시다
1. 十块多钱 vs. 十多块钱
2. 一点儿 vs. 有点儿
3. *你是哪个国人？

 수사

1) 수사数词란?

수사는 수를 나타내는 단어이다.

2) 수사의 분류

(1) 기수基数

수량의 많고 적음을 나타내는 수로, 정수系数词系数词, 자릿수位数词, 분수, 소수, 배수, 어림수가 포함된다.

기수基数		
정수	계수사	零 一 二 三 四 五 六 七 八 九
	자릿수	一(个) 十 百 千 万 亿(万万)
분수		二分之一(1/2)　百分之七十(70%) 千分之一(1/1000)
소수		零点一(0.1)　三点二三(3.23)　二十一点零五(21.05)
배수		一倍　两倍　十倍　二十倍
어림수		三四　五六　多　几

> **참고** **今年的销售量是去年的三倍，比去年增加了两倍。**
>
> 去年(B) ／ 今年(A) 三倍
> 去年(B) ／ 今年(A) 增加了 两倍
>
> 是...X倍 → A是B的X倍
>
> 增加了(X-1)倍 → A比B增加(多) (X-1)倍
>
> X倍是比原有增加了(X-1)倍

83

(2) 서수序数

순서를 나타내는 수로, 중국어의 서수는 '第 + 기수'로 나타낸다. 다만, 연, 월, 일, 등급, 층수 등은 '第'를 쓰지 않는다.

서수序数	
	第一　第二　第二十　第二次　第三周
친족호칭 및 서열	老大　老二　二哥　三姐　二伯　三叔　三姨
연, 월, 일	一九四九年十月一号，星期六 (1949년10월1일, 토요일)
등급 학년	一级　二级 二年级
건물층수	二楼(2층, 건물의 2층)
버스노선 항공편/선박편	25路(公交车) 625次(航班)
학급/기관	二班(2반) / 二厂(제2공장)

> **참고** 二楼 vs. 两层
>
> '楼'는 건물의 한 층을 의미하고, '层'은 겹겹이 쌓인 것을 의미한다. 따라서 '二楼'는 건물의 2층을 뜻하고, '两层'은 '两层楼'와 같이 사용되어 2층으로 이루어진 건물을 뜻한다.
> 단, 일부 지역에서는 '层'를 사용해 '楼'와 같이 건물의 층수를 나타내기도 한다.

3) 수사의 기능

(1) 주어로 사용된다.

十是五的两倍。

(2) 목적어로 사용된다.

这是三，不是四。

九的三分之一是三。

(3) 관형어로 사용된다. 이때 '的'를 수반해야 한다.

一百的十分之一是十。

五的两倍是十。

(4) 서술어로 사용된다.

八八六十四。

他今年十七。

4) 수사의 활용

(1) 중국어 숫자 읽기
- 중국어의 숫자 단위는 기본적으로 우리말과 같다.

十　百　千　万　亿　兆(万亿)

- 기수 10~19는 직접 '十, 十一, …, 十九'로 읽고, 백의 자리 이상의 자릿수와 결합하거나 숫자의 중간에 나오는 '十' 앞에는 반드시 '一'를 붙여야 한다. 중간에 오는 '一'는 성조 변화 없이 제1성으로 읽는다.

　　10　　　　十
　　111　　　一百一十一

- 숫자가 '万' 이상이면 '万'을 단위로 끊어 읽고, '万' 이상의 자릿수는 '万' 이하의 자릿수와 같이 '十, 百, 千'이라고 읽는다.

　　123456789　一亿二千三百四十五万六千七百八十九

- 맨 뒤 '零'은 읽지 않고, 백의 자릿수 이상에서 중간에 오는 '零'은 연속해서 나와도 한 번만 읽는다.

　　1001　　　一千零一
　　1010　　　一千零一十

- 단위 뒤에 다른 수가 없으면 그 단위는 생략 가능하나, 양사가 있거나 중간에 '零'이 있으면 생략할 수 없다.

　　110　　　　一百一(十)
　　10010　　　一万零一十

10100个   一万零一百个

(2) '二'과 '两'

중국어에는 숫자 2를 나타내는 표현으로 '二'과 '两'이 있다. 이들의 차이점은 다음과 같다.

① 서수, 분수, 소수에는 '二'을 사용한다.

第二

二分之一

零点二

② 양사 앞에는 '两'을 사용한다.

两个人

两把扇子

③ 도량사度量词 앞에는 '二', '两'을 모두 사용할 수 있다. 단, 도량사가 '两(50g)'인 경우에는 '二'만 쓸 수 있다.

二尺/两尺

二两饭

④ 일, 십의 자리에서는 '二'을, 천의 자리 이상에서는 주로 '两'을 사용한다. 백의 자리에서는 '二'과 '两'을 모두 사용할 수 있다. 단, 맨 앞에 위치하는 천의 자리 이상은 '两', 그 뒤의 자릿수 앞에는 '二'을 사용한다.

二十 二百/两百 两千 两万 两亿

2	二	2个	两个
12	十二	12个	十二个
20	二十	200	二百/两百

2200　两千二(百)　　　　2220　两千二百二(十)

22000　两万二(千)

(3) '돈, 날짜, 시간, 나이' 표현

① 돈: 중국의 화폐 단위는 '块, 毛, 分'(구어)와 '元, 角, 分'(서면어)로 구분된다.

这支笔多少钱？——十块。

苹果一斤五块五毛钱。

- 화폐의 마지막 단위는 생략할 수 있다.

    7.38元　　七块三毛八(分)

    80.90元　　八十块九(毛)

    5004.07元　　五千零四块零七(分)

- '2': '块, 毛' 단위에는 '两'으로, '分'의 단위에는 '二'로 읽고, 단위 생략 시 모두 '二'로 읽는다.

    2元　　两块

    0.2元　　两毛　　5.2元　　五块两毛　　五块二

    0.02元　　二分　　0.52元　　五毛二分　　五毛二

- 마지막 단위가 사용된 경우, 화폐 단위 뒤 명사 '钱'은 생략할 수 있다.

    80元　　八十块(钱)

    5.2元　　五块两毛(钱)

② 날짜 및 요일: 날짜는 '年-月-日/号'로 표현하고, 이때 '일'은 서면어에서는 '日', 구어에서는 '号'를 주로 사용한다. 요일은 '星期/礼拜/周 + 수사'로 나타내고, '일요일'은 수사 대신 '天/日'를 사용한다.

我是一九四九年来中国的。

今天是二零二五年三月二号星期天。

③ 시간: '点-分(-秒)'의 순서로 나타낸다. 10분을 넘어갈 경우 '분'은 생략할 수 있다.

现在是下午两点二十三(分)。

我们六点半在学校门口见。

④ 나이: '수사 + 岁'로 나타낸다.

我二十六岁了。

我弟弟今年四岁。

5) 어림수^{概数}의 표현

(1) 인접 숫자의 연용

인접한 두 개의 숫자를 연용하여 어림수를 나타낼 수 있다.

一两个　三四天　五六本　七八点

十一二　十八九　三四百　一两千

*九十　*十十一

(2) '来/多'

'来'(전/후 인접), '多'(약간 많음)을 활용해 어림수를 나타낼 수 있다.

① '수사(1, 2, 3, …, 9) + 양사 + 来/多 + 명사'

五块来钱

两个多小时

② '수사(0으로 끝나는) + 来/多 + 양사 + 명사'

一百来个人

五十多张桌子

> **참고** 十多块钱 vs. 十块多钱 vs. 十多个人 vs. *十个多人
>
> 수사 '十'와 결합할 때, 양사가 하위 단위를 가져 연속량을 표현할 수 있으면 '来/多'가 양사 앞과 뒤에 모두 출현할 수 있다(一块钱=十毛钱, 一斤=十两 등). 그러나 '个'와 같은 개별 양사는 불연속량을 나타내기 때문에 양사 앞에만 올 수 있다.
>
> | 1块钱=10毛钱(연속량) ||
> |:---:|:---:|
> | 10多块钱 | 10块多钱 |
> | 11위안, 12위안, 13위안… | 10.1위안, 10.2위안, 10.3위안… |
> | 个(불연속량) ||
> | 十多个人 | *十个多人 |
> | 11명, 12명, 13명… | *10.1명, 10.2명, 10.3명… |

③ '左右/上下/前后'

전후 근접한 수를 나타낸다.

十五岁左右

八十公斤上下

五点前后

- 左右: 시간(시점, 시구간), 수량, 나이, 높이, 거리 등에 두루 사용되나, 시간명사와는 결합할 수 없다.

  *圣诞节左右

- 上下: 나이, 온도, 무게, 높이 등의 어림수를 나타내나, 시간과 관련된 어림수는 나타내지 않는다. 나이를 나타낼 때 어린 나이에는 사용하지 않는다.

*五岁上下

- 前后: 주로 시간명사와 결합하나, 시구간은 나타낼 수 없다.

  *一周前后

> **참고** 左右 vs. 前后
>
> 三点左右   五点前后   (시점)
> 三个小时左右   *三个小时前后   (시구간)
> *春节左右   春节前后   (시간명사)

 양사

1) 양사量词란?

- 양사는 사람, 사물, 동작행위 및 수량의 단위를 나타내는 단어이다.
- '분류사, 단위사, 단위명사'라고도 한다.

2) 양사의 분류

양사는 명량사名量词와 동량사动量词 및 준량사准量词로 구분된다.

(1) 명량사

사람 또는 사물의 단위를 나타내는 양사이다.

개체 단위	집합 단위	도량 단위		부정량 단위	기타
个 位 本 件 座 份 把 幅 条 家 棵 口 节 辆 篇 台 页 张 支 只 등	对 副 伙 批 群 双 套 등	길이: 分 寸 米 千米(公里) 厘米 毫米 등		点(儿) 些 (一点儿 半点儿 一些로만 사용됨)	화폐 단위: 元/块 角/毛 分
		면적: 平方米 亩 公顷 등			
		부피: 立方米 升 毫升 加仑 등			시간 단위: 点 分 秒 刻 分钟 天 年 등
		무게: 斤 两 克 千克(公斤) 吨 등			

三个人 两本书 这件事	一对夫妻 一批学生 那套房子	一亩地 两升牛奶 二两米饭	喝点儿东西 一些人	一块钱 三点十分 二十分钟

> **참고** **(一)点(儿) vs. 有点(儿)**
>
> '一点儿'과 '有点儿'은 모두 '조금, 좀'의 의미를 나타내지만, 품사, 의미, 출현 위치 등에서 차이가 나타난다.
>
> | 点儿 | 有点儿 |
> |---|---|
> | 양사(부정량 단위)
('一'와 결합한 '一点儿'은 수량사구) | 부사 |
> | 서술어 뒤 또는 명사(구) 앞 | 서술어 앞 |
> | 비교/대조의 의미(주로 긍정적 어기) | 주관적 평가, 추측(주로 부정/불만의 어기) |
> | 这件衣服有点儿大, 有没有小一点儿的？ | |

(2) 동량사

동작행위의 횟수를 나타내는 양사로, 주로 '수사 + 동량사'의 형식으로 동사 뒤에서 동량보어로 사용된다. '次, 下, 回, 遍, 顿, 场, 趟, 阵, 番' 등이 있다.

Ch. 16 보충성분(보어) '수량보어' 참조

次	반복해서 나타나는 동작의 횟수 我吃过一次北京烤鸭。
回	동작의 횟수 他来过我家两回。
遍	처음부터 끝까지 모든 과정을 가진 동작의 횟수 这本小说我读了三遍。
趟	오가는 횟수 我要去一趟英国。
顿	식사, 꾸짖음, 구타, 질책 등의 횟수 我被老师骂了一顿。
番	시간이나 노력이 드는 동작행위의 횟수 为了完成这个任务，他下了一番功夫。

场	– 비바람, 병, 싸움, 재해(cháng) 昨晚下了一场大雨。 – 연극, 스포츠, 공연 예술(chǎng) 明天我去看一场演唱会。
下	– 구체적인 동작의 횟수 他敲了两下门。 – 짧은 시간이나 동작량이 적은 동작의 횟수('一下'로 사용되어 시도/어기완화의 기능을 함) 请等一下。

(3) 준량사准量词

양사의 도움 없이 수사와 직접 결합할 수 있고, 어법 기능이 양사와 비슷한 명사를 준량사라 한다. 준량사는 양사를 추가할 수 있는 경우와 없는 경우로 구분된다.

① 양사를 추가할 수 있는 준량사: 星期 月 小时

　一(个)星期　一(个)月　一(个)小时

② 양사를 추가할 수 없는 준량사: 年 周 天 分钟 秒钟 国

　一年　*一个年　　　　两周　*两个周

　一天　*一个天　　　　哪国人　*哪个国人

8) 양사의 기능 및 특징

(1) 양사는 수사, 지시대사와 결합하여 수량구의 형태로만 사용된다.

(2) 양사는 단독으로 문장성분을 담당할 수 없다. 단, 일음절 양사는 중첩 후 주어, 관형어, 부사어를 담당할 수 있다.

　个个都很优秀。　　주어

　条条大路通罗马。　관형어

　他天天锻炼身体。　부사어

9) 양사의 중첩

양사의 중첩은 '예외 없음'의 의미를 나타내며, 강조의 어기가 담겨 있다.

(1) 'AA'

件件，个个，本本，次次 등

我的朋友**个个**都会游泳。　　명량사의 중첩: 각각의 사람/사물로 구성된 전체가 예외 없이 동일함

他**次次**考试都考得很好。　　동량사의 중첩: 동작행위가 여러번 반복되어도 예외 없이 동일함

(2) 양사 중첩은 목적어로 사용할 수 없다.

我认识他们每个人。　＊我认识他们个个。

> **참고** **个个 vs. 每个人**
>
> '个个'는 사람/사물로 구성된 하나의 전체로 인식하여 '예외 없음'을 강조한다면, '每个人'은 하나의 전체를 의미할 뿐 아니라 전체에 속한 개체 하나 하나를 지칭할 수도 있다.
>
> 我们班同学**个个**/**每个人**都会游泳。　　　　(우리 반 학생 전체)
> 我们班同学＊个个/**每个人**游泳的水平都不一样。(우리 반 학생 한 명 한 명)

(3) '一 + AA'

양사중첩은 수사 '一'와 결합하여 '一 + AA'의 형식으로도 사용된다.

一个个　一辆辆　一次次　一遍遍

① '一 + AA 명량사'

- '예외 없음'의 의미를 나타내고, 이때 '一'는 생략 가능하다.

  他们(一)**个个**都喜欢唱歌。

  (一)**辆辆**车子都是新的。

- 동작의 방식을 나타내고, '一'를 생략할 수 없다.

  她们一**个个**地走了进来。(一个跟着一个)　＊她们个个地走了进来。

  车子一**辆辆**地开了过来。(一辆接着一辆)

- 수량의 많음을 나타내고, '一'를 생략할 수 없다.

  门口停放着一**辆辆**车子。＊门口停放着辆辆车子。

② '一 + AA동량사'

동작이 여러 차례 반복됨을 의미하고, 이때 '一'는 생략할 수 없다.

在老师一次次的帮助下，这个学生取得了很大的进步。(一次又一次)

*在老师次次的帮助下，这个学生取得了很大的进步。

你再也不必一趟趟地跑医院了。(一趟又一趟)

*你再也不必趟趟地跑医院了。

> **생각해 봅시다**
>
> 1. 十块多钱 vs. 十多块钱
>   → 수사 '十'와 결합할 때, 양사가 하위 단위를 가져 연속량을 표현할 수 있으면 어림수를 나타내는 '多'가 양사 앞과 뒤에 모두 출현할 수 있다. 따라서 '十多块钱'은 '11위안, 12위안, 13위안..'을 나타내고, '十块多钱'은 '10.1위안, 10.2위안, 10.3위안..'을 나타낸다.
>
> 2. 一点儿 vs. 有点儿
>   → '一点儿'은 수량구로 서술어 뒤 또는 명사(구) 앞에 위치하지만, '有点儿'은 부사로 서술어 앞에 사용된다. '一点儿'은 주로 비교의 의미를 나타내는 문장에서 긍정적인 어기를 나타내지만, '有点儿'은 주관적 평가, 추측에 사용되며 주로 부정적 어기를 나타낸다.
>
> 3. *你是哪个国人？
>   → 你是哪国人？
>   양사의 성질을 가지는 일부 명사(준량사)는 양사의 도움 없이 바로 수사와 결합할 수 있다. '国'는 양사를 추가할 수 없는 준량사이다.

Chapter 08 부사

강의노트 280p | 연습문제 331p

학습목표
1. 부사의 기능과 특징을 이해할 수 있다.
2. 주요 부사를 이해하고 올바르게 활용할 수 있다.

차례
1. 부사
2. 주요 부사

생각해 봅시다
1. *我上个月刚才去过中国。
2. 他1950年就到北京来了。 vs. 他1950年才到北京来。
3. 我每天早上都不吃早饭。 vs. *我每天早上都没吃早饭。 vs. 我今天早上没吃早饭。

 부사

1) 부사副词란?
동사, 형용사, 부사 또는 문장 앞에서 이를 수식하는 단어이다.

2) 부사의 분류
부사는 동작이나 상황의 범위, 시간, 정도, 빈도, 부정, 어기/양태语气, 상태/양상情状 등을 나타낸다.

(1) 범위부사

　　都　只　全　光　一共　一起　一块儿 등

(2) 시간부사

　　就　才　在　正　从来　一直　刚　已经　马上　快要　就要 등

(3) 정도부사

　　很　太　真　有点儿　最　更　挺　非常　十分　比较　稍微 등

(4) 반복/빈도부사

　　还　也　再　又　往往　常常　不断　总是 등

(5) 부정부사

　　不　没(有)　别　不用　不必 등

(6) 어기/양태부사

　　就　并　竟然　却　倒　可　究竟　到底　也许　其实　毕竟　恐怕
　　大概　简直　果然　难道　差点儿　千万 등

(7) 상태/양상부사

　　还是　忽然　依然　仍然　纷纷　特地　故意　擅自　渐渐　亲自 등

3) 부사의 기능

(1) 부사는 문장에서 주로 부사어로 사용된다.
   他非常高兴。
   我不去。

(2) '极', '很' 등 일부 부사는 보어로 사용된다.
   这里的风景好极了。
   教室里的空调坏了，热得很。

(3) 동사, 형용사, 구, 절 등을 연결하는 접속의 기능을 한다.
   我们下了课就去吃饭吧。
   她又可爱又聪明。

4) 부사의 특징

(1) 문장에서 부사어로 사용된다. 이때, 구조조사 '地'는 사용하지 않는다.
   这篇文章比较难。　　　*这篇文章比较地难。
   예외 '渐渐', '逐渐'은 예외적으로 '地'를 사용할 수 있다.
   天气渐渐地凉快了。

(2) 부사는 주로 서술어 앞에 위치하지만, '也许, 其实, 大概, 果然, 难道, 恐怕' 등 주관성이 강한 어기/양태부사, 시간, 빈도를 나타내는 일부 부사는 문두에 출현하기도 한다. 이를 문장부사라고 한다. 문장부사는 문장 전체가 나타내는 내용에 대한 화자의 주관적 태도를 나타내며, 주어를 강조한다.
   难道你不知道这件事？　你难道不知道这件事？
   其实汉语并不难。　　　汉语其实并不难。

(3) 부사는 일반적으로 중첩해서 쓸 수 없다. '渐渐, 常常, 刚刚, 仅仅, 白白, 偏偏' 등은 그 자체로 하나의 단어이다.

(4) 부사는 동사, 형용사, 기타 부사를 수식한다. 그러나 서술어로 사용되지 않은 명사, 대사 등 체언성 단어는 직접 수식할 수 없다.

我不是学生。　*我不学生。

我非常爱他。　*我非常爱情他。

> **Tip** 已经星期五了，时间过得可真快！
>
> 명사서술어문에서는 부사가 명사를 수식할 수 있다.

(5) 정도부사는 형용사, 심리동사 등을 수식하지만, 행위 동작을 나타내는 동사는 수식하지 못한다.

今天是我最开心的一天。　　*今天是我最学习的一天。

我有点儿累。　　　　　　　*我有点儿休息。

(6) '不, 没(有), 当然, 也许, 一定, 有点儿, 差不多' 등을 제외한 대부분의 부사는 단독으로 대답에 사용되지 않는다.

他怎么不见了？下班了吗？　—— 也许。

你也来参加吗？　　　　　　—— 当然。

她已经回国了吗？　　　　　—— *已经。(已经回国了。)

他也来吗？　　　　　　　　—— *是啊，他也。(是啊，他也来。)

 주요 부사

1) 범위부사

(1) 都

- 복수의 사람/사물이 예외 없이 모두 동일한 성질이나 행위를 갖추고 있음을 나타낸다(총괄성). 총괄하려는 사람/사물 뒤에 놓인다.

这些衣服都太大了。

他们都是韩国人。

- 한도를 나타내는 단어나 구 앞에서 예상 한도를 초과하였음을 나타낸다. 주로 청자의 주의를 환기하고자 하는 상황에서 어기조사 '了2'과 함께 사용된다.

都九点了，你怎么还没出发？

他都八十岁了。

(2) 只

- 동작행위나 관련된 대상의 범위를 제한한다.

他只喜欢听音乐，不爱做运动。

我只给他发短信了。

- 수량을 제한한다. 수량이 적거나 시간이 짧음을 나타낸다.

会议室里只有一张桌子。

我们只剩五分钟了。

> **참고** 他一小时只读了十页。 vs. 他十页只读了一小时。
>
> '只'가 시간의 길이(시구간)를 나타내는 단어 및 수량을 나타내는 단어와 함께 사용될 경우, 출현하는 위치에 따라 의미가 달라진다. 이때 '只'는 뒤에 출현하는 성분의 범위를 제한한다.
>
> 他一小时只读了十页。(십 페이지밖에 못 읽음)
> 他十页只读了一小时。(한 시간 만에 읽음)

2) 시간부사

(1) 就

수량사/시간사와 함께 사용되어 동작행위, 사건의 발생이 이름, 빠름 및 수량의 적음을 나타낸다. 동작행위가 이미 발생했거나 곧 발생할 것임을 나타낸다.

飞机十点就抵达首尔机场了。

明年我就毕业了。

他听了一遍就听明白了。

(2) 才

- 수량사/시간사 뒤에 사용되어 동작행위, 사건의 발생이 늦음, 느림 및 수량의 많음을 나타낸다. (수량사/시간사 + '才')

  飞机十点才抵达首尔机场。

  她从去年才开始上大学。

  他听了三遍才听明白。

- 수량사/시간사 앞에 사용되어 동작행위, 사건의 발생이 이름, 빠름 및 수량의 적음을 나타낸다. ('才' + 수량사/시간사)

  现在才三点半，你不用着急！

  他今年才十八岁，懂什么呢？

> **참고** 수량사/시간사 + 就/才 vs. 就/才 + 수량사/시간사
>
> - '就'는 동작이나 일, 상황의 발생이 이르거나 빠르고 순조롭게 이루어졌다는 화자의 판단을 나타내는 반면, '才'는 발생이 느리거나 늦고 순조롭지 못하다는 화자의 판단을 나타낸다. 이때의 빠름/느림은 절대적인 시간의 차이뿐 아니라 동일한 시간에 대한 화자의 주관적 판단도 나타낼 수 있다.
> - '就'는 화자의 기대나 조건을 이미 만족시킴을 나타내어 문미의 '了2'과 공기하나([+了2]), '才'는 화자의 기대, 조건을 만족시키지 못함을 나타내어 문미에 '了2'이 출현하지 않는다 ([-了2]).
>
> 两点上课，她一点半就来了。　两点上课，他两点(零)五分才来。
> 他1950年就到北京来了。　　他1950年才到北京来。

- 반면, '就/才'가 수량사/시간사 앞에 사용될 경우 둘 다 시간이 이르거나 수량이 적음을 나타낸다.

  读这本书，我就/才花了一个星期。

> **참고** 才 + 수량사/시간사 vs. 수량사/시간사 + 才

- '才'는 시간/수량 표현의 위치에 따라 나타내는 의미에 차이가 나타난다.

```
        才        수량사/시간사        才
  ←─────────────────────────────────────→
   시간의 이름/빠름              시간의 늦음/느림
   수량의 적음                    수량의 많음
```

'才' + 수량사/시간사 시간의 이름/빠름, 수량의 적음	수량사/시간사 + '才' 시간의 늦음/느림, 수량의 많음
我们到车站的时候, 才三点。 (시간의 이름)	我们三点才到车站。 (시간의 늦음)
他学会汉语, 才花了一年。 (시간의 빠름)	他花了一年才学会汉语。 (시간의 느림)
我今天才喝了三杯咖啡。 (수량의 적음)	我今天喝三杯咖啡才行。 (수량의 많음)

- 늦음/느림, 수량의 많음을 나타내는 '才'는 예상 한도의 초과를 나타내는 '都'와 호응하여 '都…了, 才'의 형태로 자주 사용되고, 이름/빠름, 수량의 적음을 나타내는 '才'는 시간의 이름/빠름, 수량의 적음, 순조로움을 나타내는 '就'와 호응하여 '才…, 就…了'의 형태로 자주 사용된다.

  都十一点了, 才回来。 (시간의 늦음)
  才十一点, 就回来了。 (시간의 이름)

(3) 正/在/正在
- 동작의 진행을 나타낸다.
- '正'은 동작의 시점을 강조하고, '在'는 동작의 진행 상태를 강조한다. '正在'는 동작이 그 순간 진행 중임을 강조한다.
  我在吃饭(呢)。
  我正在吃饭(呢)。
  我正吃饭呢。

(4) 从来

과거부터 현재까지 비교적 긴 시간 동안 어떠한 상황이 예외 없이 지속됨을 나타낸다. 주로 '从来 + 不/没(有)…'의 형태로 사용된다.

他从来不迟到。

我从来没考虑过出国留学。

(5) 一直

- 일정한 시간동안(길거나 짧은 시간) 어떠한 상태나 동작행위가 지속됨을 나타낸다.

我们一直保持联系。

他们一直住在这个城市。

> **참고** 从来 vs. 一直
>
> '从来'는 과거로부터 현재까지의 긴 시간을 나타내며 주로 부정문(从来 + 不/没(有)…)에 사용된다. 반면 '一直'는 시간의 길이에 상관없이 어떠한 상황이 줄곧 지속됨을 나타낸다.
>
> 他从来没去过中国。
>
> 我今天下午一直在学校学习。　　*我今天下午从来在学校学习。(단시간)

- '从来'는 드물게 긍정문에 사용되기도 하는데, 이때 '一直'와 호환되기도 한다. 단, 의미적으로는 차이가 있다. '从来'는 반복된 상황이 동일하고 예외없음을 나타낸다면, '一直'는 변함없이 지속됨을 강조한다.

他家从来/一直很干净。

他一直喜欢读书。　　*他从来喜欢读书。　동작/상태의 지속

- 부정문에서도 호환되는 경우가 있는데, 역시나 의미적으로 차이가 나타난다. '从来'는 부정적 상황이 장시간 동안 지속됨을 나타내고, '一直'는 시간의 길이와 상관없이 부정적 상황이 지속됨을 나타낸다.

我从来没见过他。　　그를 만난 적이 없음, 서로 모르는 사이

我一直没见过他。　　단시간 내 그를 만나지 못함, 서로 아는 사이

— '从来'는 과거의 상황에만 사용할 수 있지만, '一直'는 과거뿐 아니라 미래의 상황에도 사용할 수 있다.

我会一直陪在你身边。*我会从来陪在你身边。　미래의 상황

(6) 刚/刚刚

— 어떠한 사건/상황의 발생이 발화 시간으로부터 얼마 지나지 않았음을 강조하여 나타낸다.

那个研究生刚毕业。

刚认识的朋友，我不太熟悉。

— '刚/刚刚'은 어떠한 상황이 직전에 발생했음을 강조하여 나타내므로, 현재와 관련된 상태 변화를 나타내는 어기조사 '了2'과 공기할 수 없다.

他刚走，你可能还赶得上。　　*他刚走了，你可能还赶得上。

我也刚刚到。　　　　　　　　*我也刚刚到了。

— '刚刚'이 '刚'보다 더 짧은 시간을 나타낸다. '刚'은 '一…就…'와 호응하여 연속된 동작이나 상태를 나타낼 수 있으나, '刚刚'은 불가능하다.

孩子刚一出门，就开始下雨了。　*孩子刚刚一出门，就开始下雨了。

> **참고** **刚/刚刚 vs. 刚才**
>
> - '刚/刚刚'은 부사로 주어 뒤, 동사 앞에 출현하나, '刚才'는 시간명사로 주어의 앞, 뒤에 모두 출현할 수 있다.
>
>   我刚看天气预报上说今天下大雨。　*刚我看天气预报说今天下大雨。
>   我刚才看天气预报说今天下大雨。　刚才我看天气预报说今天下大雨。
>
> - 부사 '刚/刚刚'은 시간사/수량사와 공기할 수 있으나, 시간명사 '刚才'는 불가능하다.
>
>   我上个月刚去过中国。　*我上个月刚才去过中国。
>   他刚走了两天你就来了。　*他刚才走了两天你就来了。

- '刚才' 뒤에는 부정사를 사용할 수 있으나, '刚/刚刚'은 불가능하다.

  他**刚才**没接电话。　　*他刚没接电话。

  她**刚才**什么都**不**说。　　*她刚什么都不说。

- '刚/刚刚'은 대개 어기조사 '了₂'과 함께 쓰일 수 없으나, '刚才'는 이러한 제약을 받지 않는다.

  他**刚才**来了。　　*他刚来了。

  你**刚才**去哪儿了？　　*你刚去哪儿了？

3) 정도부사

(1) 很

- 가장 대표적인 정도부사이다. 형용사서술어문을 형성하기 위해 사용되며 경성으로 읽히고 정도 심화의 의미를 나타내지 않는다.
- 정도 심화를 나타낼 경우, 본 성조인 제3성으로 읽히며 주로 객관적 평가에 사용된다.

  他的中文说得**很**好。

  这本书**很**有意思。

(2) 太

- 정도가 매우 높음에 대한 감탄을 나타낸다. 어기조사 '了₂'을 함께 사용한다.

  这部电视剧**太**吸引人了。

  这里的人际关系**太**复杂了！

- 정도가 과도하게 높음, 지나침을 나타낸다. 주로 화자의 불만을 표시한다. 어기조사 '了₂'이 없을 경우 지나침의 의미만을 나타내고, 어기조사 '了₂'과 공기할 경우 화자의 불만이 함께 드러난다.

  不好意思，你说得**太**快，慢一点可以吗？

  你**太**认真了，放松一下吧。

(3) 真

확실함, 실제로 그러함을 의미하여, 화자의 주관적 확신을 강조한다. 어기조사 '啊'와 함께 사용할 수 있다.

这道菜真好吃！

你真聪明啊！

> **참고** **객관적 평가 很 vs. 주관적 평가 太, 真**
>
> 주관적 평가의 정도부사 '太', '真'이 형용사(및 동사)와 결합한 구는 주로 서술어 및 보어로 사용되고 관형어나 부사어로는 사용되지 않는다. 반면, 객관적 평가를 나타내는 '很'은 형용사(및 동사)와 결합하여 관형어 및 부사어로 사용될 수 있다.
>
> 我买了一件很/*真/*太漂亮的衣服。
>
> 他很/*真/*太安静地坐着。

(4) 有点儿

정도의 낮음 혹은 수량의 많지 않음을 나타내며, 주로 불만을 표시한다.

他说得有点儿快。

这道菜有点儿咸。

4) 반복/빈도부사

(1) 也

사람 또는 사건의 상황이 동일하거나 유사함을 나타낸다.

他会说西班牙语, 也会说阿拉伯语。

今天下雨了, 明天也会下雨。

(2) 还

– 동작이나 상태가 변하지 않고 연속됨을 나타낸다.

都十点了, 他还在睡觉。

你**还**在生我的气吗？

- 동작행위가 반복적으로 발생함을 나타낸다.

  他昨天来过，明天**还**来。

  他从成都回来了，但是下周**还**要去。

- 선행절보다 증가, 첨가된 내용을 보충한다.

  我们学了不少东西，**还**交了一些朋友。

  除了这两道菜，你**还**要点什么？

(3) 再

- 동작행위가 (중단 후) 반복되거나 지속됨을 나타내며, 주로 주관적 바람, 요구, 명령 등에 사용된다.

  这些菜很好吃，你**再**吃一点儿吧。

  不好意思，你**再**等我几分钟。

- 형용사 앞에 사용되어 정도의 심화를 나타낸다.

  请你讲得**再**慢一点儿。

  这件衣服有点儿小，有**再**大一点儿的吗？

(4) 又

- 동작행위가 반복되어 발생했음을 객관적으로 서술한다. 주로 이미 발생한 사건에 사용된다.

  又来台风了！这已经是第三次了。

  我**又**瘦了两公斤。

- 규칙성을 가진 상황이 반복하여 나타날 것을 예측할 경우, 미래의 상황에도 사용할 수 있다. 어기조사 '了2'이 수반된다.

  明天**又**是星期一了。

  下个星期**又**要开学了，真讨厌！

- 선행절의 내용보다 증가, 추가됨을 나타낸다.

星期天他们洗了衣服，又打扫了房间。

除了周末，我们平时又要加班。

참고 也 vs. 又

'也'는 상이한 주체의 동작이나 상황이 동일하거나 유사함을 나타내고, '又'는 동일한 주체의 동작, 상황 등이 반복, 첨가됨을 나타낸다.

孩子感冒了，我也感冒了。　　　(상이한 주체의 상황이 동일함)

他上次没交作业，这次又没交。　(동일한 주체의 상황이 반복됨)

참고 还 vs. 再

- '还'는 동작이 변함없이 지속됨을 강조하는 반면, '再'는 선행 동작이 종료된 이후의 반복을 강조하며 전·후 동작은 비연속적 특징을 보인다.

    还要等啊？都等半个小时了。(기다리는 동작이 변함없이 지속됨)

    你再等我几分钟吧。　　　　　(기다리는 동작을 다시 반복함)

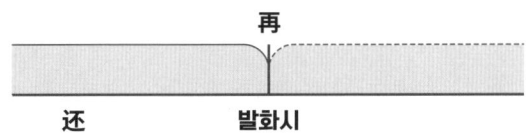

- '还'는 평서문에 사용되고 명령문에 사용되지 않지만, '再'는 명령문에 사용되고 평서문에는 사용되지 않는다. 단, 가정을 나타낼 경우 '再'를 사용할 수 있다.

    我还想吃麻辣烫。*我再想吃麻辣烫。(평서문)

    再来一杯茶吧！　*还来杯茶吧！　(명령문)

    再不努力，你就不及格了。　　　　(가정을 나타내는 평서문)

- '还'는 조동사 앞에 출현하고, '再'는 조동사 뒤에 출현한다.

    我还想再去上海一趟。

    我们还要再玩一会儿。

> **참고** 再 vs. 又
>
> - '又'는 주로 이미 발생한 상황에 대한 부정적 어감을 나타낸다면, '再'는 아직 발생하지 않은 상황의 반복에 대한 긍정적 어감을 전달한다.
>
>   你又迟到了! （이미 지각했고 또 지각이 반복됨, 부정적 어감）
>
>   欢迎你再来韩国! （이미 한국에 왔고 향후 다시 오기를 바람, 긍정적 어감）
>
> - '再'는 조동사 뒤에 출현하고, '又'는 조동사 앞에 출현한다.
>
>   你能再说一遍吗?
>
>   他又要插嘴了。

5) 부정부사

(1) 不

어떠한 판단, 바람, 사실, 성질에 대한 부정을 나타낸다. 주관적 서술과 객관적 서술을 모두 나타낸다. 시간상 제약이 없다.

他不是学生。

我不吃面包。

他今天很不高兴。

(2) 没(有)

어떠한 동작행위의 발생 및 결과의 출현, 상태의 변화, 존재/소유에 대한 부정을 나타낸다. 객관적 서술에만 사용되며, 주로 과거 시제에 쓰인다.

他昨天没来上课。

我没收到你的短信。

天还没黑。

我没有弟弟。

> **참고** 不 vs. 没(有)

- '没(有)'는 동작이 실행 또는 완성되지 않았음을 나타내고, '不'는 어떠한 사실이나 바람/의지 등을 부정한다. 따라서 조동사의 부정은 주로 '不'를 사용한다.

    我没吃早饭。 (아침을 먹는 사건이 실행되지 않음, 동작 실행 부정)
    我不吃早饭。 (원래 아침을 먹지 않음, 사실 부정/ 아침을 먹고 싶지 않음, 바람 부정)
    我不想吃早饭。

- 판단에 대한 부정은 '不'로, 존재/소유에 대한 부정은 '没'로 한다. 따라서 '是'는 '不'로, '有'는 '没'로만 부정된다.

    那不是我的专长。　　　*那没是我的专长。
    我没有时间谈恋爱。　　*我不有时间谈恋爱。

- '没(有)'는 일회성 동작을 부정하고, '过'와 공기할 수 있다. '不'는 습관적, 규칙적, 진리적 상황을 부정한다.

    他每天早上都不吃早饭。　*他每天早上都没吃早饭。
    他今天早上没吃早饭。

> **참고** 没能, 没想

조동사의 부정은 '不'를 사용하지만, '没能', '没想'이 사용되기도 한다. 주관적 바람이 있었음에도 그에 대한 객관적 결과를 얻지 못했음을 나타낼 경우 '没能'을 사용하고, 주관적 바람을 회피하거나 배제하는 경우 '没想'을 사용한다.

    我没能通过考试。　 (시험을 통과하고자 했으나 그러한 결과를 얻지 못함을 강조)
    我没想打扰你休息。 (너를 방해하려는 주관적 바람이 전혀 없었음을 강조)

> **참고** 他从来不抽烟。vs. 他从来没抽过烟。

    他从来不抽烟。　　(흡연하지 않는 상태의 습관적, 규칙적 상황)
    他从来没抽过烟。　(흡연이라는 일회성 동작의 부정)

6) 어기/양태부사 语气/情态

사건/상황에 대한 화자의 주관적 평가, 감정, 태도를 나타낸다.

(1) 就

긍정의 어기를 강화한다.

手机就在电脑旁边。

这就是我想跟你分享的故事。

(2) 并

'并 + 不/没(有)'의 형태로, 부정사 앞에서 부정의 어기를 강화한다.

我并没有生气。

汉语其实并不难。

7) 상태/양상부사 情状

동작이나 상태의 구체적인 방식, 속성을 나타낸다.

(1) 还是

- 동작행위 혹은 상태가 변하지 않음을 나타낸다.

  虽然学习很忙，但我每天早上还是出去跑步。

  对不起，我还是不太理解你的意思。

- 비교 후 어떠한 것을 선택함을 나타낸다.

  我中午吃了中国菜，晚饭还是吃韩国菜吧。

  时间有点儿紧张，我们还是打车去吧。

(2) 忽然

사건이 예기치 않게 발생함을 나타낸다.

我忽然听到了一声巨响。

他忽然明白了事情的真相。

> **참고** 忽然 vs. 突然

- 부사 '忽然'은 문장에서 부사어로만 사용되지만, 형용사 '突然'은 부사어 외에도 관형어, 서술어, 보어 등으로 사용될 수 있다.

    这是一个突然的变化。　　*这是一个忽然的变化。
    这件事发生得很突然。　　*这件事发生得很忽然。

- 부사어로 사용될 경우 서로 대체하여 사용할 수 있다.

    忽然/突然下雨了。

> **생각해 봅시다**

1. *我上个月刚才去过中国。
    → 我上个月刚去过中国。
    부사 '刚/刚刚'은 시간사/수량사와 공기할 수 있으나, 시간명사 '刚才'는 불가능하다.

2. 他1950年就到北京来了。 vs. 他1950年才到北京来。
    → '就'는 동작이나 일, 상황의 발생이 이르거나 빠르고 순조롭게 이루어졌다는 화자의 판단을 나타내는 반면, '才'는 발생이 느리거나 늦고 순조롭지 못하다는 화자의 판단을 나타낸다. 이때의 빠름/느림은 절대적인 시간의 차이뿐 아니라 동일한 시간에 대한 화자의 주관적 판단도 나타낼 수 있다. 한편, '就'는 화자의 기대나 조건을 이미 만족시킴을 나타내어 문미의 '了2'과 공기하나, '才'는 화자의 기대, 조건을 만족시키지 못함을 나타내어 문미에 '了2'이 출현하지 않는다.

3. 他每天早上都不吃早饭。 vs. *他每天早上都没吃早饭。 vs. 他今天早上没吃早饭。
    → '没(有)'는 일회성 동작을 부정하고, '过'와 공기할 수 있다. '不'는 습관적, 규칙적, 진리적 상황을 부정한다.

Chapter 09 개사

강의노트 283p | 연습문제 333p

학습목표
1. 개사의 기능과 특징에 대해 이해할 수 있다.
2. 주요 개사의 용법을 이해하고 올바르게 사용할 수 있다.

차례
1. 개사
2. 주요 개사

생각해 봅시다
1. *他在了一家中国公司工作。
2. *他对于我很好。
3. *年轻人往远方奔跑，追逐梦想。
4. *为了人民服务。

1 개사

1) 개사介词란?
- '소개하는 단어'라는 뜻에서 개사介词라고 불린다.
- 명사(구), 대사(구)와 결합한 '개사구'의 형태로 사용된다.
- 개사구는 서술어와 관련된 시간, 장소, 방식, 범위, 대상 등을 설명한다.

2) 개사의 분류

개사는 행위자, 수동자, 대상, 시공간, 방식/근거, 도구, 배제, 원인/목적 등을 도입한다.

(1) 행위자 개사
   由 被 叫 让 등

(2) 수동자 개사
   把 将 등

(3) 대상 개사
   对 对于 关于 向 跟 给 替 和 同 与 比 就 등

(4) 시·공간 개사
   在 从 往 向 朝 自 到 由 打 离 当 赶 趁 顺 등

(5) 방식·근거 개사
   按照 根据 随着 通过 依照 以 据 凭 凭着 经过 등

(6) 도구 개사
   用 拿 등

(7) 배제 개사
   除 除了 除去 등

(8) 원인 · 목적 개사

    为　为了　由　由于　因　因为 등

3) 개사의 기능

(1) 개사구는 서술어 앞에서 부사어를 담당한다.

    我对大家的帮助表示衷心的感谢。

    我们在酒店门口集合。

(2) '在, 到, 向, 往, 自, 给, 于, 以' 등 일부 개사로 이루어진 개사구는 동사 뒤에서 보어를 담당한다.

    毛泽东生于1893年。

    今天讲到这里, 下课!

(3) 일부 개사구는 구조조사 '的'를 수반하여 관형어를 담당한다.

    这是从北京寄来的信。

    我们正在进行一项关于汉语补语的研究。

4) 개사의 특징

(1) 개사는 문장에서 단독으로 사용되지 못하고, 명사(구), 대사(구) 등 체언성 성분과 결합한 '개사구'의 형태로 사용된다. 경우에 따라 용언성 성분과 결합하기도 하지만, 이 역시 체언성 의미를 나타낸다.

    我们可以从这条路走到学校。

    趁热吃吧! '따뜻할 때'라는 시간의 의미를 나타냄

(2) 개사구는 단독으로 서술어를 충당할 수 없지만, 특정 맥락이 있는 경우 대화의 대답으로 사용될 수 있다.

    我们明天在哪儿学习? —— 在教学楼。

(3) 개사 뒤에는 농태조사 '了/着/过'가 오지 않는다. 단, '随着, 顺着, 为了, 除了'

등에서 '着, 了'는 하나의 단어를 구성하는 형태소이다.

他在一家中国公司工作。　　*他在了一家中国公司工作。

我对他说，你是最优秀的。　*我对过他说，你是最优秀的。

(4) 개사는 중첩할 수 없다.

 주요 개사

1) 행위자 개사

(1) 由

어떤 일의 책임자, 행위의 주체를 도입한다.

这次招聘是由你负责吧？

这件事由我来处理。

(2) 被, 叫, 让

피동문에서 행위자를 도입한다. `Ch. 17 중국어의 특수구문 '피동문' 참조`

我的自行车被他骑坏了。

那棵树叫台风吹倒了。

2) 수동자 개사

(1) 把

처치문에서 수동자를 도입한다. `Ch. 17 중국어의 특수구문 '처치문' 참조`

老师把问题解释得很清楚。

我把作业做完了。

3) 대상 개사

(1) 对

서술어와 연관된 대상을 도입한다.

多喝水对身体好。

他对我说:"生日快乐!"

(2) 对于

서술어와 연관된 대상을 도입한다.

对于你的建议, 我会认真考虑。

他对于音乐非常感兴趣。

참고 **对 vs. 对于**

- '对'와 '对于'는 동작과 관련 있는 대상을 소개하며 대부분 호환 가능하다. 단, '对于'는 주로 서면어에 사용하며, 공식적인 어기를 나타낸다.

    抽烟对/对于身体没什么好处。

    对/对于这件事你有什么建议?

- '对于'에 비해 '对'의 사용 범위가 더 넓다.

    ① 얼굴을 마주한 구체적 동작의 대상에는 '对'만 사용한다.

    他对我笑了笑。　　　　*他对于我笑了笑。

    妈妈在车站对我招手。　*妈妈在车站对于我招手。

    ② 사람과 사람의 관계, 사람에 대한 태도를 나타낼 경우 '对'만 사용한다.

    他对我很好。　　　　　*他对于我很好。

    这个服务员对客户很热情。*这个服务员对于客户很热情。

> **참고** 对(于)…来说 vs. 就…来说
>
> '对(于)…来说'는 어떠한 측면/입장에서의 견해를 나타낸다면, '就…来说'는 사물을 나타내는 명사를 도입하여 설명의 범위를 제한한다.
>
> 对外国人来说, 汉语的四声是不好掌握的。　　(외국인의 입장에서 말하자면)
> 就中国文化来说, 京剧是非常重要的一部分。　(중국문화에 대해 말하자면)

(3) 关于

　　서술어와 관련된 대상을 도입하여 범위를 제한한다.

　　关于今天讲的内容, 大家还有问题吗？

　　关于学校的规定, 请查阅附件。

> **참고** 对于 vs. 关于
>
> - '对于'는 행위자 동작/태도의 대상, 설명의 대상을 도입한다면, '关于'는 관련된 범위, 연관된 사물을 소개한다.
>
>   对于这次计划, 他觉得很不满意。　　　　(불만을 가진 대상)
>   关于这次计划, 大家都没什么好主意。　(아이디어를 제시하는 관련 범위)
>   对于/关于这个问题, 你还有什么看法？(견해의 대상, 견해를 제시하는 관련 범위)
>
> - 부사어로 사용 시, '对于'는 주어 앞/뒤에 모두 사용할 수 있으나, '关于'는 주어 앞에만 사용한다. '关于'가 화제를 도입하는 기능을 담당하기 때문이다.
>
>   关于你提到的提案, 我已经有了一些初步的想法。
>   *我关于你提到的提案已经有了一些初步的想法。
>
> - '关于' 개사구는 단독으로 책/글의 제목에 사용 가능하지만, '对于' 개사구 뒤에는 반드시 중심어가 출현해야 한다.
>
>   《关于中国青少年健康问题(的几点意见)》
>   《对于中国青少年健康问题的几点意见》《*对于中国青少年健康问题》

09 개사

(4) 向

(구체적, 추상적) 사물의 획득 및 제공의 대상을 도입한다. 동사 '借, 介绍, 了解, 学习, 请求, 打听' 등과 자주 사용된다.

我向你介绍，她是我的小学同学。

我们向他学习汉语。

(5) 朝

동작이 마주하는 대상을 도입한다.

小狗朝妹妹摇了摇尾巴。

他在朝你招手呢。

> **참고** 对 vs. 向 vs. 朝
>
> - '对'와 '向'은 구체적인 동작 및 추상적 감정의 대상을 모두 도입할 수 있지만, '朝'는 구체적인 동작의 대상만을 도입한다.
>
>   我对/向/朝他点了点头。　　　　　　　(구체적인 동작의 대상)
>   我对/向他表示感谢。　*我朝他表示感谢。　(추상적 감정의 대상)
>
> - '对'는 사람 간의 관계를 나타낼 경우, '向'은 획득 및 제공의 대상을 도입할 경우 사용할 수 있다.
>
>   他对我很好。　　*他向我很好。
>   我向她借了一本书。　　*我对她借了一本书。

(6) 跟

동작의 동반자 또는 수행, 관련의 대상을 도입한다.

你回去跟家长商量商量再说吧。　　　동반자

你跟他走吧。　　　　　　　　　　수행의 대상

报告内容跟全球变暖问题有关。　　　관련 대상

(7) 给

　　수용자, 수혜자, 피해자를 도입한다.

　　你呀，给小张打个电话吧。　　　　수용자

　　我们给他送了一份生日礼物。　　　수혜자

　　不好意思，给您添麻烦了。　　　　피해자

4) 시·공간 개사

(1) 在

　　- 동작행위가 발생한 시간, 장소, 범위, 조건 등을 도입한다.

　　　爸爸在家看电视。

　　　世界二战发生在1939年。

　　- 시간, 장소사가 관형어로 사용될 때에는 '在'를 사용하지 않는다.

　　　春天的风景很美。　　　　　　*在春天的风景很美。

　　　教室里的学生都认真学习。　　*在教室里的学生都很认真学习。

(2) 从

　　- 시간 및 거리의 기점을 도입한다.

　　　我们从上个月开始学芭蕾舞。

　　　他从家里出发去公司。

　　- 경로나 통과점을 도입한다.

　　　我们从大门口进去吧。

　　　你可以从这里绕过去。

　　- '从… 到…'의 형식으로 '从'은 기점을, '到'는 종점을 나타낸다.

　　　我们从上午十点到下午五点不停地工作。

　　　从北京到上海，坐飞机要两个小时。

> **참고** **从 vs. 离**
>
> '从'은 기점을, '离'는 기준점/목표점을 도입한다.
>
> 离高考还有100天。　　*从高考还有100天。
>
> 这儿离机场还远吗？　*这儿从机场还远吗？

> **참고** **从 vs. 自 vs. 由**
>
> - '从, 由, 自'는 모두 시간의 기점을 나타낸다.
>
>   中国改革开放由1978年开始。
>
>   自古以来，韩国人一直注重礼貌。
>
> - '从, 由, 自'는 공간, 범위의 기점을 나타낸다. 단, '自'는 공간을 나타내는 단어와 결합해야 하며, 기점에서 종점까지의 과정을 구성한다.
>
>   学一门外语由/从口语开始。 *学一门外语自口语开始。　（공간 의미 결여）
>
>   空气由/从窗户流进来。　　 *空气自窗户流进来。　　　（기점에서 종점까지의 과정 결여）
>
>   本次列车自上海开往成都。　　　　　　　　　　　　（기점에서 종점까지의 과정 구성）
>
> - '从, 由'는 발전, 변화의 기점을 나타낸다.
>
>   他从一个天真的孩子成长为一名优秀的科学家。
>
>   社会由封闭到开放，经历了巨大的变化。
>
> - '自' 개사구는 보어를 충당할 수 있다. 동사 '发, 来, 产, 引' 등의 뒤에서 기원, 장소를 나타낸다.
>
>   代表们来自世界各地。
>
>   这瓶葡萄酒产自葡萄牙。

(3) 往

동작행위의 방향을 도입한다.

一直往前走，就能看到车站。

我们往山顶爬吧。

(4) 向

　　동작행위의 방향을 도입한다.

　　小鸟向南飞。

　　妹妹向我这儿跑过来了。

(5) 朝

　　동작행위의 방향을 도입한다.

　　那只黑猩猩朝有香蕉的地方跑了。

> **참고** 往 vs. 向 vs. 朝
>
> - '往, 向, 朝'는 모두 동작동사 앞에서 방향을 나타낸다. '向'은 추상적, 상징적 방향을 도입할 수 있지만, '往, 朝'는 불가능하다.
>   请你往/向/朝这边看。
>   年轻人向远方奔跑，追逐梦想。　　　*年轻人往/朝远方奔跑，追逐梦想。
>
> - '朝, 向'은 '躺, 站, 坐, 开' 등 자세동사 앞에서 방향을 나타낼 수 있지만, '往'은 불가능하다.
>   面朝/向东躺着。　　　　　　　　　*面往东躺着。
>   卧室的窗户朝/向南开，冬天也很暖和。　*卧室的窗户往南开，冬天也很暖和。
>
> - '往, 向' 개사구는 보어로 사용될 수 있으나, '朝'는 불가능하다. 이때 '往' 뒤의 장소명사는 명확한 목적지를 나타내지만, '向' 뒤의 장소명사는 대략적인 방향만을 나타낸다.
>   飞机飞往光州。
>   飞机飞向蓝天。

5) 방식·근거 개사

(1) 按照

　　불문율의 규정, 조건, 원칙, 제도 등을 도입한다. (상급에서 하급으로)

　　按照规定，学生必须穿校服。

　　会议将按照领导的决定在下周一举行。

(2) 根据

보도, 통계, 조사, 연구, 분석 등의 근거 자료를 도입한다.

根据这次调查，大多数人喜欢在家工作。

根据政府的统计，今年的失业率有所下降。

(3) 随着

조건, 변화 등을 도입한다.

随着科技的进步，人工智能越来越普及。

随着时间的推移，问题变得更加复杂。

(4) 通过

목표 도달을 위한 수단을 도입한다.

我们通过自动翻译器进行了半个小时的对话。

他通过自己的不断努力，终于达成了目标。

6) 배제 개사

(1) 除了

– 배제의 대상을 도입한다. 주로 '除了…(以外)'의 형식으로 사용된다.

– 후행절의 접속사에 따라 첨가관계 또는 배제관계를 나타낸다.

① 첨가관계: '除了…(以外), 也/还…'

他除了会说汉语，还会说英语。

这孩子除了脑子聪明以外，动作也很快。

② 배제관계: '除了… (以外), 都…'

除了他以外，我们都完成了这个任务。

除了这个问题以外，其他问题都解决了。

7) 원인·목적 개사

(1) 为

동작행위의 원인, 동작(혜택)의 대상, 목적을 도입한다.

妈妈为女儿感到骄傲。　　　원인

我为孩子画了一张画。　　　대상

他为考上大学而努力学习。　목적

(2) 为了

동작행위의 목적을 도입한다.

为了保持健康，我每天都去跑步。

为了我们共同的梦想，干杯！

> **참고** 为 vs. 为了
>
> '为'는 주로 동작(혜택)의 대상 및 원인을, '为了'는 주로 목적을 나타낸다.
>
> | | 为 | 为了 |
> |---|---|---|
> | 동작(혜택)의 대상 | 为人民服务。 | *为了人民服务。 |
> | 원인 | 我为这件事正在操心呢。 | 我为了这件事正在操心呢。
(단, 원인 도입에는 잘 사용되지 않음) |
> | 목적 | 他为通过考试，每天复习到很晚才睡觉。
为安全起见，请系好安全带。
(종종 '而, 起见'과 함께 사용) | 为了通过考试，他每天复习到很晚才睡觉。 |

(3) 由

원인을 도입한다. 주로 서면어에 사용된다.

这场疾病是由环境污染引发的。

由此可见，努力是成功的关键。

09 개사

> **생각해 봅시다**
>
> 1. *他在了一家中国公司工作。
>   → 他在一家中国公司工作。
>   개사 뒤에는 동태조사 '了/着/过'가 오지 않는다.
>
> 2. *他对于我很好。
>   → 他对我很好。
>   '对'와 '对于'는 동작과 관련 있는 대상을 소개하며 대부분 호환 가능하지만, '对于'에 비해 '对'의 사용 범위가 더 넓다. 사람과 사람의 관계, 사람에 대한 태도를 나타낼 경우 '对'만 사용한다.
>
> 3. *年轻人往远方奔跑，追逐梦想。
>   → 年轻人向远方奔跑，追逐梦想。
>   '往, 向, 朝'는 모두 동작동사 앞에서 방향을 나타내지만, '向'은 추상적, 상징적 방향을 도입할 수 있으나 '往, 朝'는 불가능하다.
>
> 4. *为了人民服务。
>   → 为人民服务。
>   '为'는 동작(혜택)의 대상을 도입할 수 있으나, '为了'는 불가능하다.

Chapter 10 조사

강의노트 286p | 연습문제 335p

학습목표
1. 조사의 기능과 특징을 이해할 수 있다.
2. 주요 조사의 용법을 올바르게 이해하고 활용할 수 있다.

차례
1. 조사
2. 구조조사
3. 동태조사
4. 어기조사

생각해 봅시다
1. 中国朋友 vs. 中国的朋友
2. *他早地到了半个小时。
3. 他们是昨天到的首尔。vs. 他们昨天到了首尔。

 **조사**

1) 조사助词란?

조사는 단어나 구의 뒤에 사용되어 특정한 문법적 기능을 담당하는 단어이다.

2) 조사의 분류

조사는 크게 구조조사, 동태조사, 어기조사로 분류된다.

구분	기능	유형
구조조사	단어 사이의 구조적 관계(관형어, 부사어, 보어)를 나타낸다.	的 地 得
동태조사	동사의 뒤에서 동사의 동적인 상태(상)를 나타낸다.	了1 着 过
어기조사	문장의 끝에 사용되어 말하는 사람의 어투와 느낌을 나타낸다.	了2 吗 呢 吧 啊 的 嘛 등

3) 조사의 기능 및 특징

(1) 조사는 실사实词나 구, 절 뒤에 사용되어야 하며, 단독으로 사용할 수 없다.

(2) 조사는 문장에서 문법적인 기능만을 담당하며, 실질적인 의미를 나타내지 않는다.

(3) 조사는 대개 경성으로 읽힌다.

 **구조조사**

구조조사结构助词는 단어 사이의 구조적 관계를 나타내는 조사이다. 여기에는 '的', '地', '得'가 포함된다.

- 관형어定语를 만드는 '的': '관형어 + 的 + 명사'
- 부사어状语를 만드는 '地': '부사어 + 地 + 서술어'
- 보어补语를 만드는 '得': '서술어 + 得 + 보어'

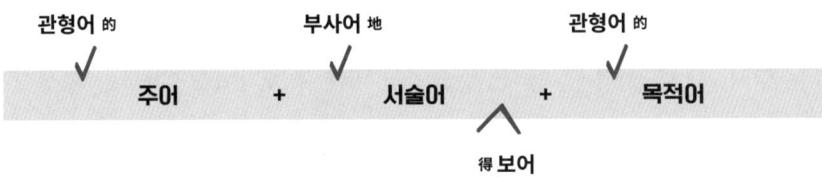

1) 관형어 조사 '的'

(1) '的'는 관형어와 중심어를 연결한다.

她的汉语很好。

他是我在中国认识的朋友。

(2) 관형어의 특징과 '的'의 사용 제약　Ch. 15 부가성분 '관형어' 참조

① 인칭대사가 수식하는 중심어가 가족, 친지나 친구 또는 소속 단체일 경우 '的'를 생략한다. 단, 관형어의 수식 의미를 강조할 필요가 있을 경우(대조 등) '的'를 사용할 수 있다. [±的]

我爸爸　　我朋友　　我们学校

他是我爸爸。

他是我的爸爸，不是你的爸爸。

② 관형어로 사용되는 명사가 분류의 기능을 가진 경우(재질, 과목, 용도, 속성 등) 대개 '的'를 생략한다. [−的]

玻璃杯　　*玻璃的杯

汉语老师　*汉语的老师

交通工具　*交通的工具

> **참고** 中国朋友 vs. 中国的朋友
>
> '中国朋友'는 "我有很多中国朋友。"에서와 같이 '중국인 친구(국적이 중국인 친구, 속성)'를 나타낸다면, '中国的朋友'는 "韩国是中国的朋友。"와 같이 '중국의 친구(소유)'를 나타낸다.

(3) '的'자구

'的'는 명사, 대사, 형용사, 동사, 주술구의 뒤에 추가되어 '的'자구를 형성할 수 있다(명사화). '的'자구는 문장에서 명사와 같은 기능을 담당한다.

我们要的是冰镇的啤酒，不是常温的啤酒。　　주어

这个牌子不是**韩国的**，而是**中国的**。　　목적어

2) 부사어 조사 '地'

(1) '地'는 부사어와 중심어를 연결한다.

她很难过**地**哭了。

这样可以更好**地**解决问题。

(2) 부사어의 특징과 '地'의 사용 제약　Ch. 15 부가성분 '부사어' 참조

품사/형태에 따른 제약

① 부사: 부사가 부사어로 사용될 때는 '地'를 사용하지 않는다. [−地]

我们明天**再**聊吧。*我们明天再地聊吧。

他**经常**来见我。

예외 '渐渐, 逐渐'

② 명사(구): 명사(구)가 부사어로 사용될 때는 보통 '地'를 사용한다. [+地]

病情**急速地**恶化了。

③ 동사(구): 동사(구)가 부사어로 사용될 때는 보통 '地'를 사용한다. [+地]

他**拼死拼活地**学习。

她的眼泪**止不住地**往下掉。

④ 형용사(구):
- 일음절 형용사가 부사어로 사용될 경우 '地'를 사용하지 않는다. [−地]

他**早**到了半个小时。 *他早地到了半个小时。

老师**晚**来了二十分钟。

- 이음절 이상의 형용사 및 형용사중첩, '정도부사 + 형용사', 성어 등 복잡한 형태의 형용사구는 대부분 '地'를 사용해야 한다. [+地]

妹妹**轻松地**通过了HSK五级考试。

希望你能**平平安安地**回来。

他们**很仔细地**阅读了这篇论文。

의미에 따른 제약

① 주어나 목적어의 상태를 묘사하는 경우 '地'를 생략하지 않는다. 주로 '高兴, 奇怪, 兴奋, 热情, 骄傲, 客气, 关心, 勇敢' 등 심리상태나 태도를 나타내는 형용사가 사용된다. [+地]

他**高兴地**答应了我的请求。

他**热情地**接待了访问团。

사용 빈도에 따른 제약

① 사용 빈도가 높은 이음절 형용사가 부사어로 사용될 경우 '地'를 생략할 수 있다. [±地]

他总是**认真(地)**学习。

他**仔细(地)**观察了每个细节。

② 동작의 과정을 묘사하는 일음절 형용사중첩, 명사구 등은 '地'를 생략할 수 있다. [±地]

你不用着急, **慢慢(地)**来吧。

请大家大声(地)回答问题。

3) 보어 조사 '得'

구조조사 '得'는 술어의 뒤에서 상태보어, 정도보어, 가능보어의 긍정형식을 연결한다. `Ch. 16 보충성분(보어) '가능보어', '정도보어', '상태보어' 참조`

(1) 상태보어
- 동사, 형용사 뒤에서 동작행위나 사물의 성질, 상태를 보충 설명한다.

  他汉语说得很流利。

  她打扮得非常漂亮。

(2) 정도보어
- 형용사, 심리동사 뒤에서 상태의 도달한 정도를 나타낸다.
- 정도부사 '很' 및 준准 부사 '慌, 要命, 要死, 不得了' 등이 보어로 사용된다.

  他的汉语好得很。

  最近天气热得要命。

(3) 가능보어
- 동작행위에 따른 결과 및 상태 변화를 실현할 수 있는 객관적/주관적 조건이나 능력이 갖추어져 있는지 여부를 나타낸다.
- 긍정형식은 구조조사 '得'를 사용하고, 부정형식은 '得'를 삭제하고 '不'를 사용한다.

  你听得懂汉语吗?

  我听不懂俄语。

3 동태조사

동태조사动态助词는 동사의 뒤에서 동사의 동적인 상태(상, aspect, 体貌)를 나타내는 조사이다. 즉, 동작행위의 완료, 진행/지속, 경험의 의미를 나타낸다.

- 완료를 나타내는 '了1'
- 진행/지속을 나타내는 '着'
- 경험을 나타내는 '过'

1) 완료를 나타내는 '了1'

(1) 동태조사 '了1'는 동사 뒤에서 동작의 완성 및 실현을 나타낸다. 과거, 현재, 미래 시제와 상관없이 사용할 수 있다. **Ch. 19 중국어의 상 '완료상' 참조**

我昨天去书店买了一本书。　　과거-완료

前面来了一个人。　　현재-완료

我吃了饭就去上学。　　미래-완료

(2) '了1'의 특징

① '하나의 전체'로 인식된 사건만이 완성/실현의 여부를 나타내므로, '了1'가 사용된 문장은 수량보어를 취하거나, 목적어가 고유명사 또는 수량구/지량구의 수식을 받는다(경계성, boundedness).

暑假我看了三本小说。

他学了三年汉语。

② 관계동사, 상태동사, 형용사 또는 습관이나 반복적 상황을 나타내는 경우에는 '了1'를 사용하지 않는다.

我每天晚上11点睡觉。

小时候, 他常常来我家玩。

> **Tip** '하나의 전체'로 인식되는 사건
>
> 사건의 완성/실현을 이야기하려면 먼저 그 사건이 '하나의 전체'로 인식되어야 한다. 시간·공간·개념적으로 제한될 때 사건은 하나의 전체로 인식될 수 있는데, 이를 위한 좋은 방법이 '양화된 사건(quantified event)'으로 만드는 것이다. 즉, '동사 사건이 발생한 정도, 소요 시간, 발생 횟수 등을 나타내는 구(수량보어)'나 '양화된(수량구/지량구) 목적어'를 취할 때 이 사건은 '하나의 전체'로 인식되고, 완성/실현될 수 있다. 이를 '경계화(bounded)'라고 한다.

2) 진행/지속을 나타내는 '着'

(1) 동태조사 '着'는 동사 뒤에서 정태적 상태의 지속 또는 동태적 과정의 지속을 나타낸다. `Ch. 19 중국어의 상 '미완료상' 참조`

别打扰我了，我正忙着呢。

门开着呢。

(2) 첫 번째 동사 뒤에 사용되어 두 번째 동사의 동작이 진행되는 방식, 수단을 나타내거나, 존재문의 동사 뒤에 사용되어 존재를 나타낸다.

他笑着跟我说："你好！"

桌子上放着一份盒饭。

3) 경험을 나타내는 '过'

(1) 동태조사 '过'는 동사 뒤에서 시간상 현재와 단절된 과거의 경험을 나타낸다. `Ch. 19 중국어의 상 '완료상' 참조`

(2) 동사나 성질형용사의 뒤에 사용되어 과거에 발생한 동작이나 존재했던 상태를 나타낸다.

我看过这部电影。

这个城市曾经也繁华过。

 **어기조사**

어기조사语气助词는 문미에서 말하는 사람의 어투와 느낌을 나타내는 조사이다. 문미에 출현하는 어기조사로 '了2', '来着', '的', '吗' 등이 있다. 이들은 다시 의미기능에 따라 다음과 같이 세 가지 부류로 구분된다.

- 하나의 참조시간을 기준으로 문장의 상태를 바라보는 '了2', '来着'
- 어떠한 상황에 대한 발화자의 태도, 견해 혹은 감정을 나타내는 '的', '吧', '呢', '啊(哪, 啦, 呀, 哇)', '嘛' 등
- 의문을 나타내는 '吗', '呢'

1) 了2

(1) 어기조사 '了2'은 문미에서 상태의 변화 및 현재와의 연관성을 나타낸다. 즉, 청자에게 새로운 상황의 출현을 각인시키거나 새로운 정보를 알린다. 문장 완결의 기능을 가진다. Ch. 19 중국어의 상 '완료상' 참조

天亮了。

他来了。

(2) '了2'의 특징

현재와 연관된 상황의 발생, 변화를 나타낸다. 이때 이미 완료된 상황/상태의 변화뿐 아니라 앞으로 발생할 새로운 변화 및 시작을 알릴 수도 있다.

他来中国一年了。

快放假了。

2) 吗

(1) 어기조사 '吗'는 평서문의 끝에 부가되어 판정의문문是非问句을 형성한다.

你是中国人**吗**？

他去学校**吗**？

(2) '吗'의 특징

① '吗'를 사용한 의문문에 대해서는 긍정(YES) 혹은 부정(NO)으로 대답한다.

你认识他**吗**？　——　认识/不认识。

他是中国人**吗**？　——　是/不是。

② 의문대사를 사용한 설명의문문(의문대사의문문)이나, 동사의 긍정-부정형을 연결한 정반의문문에는 '吗'를 사용할 수 없다.

他是**谁**？　　　　*他是谁吗？

他**去不去**学校？　*他去不去学校吗？

3) 呢

(1) 어기조사 '呢'는 평서문, 의문문의 끝에서 청자의 주의를 환기한다.

他还在学习**呢**！

我的手机**呢**？

(2) '呢'의 특징

① 의문문의 끝에 사용되어 화자의 주저, 걱정, 추측, 불확실성 등의 어기를 나타낸다.

她在哪儿**呢**？

他会不会不开心**呢**？

他是今天去**呢**？还是明天去**呢**？

② 명사(구) 및 대사 뒤에서 사람/사물의 위치나 의견/선택을 물을 때 사용한다.

爸爸在家，妈妈**呢**？

我们要去喝茶，你**呢**？

③ '(正)V…呢, (正)在V…呢, V着…呢'의 형태로 동작이나 상황이 진행/지속되고 있음을 나타낸다.

　　她在吃饭呢。

　　天还亮着呢。

4) 吧

(1) 어기조사 '吧'는 명령문, 평서문, 의문문 등의 문미에 사용되어 완곡하고 정중한 어기를 나타낸다.

　　你先回去吧。

　　他是中国人吧？

(2) '吧'의 특징

① 추측의 어기를 나타낸다. 화자가 확신하지 못한 사실/상황을 확인하기 위해 사용한다.

　　你是复旦毕业的吧？

　　他个子有一米九吧？

② 건의, 부탁, 청유의 의미를 나타낸다.

　　今天你在家休息吧。

　　咱们一会儿去看电影吧。

③ 동의, 허락의 의미를 나타낸다.

　　旁边有人吗？ —— 没有，你坐吧。

　　你不用送我。 —— 那好吧，路上小心。

5) 的

(1) 어기조사 '的'는 긍정, 확신의 어기를 나타낸다.

我是从北京来的。

他会答应你的。

(2) '的'의 특징

① 이미 발생한 사건의 시간언제, 장소어디서, 방식어떻게 및 동작의 행위자누가를 강조할 때 사용한다. ('是……的'1) <small>Ch. 17 중국어의 특수구문 '是……的문' 참조</small>

我是坐公交车来的。

他们是昨天到的首尔。

> **참고** 的 vs. 了₁
>
> 어기조사 '的'는 이미 발생한 사건의 시간, 장소, 방식 등 요소를 확인하는 데 사용된다면, '了₁'는 단순히 사건의 완료/실현만을 나타낸다. 따라서 이들은 호환할 수 없다.
>
> 他们是昨天到的首尔。 ("什么时候到的？"에 대한 대답으로, 다른 어느 때도 아닌 '어제'임을 확인)
> 他们昨天到了首尔。 ("到了没有？"에 대한 대답으로, 도착의 완료/실현만을 나타냄)

② 비실현 사건에 대한 확신의 어기를 나타낸다. 서술어 앞에 '会', '一定', '是' 등이 자주 호응하여 사용된다. 이때의 '的'는 목적어 앞에 위치할 수 없고, 문미에만 출현한다. ('是……的'2)

别担心，他一定会来的。

他的话是不对的。

생각해 봅시다

1. 中国朋友 vs. 中国的朋友
   → '中国朋友'는 "我有很多中国朋友。"에서와 같이 '중국인 친구(국적이 중국인 친구, 속성)'를 나타낸다면, '中国的朋友'는 "韩国是中国的朋友。"와 같이 '중국의 친구(소유)'를 나타낸다.

2. *他早地到了半个小时。
   → 他早到了半个小时。
   일음절 형용사 부사어는 '地'를 사용하지 않는다.

3. 他们是昨天到的首尔。 vs. 他们昨天到了首尔。
   → 어기조사 '的'는 이미 발생한 사건의 시간, 장소, 방식 등 요소를 확인하는 데 사용된다면(是…的), 동태조사 '了1'는 단순히 사건의 완료/실현만을 나타낸다. 전자는 "什么时候到的？"에 대한 대답으로, 다른 어느 때도 아닌 '어제'임을 확인하는 것이라면, 후자는 "到了没有？"에 대한 대답으로, 도착의 완료/실현만을 나타낸다.

Chapter 11 접속사

강의노트 289p | 연습문제 337p

학습목표
1. 접속사의 기능과 특징을 이해할 수 있다.
2. 주요 접속사를 올바르게 사용할 수 있다.

차례
1. 접속사
2. 주요 접속사

생각해 봅시다
1. *我看了电影和喝了咖啡。
2. *你吃中国菜或者吃韩国菜？
3. 我跟她都是大学生。vs. 我跟她发脾气。

 **접속사**

1) 접속사连词란?

접속사는 단어, 구, 절, 문장 등이 논리적인 의미 관계에 놓이도록 서로 연결해 주는 단어이다.

2) 접속사의 분류

접속사는 연결하는 성분 간의 의미 관계에 따라 연합联合접속사와 수식偏正접속사로 나눌 수 있다.

연합联合접속사		수식偏正접속사	
병렬 并列	和, 同, 跟, 与, 并, 及, 而 등	인과 因果	因为, 由于, 因此, 所以 등
연접 承接	接着, 然后, 于是 등	조건 条件	只有, 只要, 无论, 不管 등
		가정 假设	如果, 要是, 假如, 万一, 若(是) 등
점층 递进	不仅, 不但, 并且, 而且, 况且 등	양보 让步	即使, 就是, 哪怕 등
선택 选择	或(者), 还是, 不是…而是…, 不是…就是…, 与其…不如… 등	역접 转折	虽然, 但是, 而是, 不过 등
		목적 目的	以便, 省得, 以免 등

3) 접속사의 기능 및 특징

(1) 접속사의 주요 기능은 단어, 구, 절을 연결하는 것으로, 실질적인 어휘 의미를 가지지 않는다.

(2) 접속사는 단독으로 문장성분을 담당하거나 질문에 대한 대답으로 사용할 수 없다.

(3) 접속사는 다른 성분을 수식하거나 수식을 받을 수 없으며, 중첩이 불가능하다.

(4) 접속사는 단독으로 쓰이거나, 두 개의 접속사 또는 접속사와 부사가 앞·뒤로 호

응하여 사용된다.

① 한 개의 접속사만 쓰이는 경우: 和, 或者, 否则 등

② 두 개의 접속사를 호응하여 사용하는 경우: 因为…所以…, 虽然…但是…, 不但…而且… 등

③ 접속사와 부사를 호응하여 사용하는 경우: 只有…才…, 无论…都…, 如果…就… 등

(5) 일부 접속사는 단어나 구(체언성 성분)만을 연결하고, 일부는 절만을 연결한다. 단어나 구 및 절을 모두 연결하는 경우도 있다.

① 단어나 구만 연결하는 접속사: 和, 跟, 与, 及 등

我看了电影并喝了咖啡.   *我看了电影和喝了咖啡.

② 절만 연결하는 접속사: 即使, 因为, 尽管, 因此, 不但 등

③ 단어, 구, 절을 연결하는 접속사: 还是, 或(者), 而, 并(且) 등

 주요 접속사

1) 연합접속사

(1) 병렬并列

① 和, 跟, 与 등

- 명사, 동사, 형용사 등을 대등하게 연결한다.

  我和他都是大学生.

  预习跟复习都很重要.

- 이 중 '和'가 연결하는 용언성 성분은 주어, 목적어, 관형어는 충당할 수 있지만 서술어로 쓰일 수 없다. 단, 동일한 목적어나 보어를 수반하는 이음절인 경우에는 서술어를 연결할 수 있다.

沟通和理解是求同存异的桥梁。	주어
他们都感到幸福和骄傲。	목적어
聪明和善良是他最大的优点。	관형어
政府提倡和推行计划生育。	동일한 목적어를 수반하는 이음절 동사

- '和'가 가장 광범위하게 사용되며, '跟'은 구어(북방어)에서 많이 쓰이며, '与'는 서면어에 자주 사용한다.

> **참고** 我跟她都是大学生。 vs. 我跟她发脾气。
>
> 일부 접속사는 개사로도 사용된다.
>
> 我跟她都是大学生。: '跟'은 접속사로 '我'와 '她'의 순서를 바꿀 수 있고, '我'와 '她' 사이에 다른 단어를 삽입할 수 없다.
>
> *我不跟他都是大学生。
>
> 我跟她发脾气。: '跟'은 개사로 '我'와 '她'의 순서를 바꿀 수 없고, '我'와 '她' 중간에 다른 단어를 삽입할 수 있다.
>
> 我没跟她发脾气。

② 又…又…, 既…也(又)… 등

두 개의 동작/상태/상황을 연결하고, 보통 동일한 주어를 사용한다.

我的妹妹又聪明又漂亮。

他们既唱歌又跳舞。

> **참고** 又…又… vs. 既…也(又)…
>
> '又…又…'에는 일음절 동사가 출현하거나, 앞·뒤에 각각 긍정형과 부정형을 사용할 수 있다. '既…也(又)…'는 불가능하다.
>
> | | | |
> |---|---|---|
> | 课堂上大家又说又笑。 | *课堂上大家既说又笑。 | (일음절 동사) |
> | 你说的又对又不对。 | *你说的既对也不对。 | (동사의 긍정-부정형) |

③ (一)边…, (一)边…

두 개의 동작이 동시에 진행될 때 사용한다. 이때 두 절의 주어는 같을 수도, 다를 수도 있다.

他边吃边说。

老师一边讲，我们一边写。

(2) 연접 承接

① (首)先…，然后/再/接着…(，最后…)

앞·뒤로 발생한 동작이나 사건의 순서를 나타낸다.

你先去刷牙，然后上床睡觉吧。

先把水烧开，再把饺子放进去，然后加点儿水，最后把它们捞出来。

到了机场以后，她先给妈妈打了个电话，再给公司发了封邮件，最后去买了些纪念品，才去登机口登机。

(3) 점증 递进

① 不但/不仅/不光…，而且/并且/还/也…

후행절은 선행절보다 동작의 정도/결과가 한층 더 심화됨을 나타낸다.

我不但要学习汉语，还要了解中国文化。

我不仅去过德国，也去过法国。

(4) 선택 选择

① 或者，还是

선택항 중 하나를 선택하는 관계를 나타낸다. '或者'는 평서문에 쓰여 반드시 하나가 선택됨을 나타낸다면, '还是'는 주로 의문문에 사용되어 의미적으로 비확정적이다.

老师大概一号或者二号回来。

你吃中国菜还是吃韩国菜？ *你吃中国菜或者吃韩国菜？

> **참고** 평서문에서의 还是 vs. 或者
>
> '还是'가 평서문에 사용되었으나 의미적으로 의문(비확정적)을 나타낼 경우에는 '或者'로 대체할 수 없다.
>
> 我也不知道先去上海好，还是先去北京好。
> *我也不知道先去上海好，或者先去北京好。

② 不是…，就是…

'不是…，就是…'는 앞·뒤 두 상황 모두 선택의 가능성이 있어 반드시 둘 중 하나임을 나타낸다.

大家不是已经回家了，就是在回家的路上。

他不是在家休息，就是跟同学出去逛街。

③ 不是…，而是…

'不是…，而是…'는 앞·뒤 두 상황 중 전자를 부정하고 후자를 선택함을 나타낸다.

认输不是表示失败，而是表示新的开始。

我不是不想去，而是不能去。

2) 수식접속사

(1) 인과因果

① 因为…，所以/就…

'因为'는 원인을 나타내고, '所以'는 그에 따른 결과를 나타낸다. '(之所以)…, (是)因为…'의 형식으로 후행절에 출현하여 원인을 나타낼 수도 있다.

因为他感冒了，所以没来上班。

花钱不心疼，因为不是我的。

② 由于…, 所以/因此/因而…

선행절은 원인을, 후행절은 결과를 나타낸다.

由于他经常旷课，因此被老师批评了。

工作太忙了，因而抽不出时间来看你。

> **참고 因为 vs. 由于**
>
> '因为'는 구어에, '由于'는 서면어에 주로 사용하고, '因为'는 '因此/因而'과 호응해서 사용할 수 없지만 '由于'는 가능하다.

(2) 조건条件

① 특정조건문

특정한 조건인 경우에만 출현하는 결과를 나타낸다.

a. 只要…, 就…

선행절에서 어떠한 필요 조건을 제시하고, 이 조건을 갖추기만 하면 후행절의 결과가 발생함을 나타낸다.

只要你承认你的错误，他就会原谅你的。

只要天气好，我们就去跑步吧。

b. 只有…, 才…

선행절에서 유일한 조건을 제시하고, 이 조건이 없다면 후행절의 결과가 발생할 수 없음을 나타낸다.

我只有在过年的时候，才能回一趟老家。

只有掌握了汉语，才能研究中国文化。

② 무조건문

선행절의 상황이나 조건과 무관하게 후행절의 결과가 동일하게 발생함을 나티낸다.

a. 无论/不论/不管…, 也/都…

无论汉语语法怎么难，我们也要把它学好。

不管怎么忙，每天都要复习课文。

(3) 가정 假设

① 如果/假如/要是…，就/便/那么…

선행절은 가정/가설을 나타내고 후행절은 결과를 나타낸다.

如果你尽力去做，就一定能成功。

假如他的成绩提高了，那么我就送他一部新款手机。

(4) 양보 让步

① 即使/哪怕/就是…，也/都…

선행절에서 가정된 사실을 인정하고 그러한 조건에서도 달라지지 않는 결과/결론을 제시한다. '哪怕'는 주로 구어에 많이 쓰인다.

即使走着去学校，也不会迟到。

最困难的时候，哪怕是一句鼓励的话，都能起很大作用。

就是家里有事，你也不能随便请假。

(5) 역접 转折

① 虽(然)/尽管…，但是/可是/不过/却…

선행절의 관점이나 사실에 대해 후행절에서 상반되거나 모순되는 상황을 나타낸다.

虽然外边在下大雨，但是他们还是出去打球了。

尽管他感冒了，但还来参加会议。

② 固然…，但是/可是…

선행절의 관점이나 사실에 대해 후행절에서 모순되는 상황을 나타낸다. 앞·뒤절이 모순되지 않을 경우 앞의 내용을 인정하고 뒤의 내용을 강조하는 데 사용되기도 한다.

我固然不喜欢运动，但是为了健康每天都去健身房锻炼身体。

作为一个学生，学习成绩固然重要，但是学习能力却更加重要。

> **참고 虽然 vs. 固然**
>
> '虽然', '固然'은 모두 역접을 나타내지만, '虽然'은 주어 앞·뒤에 위치할 수 있고 '固然'은 주어 뒤에만 위치한다.
> 또한 '固然'은 선행절의 사실을 인정한 후 후행절의 사실도 인정함으로써 강조를 나타낼 수 있으나, '虽然'은 이러한 용법이 없다.
>
> 他年龄固然/虽然不大，但是非常懂事。　　　（역접）
> 能考上名牌大学固然很好，但考不上也无所谓。（강조）
> *能考上名牌大学虽然很好，但考不上也无所谓。

(6) 목적目的

① 以便

후행절에 사용되어 목적을 나타낸다. 쉽게 실현됨의 의미를 내포한다.

请你提前联系我，以便我们安排时间见面。

他每天都坚持锻炼，以便保持身体健康。

② 省得, 以免

후행절에 사용되어 후행절의 상황이 발생되지 않는 것을 목적으로 한다.

你就住在宿舍吧，省得还得每天来回跑。

你应该早点出发，以免迟到。

> **생각해 봅시다**
>
> 1. *我看了电影和喝了咖啡。
>   → 我看了电影并喝了咖啡。
>   접속사 '和'는 체언성 성분만을 연결하고 절은 연결할 수 없다. 따라서 절을 연결할 수 있는 '并'으로 바꿔야 한다.

2. *你吃中国菜或者吃韩国菜？

　　→ 你吃中国菜还是吃韩国菜？

　　선택의문문에는 접속사 '还是'를 사용해야 한다. '或者'는 평서문에만 사용된다.

3. 我跟她都是大学生。 vs. 我跟她发脾气。

　　→ "我跟她都是大学生。"의 '跟'은 접속사로 '我'와 '她'의 순서를 바꿀 수 있고, '我'와 '她' 사이에 다른 단어를 삽입할 수 없다. 반면, "我跟她发脾气。"의 '跟'은 전치사로 '我'와 '她'의 순서를 바꿀 수 없고, '我'와 '她' 중간에 다른 단어를 삽입할 수 있다.

Chapter 12 감탄사

강의노트 291p | 연습문제 339p

학습목표
1. 중국어 감탄사의 다양한 기능에 대해 이해하고 설명할 수 있다.
2. 주요 감탄사의 올바른 용법을 이해하고 활용할 수 있다.

차례

1. 감탄사

생각해 봅시다

1. 啊, 是他呀。 vs. 啊, 他们分手了?

 감탄사

1) 감탄사叹词란?

느낌, 놀람, 환호, 응답 등을 나타내는 단어이다.

2) 감탄사의 분류

(1) 의아

喔！你喝过吗？	놀라움이나 고통
哎呀，我的自行车不见了！	놀라움, 의아함, 불만, 아쉬움
咦，你怎么来了？	놀라움, 의아함

(2) 고통, 탄식, 슬픔

咳！别提了。	상심, 후회, 놀람
嗨，最可惜的是以前没买张国荣的专辑。	낙담, 애석, 후회

(3) 감탄, 찬탄

啊，这次考试你得了一百分。	놀라움, 찬탄
嗬，真能吃啊！	놀라움

(4) 반대, 원망

唉！我可怎么好呢？	반대, 부정
哼，你们都不是好人。	불만, 불신

(5) 불만, 분노

呸，你胡说！	질책, 경멸
呵，我们这里看不到。	불만, 비아냥

(6) 깨달음

噢，我想起来了。	이해, 납득

啊，原来如此！　　　　　　　　　　　　깨달음

(7) 부름, 응답

喂，你在干嘛呢？　　　　　　　　　　부르는 소리

你听不懂吗？——嗯，我该怎么做呢？　응답의 소리

(8) 추궁, 의외

啊？你说什么话？　　　　　　　　　　캐묻거나 다시 말해주기를 요청

嗯，什么事？　　　　　　　　　　　　생각지 못한 것에 대한 되물음

3) 감탄사의 기능 및 특징

(1) 문장에서 독립적으로 사용된다.

哎呀，多漂亮！

啊！很耳熟的声音。

(2) 주로 문장의 앞에 출현하고 가끔 중간이나 뒤에 올 수도 있다. 출현 위치와 상관없이 휴지가 있고 뒤에 쉼표나 느낌표가 온다.

啊，别吵！

喂喂喂，你说够了没有？

这些小家伙，哎呀！真有意思。

妈妈，让他吃吧，啊！

(3) 동일한 감탄사라도 다양한 감정을 나타낼 수 있으며, 어조 역시 달라진다.

啊，是他呀。　　　　깨달음, 하강 어조

啊，他们分手了？　　놀라움, 상승하고 짧은 어조

啊，就这样吧。　　　응답, 하강하고 짧은 어조

啊？你说什么？　　　추궁, 상승하고 느린 어조

생각해 봅시다

1. 啊，是他呀。 vs. 啊，他们分手了？

→ "啊，是他呀。"가 깨달음을 나타내며 하강 어조를 가진다면, "啊，他们分手了？"는 놀라움을 나타내며 상승 어조를 가진다. '啊'는 이 밖에도 응답, 추궁 등 다양한 감정을 나타낸다.

Chapter 13 의성사

강의노트 292p | 연습문제 340p

학습목표
1. 다양한 중국어 의성사를 이해할 수 있다.
2. 주요 의성사를 올바르게 활용할 수 있다.

차례
1. 의성사

생각해 봅시다

1 의성사

1) 의성사拟声词란?

사람/사물/자연계 등 일상생활에서 발생하는 소리를 묘사하는 단어이다.

2) 의성사의 분류

(1) 사람의 소리

孩子饿了，开始哇哇大哭。 　　　울음 소리

刚跑完步，他累得呼哧呼哧直喘气。 　숨을 헐떡이는 소리

(2) 사물의 소리

有人在门外砰砰地敲门。 　　　　북, 문 등을 두드리는 소리

房间里只听见钟表嘀嗒嘀嗒的声音。 　시계 가는 소리, 물방울이 떨어지는 소리

(3) 동물의 소리

那只小猫在我脚边喵喵叫要东西吃。 　고양이가 우는 소리

小狗一看见陌生人就汪汪叫。 　　　개가 짖는 소리

(4) 자연현상의 소리

水龙头没关好，水哗哗地流出来了。 　물이 빠르고 거세게 흐르는 소리, 비가 내리는 소리

北风在窗外呼呼地刮着。 　　　　바람 소리

3) 의성사의 기능 및 특징

(1) 문장에서 독립적으로 사용할 수 있다.

砰砰砰，有人在门外敲门。

扑通扑通，心脏的跳动又加速了。

(2) 부사어로 가장 많이 사용되며, '地'를 수반할 수도 있고 수반하지 않을 수도 있다.

教室里很安静，突然电话叮铃铃地响了。

他咕噜咕噜喝了一大杯水。

(3) 관형어로 쓰이는 경우 '的'를 수반해야 한다.

忽然听到咕咚咕咚的响声。

房间内不时传来哗啦啦的水声。

(4) 서술어, 보어를 충당한다.

几个人在那里叽里咕噜。

风刮得呼呼的。

(5) 의성사의 중첩

① AA/AAA

汪汪 멍멍, 咕咕 꼬꼬, 嘟嘟嘟 뚜뚜뚜

② AAB/ABB

叮叮当 딸랑딸랑, 咕噜噜 꼬르륵, 咕咚咚 첨벙첨벙

③ AABB/ABAB

叮叮当当 달랑달랑, 轰轰隆隆 쿵쾅쿵쾅, 哗啦哗啦 콸콸콸

④ 기타

叽里咕噜 중얼중얼, 劈里啪啦 탁탁(폭죽, 권총, 박수, 비의 연속된 소리)

稀里哗啦 달그락달그락, 후두둑

 생각해 봅시다

→ 동일한 소리라도 언어마다 인식하는 방식에는 차이가 있다. 고양이 울음소리는 중국어, 한국어, 영어로 각각 '喵' vs. '야옹' vs. 'meow'로 표현된다.

중국어 문법 강의: 묻고 생각하고 답하다

문장성분 3부

14	주요성분
15	부가성분
16	보충성분(보어)
17	중국어의 특수구문
18	중국어의 문장
19	중국어의 상
20	중국어의 주요 문법 원리

Chapter 14 주요성분

강의노트 293p | 연습문제 341p

학습목표

1. 문장성분 중 주요성분의 개념을 이해한다.
2. 중국어의 주어, 서술어, 목적어의 개념을 이해하고 이들의 특징을 설명할 수 있다.

차례

1. 중국어의 문장성분
2. 주요성분
3. 주어
4. 서술어
5. 목적어

생각해 봅시다

1. 他唱歌很好听。
2. 他耳朵软。 vs. 他的耳朵软。
3. 宾语 vs. 목적어

1 중국어의 문장성분

1) 문장성분 句子成分

문장에서 문법적 기능과 작용을 하는 단어와 구이다.

> (부사어) – (관형어) – **주어** – (부사어) – **서술어** – (보어) – (관형어) – **목적어**

(1) 주요성분: 주어, 서술어, 목적어

(2) 부가성분: 관형어, 부사어

(3) 보충성분: 보어

2 주요성분

주요성분에는 주어, 서술어, 목적어가 있다.

(1) 주어 subject, 主语

　서술어가 나타내는 동작이나 상태의 주체, 서술의 대상.

(2) 서술어 predicate, 谓语

　주어의 동작, 상태, 성질 따위에 대한 진술.

(3) 목적어 object, 宾语

　서술어를 구성하는 동사의 지배를 받는 대상, 동작의 대상.

 주어

1) 주어主语란?

주어는 문장에서 서술어가 나타내는 동작이나 상태의 주체, 서술의 대상을 말한다.

2) 주어를 충당하는 성분

(1) 명사(구), 대사(구)

小李是学生。　北京很大。

他喜欢打球。　这是谁的书？　谁学习汉语？

(2) 수사, 수량구

八是二的四倍。

我们班的学生，个个都很聪明。

(3) 동사(구), 형용사(구), 주술구

跑步是一种很好的体育运动。

凉快一点儿好。

身体健康是最重要的。

(4) 기타

桌子上放着一本书。	장소
今天星期二。	시간
大杯喝啤酒，小杯喝白酒。	도구
我被老师批评了一顿。	수동자

> **참고** 他唱歌很好听。의 중의성
>
> "他唱歌很好听。"의 구조는 아래와 같이 주어가 주술구인 경우와 서술어가 주술구인 경우, 두 가지로 해석할 수 있다. 주어가 어떠한 것이냐에 따라 서술의 내용이 달라진다. 즉 (1)은 '그가 노래하는 것'에 대한 서술이라면, (2)는 '그'에 대해 서술하는 것이다.
>
> (1) 他唱歌　　|　　很好听。
>   　주(주술구)　　　　술
>   　그가 노래를 부르는 것은 듣기에 좋다.
>
> (2) 他　|　唱歌很好听。
>   　주　　술(주술구)
>   　그는 노래를 잘 부른다.

 서술어

1) 서술어谓语란?

서술어란 문장에서 주어의 동작, 상태, 성질 따위에 대해 진술하는 부분이다. '술어'라고도 부른다.

2) 서술어를 충당하는 성분

(1) 동사(구), 형용사(구)

　我是汉语老师。
　他喝咖啡。
　他很忙。

(2) 주술구

　我肚子疼。

她学习很努力。

(3) 일부 명사(구)

- 시간, 나이, 본적 등

弟弟今年十八岁。

昨天星期六。

我天津人。

- 사람의 생김새, 지역/사람의 특징에 대한 주관적 판단

首尔, 好地方！

他急性子。

> 참고 他耳朵软。 vs. 他的耳朵软。
>
> 일부 주술서술어문은 관용적으로 특별한 의미를 나타내기도 한다. 구조조사 '的'를 추가하여 주어를 관형어로 바꿔줄 수 있으나, 이 경우 문장 형식과 의미가 달라질 수 있다.
>
> 他耳朵软。 (관용적 표현: 귀가 얇다)
>
> 他的耳朵软。 (그의 귀는 부드럽다, 대조 의미)

5 목적어

1) 목적어宾语란?

목적어란 문장에서 서술어를 구성하는 동사의 지배를 받는 대상을 말한다.

2) 목적어를 충당하는 성분

(1) 명사(구), 대사(구)

我学习汉语。

你想买**什么**？

(2) 수사, 수량사

三乘五得**十五**。

我有两本汉语书，送你**一本**吧。

(3) 동사(구), 형용사(구), 주술구

我喜欢**看电影**，不喜欢**做运动**。

我们感到**有点儿孤独**。

3) 목적어의 특징

(1) 동사와 목적어의 선택

동사에 따라 선택할 수 있는 목적어의 종류에 차이가 나타나기도 한다.

① 체언성목적어만을 취하는 동사: 学공부하다, 成为되다, 打전화를 걸다, 买사다 등

你学过汉语吗？

② 용언성목적어만을 취하는 동사: 希望희망하다, 主张주장하다, 以为여기다, 认为생각하다, 觉得생각하다, 感到느끼다 등

我**觉得**身体有点不舒服。

*我觉得身体。

③ 체언성, 용언성목적어를 모두 취할 수 있는 동사: 知道알다, 发现발견하다, 问묻다, 喜欢좋아하다, 记得기억하다, 表示나타내다 등

我**知道**他。

我**知道**他很聪明。

(2) 이중목적어

일부 동사는 목적어를 2개 취할 수 있으며, 이중 사람을 지시하는 것을 간접 목적어, 사물을 지시하는 것을 직접 목적어라 한다. 이는 다시 목적어의 생략 가능 여부에 따라 다음의 경우로 구분할 수 있다.

- 教, 问, 给, 还 등   2개의 목적어 중 하나를 생략할 수 있음

    王老师教我们汉语。

    王老师教我们。

    王老师教汉语。

- 告诉, 求, 通知 등   직접목적어를 생략할 수 있음

    我朋友告诉我他的秘密。

    我朋友告诉我。

    *我朋友告诉他的秘密。

- 借, 费, 租 등   간접목적어를 생략할 수 있음

    我借了他一本书。

    我借了一本书。

    *我借了他。

- 叫, 称   2개의 목적어를 모두 생략할 수 없음

    我们都叫他金老板。

    大家都称她"中国通"。

(3) 동사와 목적어의 의미 관계

중국어의 목적어 '宾语'는 동사와의 의미 관계가 매우 다양해 동작행위의 전형적인 대상 외에도 결과, 도구, 방식, 장소, 행위자 등을 나타낼 수 있다. 따라서 한국어나 영어의 '목적어'보다 폭넓은 의미로 사용된다.

- 洗衣服 옷을 빨다   동작행위의 대상
- 写信 편지를 쓰다   동작에 따른 결과
- 吃大碗 큰 그릇으로 먹다   동작행위의 도구

- 吃**食堂** 식당에서 먹다 　　　동작행위의 장소
- 存**定期** 정기예금으로 저축하다 　동작행위의 방식
- 来**客人** 손님이 오다 　　　　　동작의 행위자

> **Tip 의합법**意合法
>
> 중국어 목적어의 다양한 의미 관계는 일반적인 문법 관계가 아닌 중국인 특유의 사유체계에 따른 것이다. 이를 '의합법'이라 한다.
>
> ① 写汉字 (결과)
> ② 写黑板 (칠판에 쓰다. 장소)
> ③ 写毛笔 (붓으로 쓰다. 도구)

생각해 봅시다

1. 他唱歌很好听。

   → 주술구를 어떻게 분석하느냐에 따라 다음과 같이 중의적으로 해석된다.

   1) 他唱歌　　|　　很好听。

      　주(주술구)　　　　술

      그가 노래를 부르는 것은 듣기에 좋다. ('그가 노래하는 것'에 대한 서술)

   2) 他　|　唱歌很好听。

      　주　　　술(주술구)

      그는 노래를 잘 부른다. ('그'에 대한 서술)

2. 他耳朵软。　vs.　他的耳朵软。

   → 일부 주술서술어문은 관용적으로 특별한 의미를 나타내기도 한다. 구조조사 '的'를 추가하여 주어를 관형어로 바꿔줄 수 있으나, 이 경우 문장 형식과 의미가 달라질 수 있다.

   他耳朵软。　　　(귀가 얇다)
   他的耳朵软。　　(그의 귀는 부드럽다, 대조 의미)

3. 宾语 vs. 목적어

→ 중국어의 목적어 '宾语'는 동사와의 의미 관계가 매우 다양해 동작행위의 전형적인 대상 외에도 결과, 도구, 방식, 장소, 행위자 등을 나타낼 수 있다. 따라서 한국어나 영어의 '목적어'보다 폭넓은 의미로 사용된다.

洗衣服 옷을 빨다　　　　　　　　　　(동작행위의 대상)
写信 편지를 쓰다　　　　　　　　　　(동작에 따른 결과)
吃大碗 큰 그릇으로 먹다　　　　　　　(동작행위의 도구)
吃食堂 식당에서 먹다　　　　　　　　(동작행위의 장소)
存定期 정기예금으로 저축하다　　　　(동작행위의 방식)
来客人 손님이 오다　　　　　　　　　(동작의 행위자)

Chapter 15 부가성분

강의노트 295p | 연습문제 343p

학습목표
1. 문장성분 중 부가성분의 개념을 이해한다.
2. 중국어의 관형어, 부사어의 개념을 이해하고 이들의 특징을 설명할 수 있다.

차례
1. 부가성분
2. 관형어
3. 부사어

생각해 봅시다
1. 送的礼物 vs. 送礼物
2. *他清楚回答了我们的问题。
3. 他仔细看了一遍。vs. 他仔细地看了一遍。

 **부가성분**

부가성분에는 관형어와 부사어가 있다. 이들은 중심어를 수식하는 성분으로, 사용이 필수적이지 않다.

(1) 관형어 adnominal, 定语

   체언성성분(명사, 체언성 대사) 앞에서 이를 수식하는 성분.

(2) 부사어 adverbial, 状语

   용언성성분(동사, 형용사)의 앞에서 이를 수식하는 성분.

 **관형어**

1) 관형어 定语란?

관형어는 체언성성분(명사, 체언성 대사) 앞에서 이를 수식하는 성분이다. 소유, 성질, 수량 등을 나타낸다.

2) 관형어를 충당하는 성분

명사, 대사, 형용사(구), 동사(구), 수량구 등이 관형어를 충당한다.

这是汉语词典。

我的书在桌子上。

她有很多漂亮的裙子。

他是新来的同学。

教室里有三个学生。

3) 관형어의 특징

(1) 관형어의 구분

① 제한성 관형어 限制性定语

중심어의 수량, 시간, 장소, 소속/소유, 범위 등을 제한한다. 주로 이러한 의미를 나타내는 명사, 대사 등이 사용된다.

这三个班的同学每人都得到了一份礼物。	지량/수량
这个学期的成绩比去年好多了。	시간
教室里的同学都到图书馆去了。	장소
我们一定会满足大家的要求。	소속/소유
全村的老百姓都来参观了。	범위

② 묘사성 관형어 描写性定语

중심어의 상태, 동작 등을 묘사한다. 주로 형용사(구), 동사(구) 등이 사용된다.

她有两个非常可爱的孩子。	상태
他穿着雪白的T恤。	상태
昨天参观博物馆的人真不少。	동작

③ 구별성 관형어 区别性定语

중심어의 성질, 재료, 유형 등을 구별한다. 형용사(비서술어성 형용사, 일음절 형용사 등), 명사 등이 사용된다.

他买了一套新房子。	성질
这个玻璃箱子里全是玫瑰花。	재료
他是我们的副主任。	유형

(2) 관형어와 구조조사 '的' Ch. 10 조사 '구조조사' 참조

구조조사 '的'는 관형어와 중심어의 수식 관계를 나타내는 형식적 표지이다. 수식 관계가 본질적이지 않거나, 임시적, 일시적인 경우 '的'를 추가해야 하는 반면[+的], 수식 관계가 본질적이고, 고정적, 영구적인 경우 '的'를 추가하지 않는다[-的]. 또한 품사적으로도 '的'의 사용 여부에 제약이 있다.

① '的'를 사용하는 경우 [+的]
- 동사성 성분

　　送的礼物　　　보낸 선물

　　吃过的中国菜　먹은 적이 있는 중국 음식

만약 '的'를 사용하지 않으면, '서술어-목적어' 관계가 된다.

　　送礼物　　　선물을 보내다

　　吃过中国菜　중국 음식을 먹은 적이 있다

- 개사구

　　从美国来的学生

　　对你的关心

- 상태형용사

　　冰凉的水

　　热乎乎的南瓜粥

- 이음절 형용사(구)

　　认真的态度

　　不太新鲜的生鱼片

- 장소/시간을 나타내는 명사(구)

　　昨天的事

　　院子里的猫

② '的'를 사용하지 않는 경우 [−的]
 － (지시사 +) 수량구
   两把椅子 那首歌
 － 비서술어성 형용사
   黑白照片 副教授
 － 속성/자재/과목/용도 등 구분의 성질을 나타낼 경우
   玻璃杯 数学老师 中国朋友 交通工具

③ '的'를 사용하지 않으나, 사용할 경우 의미가 달라지는 경우 [±的]
 － 소속/소유 관계가 고정적인 경우에는 주로 '的'를 생략한다.
   我奶奶 我们学校 韩国教育部
 － 일음절 형용사 (속성을 나타냄)
   红花 坏脾气 大眼睛

> **참고** 白纸 vs. 白的纸
>
> 속성을 나타내는 일음절 형용사는 '的'를 사용하지 않으나, 만약 어떠한 수식적 상태(대조의 의미 내포)를 강조하여 나타낸다면 '的'를 사용할 수 있다.
>
> 白纸 백지   (속성을 나타냄)
> 白的纸 하얀 종이 (수식적 의미를 강조, 대조를 나타냄)

(3) 다항 관형어
① 다항 관형어와 '的'

중국어는 관형어가 여러 개 출현하더라도, 중의가 발생하지 않는다면 대개 마지막 관형어에만 '的'를 사용한다.

(李老师想起了) 他 去年 在中国 遇到 的 研究生。

② 다항 관형어의 출현 순서

하나의 중심어가 여러 개의 관형어를 취할 경우 관형어가 배열되는 순서에는 일정한 규칙이 있는데, 주로 본질적인 것이 중심어에 가깝게, 부가적인 것이 멀리 위치한다. 따라서 구별성 관형어가 가장 가깝게, 묘사성 관형어가 그 다음, 제한성 관형어가 중심어로부터 가장 멀리 위치한다.

'제한성 + 묘사성 + 구별성'의 순서로 배열

她买了 一件 很典型的 中式 上衣。
　　　　제한성　묘사성　　구별성

这是 一位 在韩国留学的 好 朋友 送给我的。
　　　제한성　　제한성　　구별성

 부사어

1) 부사어 状语란?

부사어는 용언성성분(동사, 형용사)의 앞에서 이를 수식하는 성분이다. 정도, 방식, 시간, 장소, 상태 등을 나타낸다.

2) 부사어를 충당하는 성분

부사 및 시간/장소/방위명사, 동사(구), 형용사(구), 개사구 등이 부사어를 충당한다.

他已经走了。
10月1日放假。
外面的雨不停地下着。
她愉快地接受了我们的邀请。
她在家里看电视。

3) 부사어의 특징

(1) 부사어의 구분

- 제한성 부사어 限制性状语

  중심어서술어의 시간, 장소, 대상, 범위, 방식, 목적, 정도 등을 제한한다.

  我们明天早上八点就出发。　　　　시간

  他们在游泳池游泳。　　　　　　　장소

  韩国人 对游客 都 非常 热情。　　대상, 범위, 정도

  为了考研究生, 他这周末没睡好觉。　목적, 부정

- 묘사성 부사어 描写性状语

  중심어서술어가 나타내는 동작, 성질/상태 또는 이와 관련된 사람/사물의 상황을 묘사한다.

  你把房间彻底打扫一遍。　　　　　동작 묘사

  我怀疑地看了他一眼。　　　　　　행위자 묘사

(2) 부사어의 위치

대부분의 부사어는 주어 뒤 서술어 앞에 위치하여 서술어를 수식한다. 일부 부사어는 주어 앞에 위치하여 문장 전체를 수식할 수도 있는데, 대표적으로 '也许, 其实, 大概, 果然, 难道, 恐怕, 突然, 的确' 등 주관성이 강한 일부 어기 부사는 주어의 앞·뒤에 모두 사용 가능하다.

春天又来了。

我其实也不知道他会这样说。　其实我也不知道他会这样说。

(3) 부사어와 구조조사 '地' Ch. 10 조사 '구조조사' 참조

구조조사 '地'는 부사어와 중심어의 수식 관계를 나타내는 형식적 표지이다. 제한성 부사어는 대개 '地'를 사용하지 않지만[-地], 묘사성 부사어나 복잡한 형식의 부사어는 '地'를 사용해야 한다[+地].

① '地'를 사용하지 않는 경우 [−地]

- 제한성 부사어는 대개 '地'를 사용하지 않는다.(부사, 수량구, 개사구 등)

　　我马上过来。　　　　　　　시간

　　你怎么一个人去旅行？　　　방식

　　他在网吧玩游戏。　　　　　장소

　　这孩子对老师很有礼貌。　대상, 정도

> **Tip 渐渐, 逐渐**
> 부사 '渐渐', '逐渐' 등은 '地'를 사용할 수 있다.
> 天气渐渐地好起来了。

- 묘사성 부사어 중 일음절 형용사는 대개 '地'를 사용하지 않는다.

　　你快说吧！

　　今天的会议他晚来了一个小时。

② '地'를 사용하는 경우 [+地]

묘사성 부사어는 대개 '地'를 사용한다(다음절/복잡한 형식의 형용사(구), 동사(구), 성어/숙어 등. 특히, 주어나 목적어의 상태를 묘사할 경우 반드시 '地'를 사용해야 한다.

　　他满载而归地回老家了。　　　　　　　　　　　성어/숙어, 서술어

　　弟弟无奈地低下了头。　　　　　　　　　　　　동사, 주어

　　她很认真地回答问题。　　　　　　　　　　　　형용사구, 주어

　　她热热地冲了一杯咖啡。　　　　　　　　　　　형용사구, 목적어

　　他清楚地回答了我们的问题。*他清楚回答了我们的问题。　이음절 형용사, 목적어

③ '地'의 사용이 자유로운 경우 [±地]

사용 빈도가 높은 이음절 형용사나 명사가 부사어로 사용될 경우, 일음절 형용사 중첩이 동작의 과정을 묘사할 경우 '地'를 생략할 수 있으나, '地'를 사용하면 묘사성이 보다 강조된다[±地].

他**仔细**看了一遍。	자세히 봤다.
他**仔细地**看了一遍。	자세하게 봤다, 자세한 것 강조
请大家**大声**回答。	큰 소리로 대답하라는 일반적인 서술
请大家**大声地**回答。	큰 소리를 강조
小王**慢慢**站了起来。	천천히 일어났다.
小王**慢慢地**站了起来。	천천히 일어나는 과정 강조

(4) 다항 부사어의 출현 순서

주로 동작/성질/상태의 본질적 속성과 관련된 것이면 서술어에 가까이 위치하고, 조건/근거/시간/장소 등 부차적 내용일수록 서술어로부터 멀리 위치한다. 순서를 간략히 정리하면 다음과 같다.

> 시간 → 어기/빈도/범위 → 장소 → 행위자 묘사 → 목적/근거/도구/대상 → 공간/방향/노선 → 동작/상태 묘사 → 일음절 형용사

整整三年, 他 **都** **在复旦大学** **拼命地** 写学位论文。
　　시간　　　　　범위　　　장소　　　동작 묘사

孩子 **开心**地 **哈哈** **大** 笑起来。
　　행위자 묘사　동작 묘사　일음절 형용사

생각해 봅시다

1. 送的礼物 vs. 送礼物
   → 동사성 성분도 '的'의 도움을 받아 관형어로 사용될 수 있다. 앞의 예는 관형어-중심어의 명사성 구조이고, 뒤의 예는 서술어-목적어 구조이다. '보낸 선물 vs. 선물을 보내다'

2. *他清楚回答了我们的问题。

　→ 他清楚地回答了我们的问题。

부사어가 주어나 목적어의 상태를 나타내는 경우에는 '地'를 사용해야 한다.

3. 他仔细看了一遍。 vs. 他仔细地看了一遍。

　→ 사용 빈도가 높은 이음절 형용사나 명사가 부사어로 사용될 경우, 일음절 형용사중첩이 동작의 과정을 묘사할 경우 '地'를 생략할 수 있으나, '地'를 사용하면 묘사성이 보다 강조된다([±地]).

他仔细看了一遍。　　（자세히 봤다.）

他仔细地看了一遍。（자세하게 봤다, 자세한 것 강조）

Chapter 16 보충성분(보어)

강의노트 297p | 연습문제 345p

학습목표

1. 중국어 보어의 특수성과 중요성에 대해 이해하고 설명할 수 있다.
2. 각종 보어의 용법을 이해하고 올바르게 사용할 수 있다.

차례

1. 보충성분
2. 보어
3. 결과보어
4. 방향보어
5. 가능보어
6. 상태보어
7. 정도보어
8. 수량보어
9. 개사구보어

생각해 봅시다

1. 她推开了大门。 vs. 我喝醉了。 vs. 你来晚了。
2. 我马上过去。 vs. 我马上过来。
3. 黑板上的字擦不掉。 vs. 黑板上的字不能擦掉。
4. 他跑得快。
5. 我学了一年汉语。 vs. 我来了一年就走了。

 **보충성분**

보충성분에는 보어가 있다.

1) 보어 complement, BUYU, 补语

서술어(동사, 형용사)에 대해 보충설명하는 성분.

 **보어**

1) 보어补语란?

보어는 서술어(동사, 형용사)에 대한 '보충설명'의 기능을 담당하는 성분으로, 서술어 뒤에서 서술어가 나타내는 사건이나 상황/상태의 결과, 방향, 가능, 정도, 상태, 수량, 장소 등을 나타낸다. 형용사(구), 동사(구) 및 부사, 수량구 등이 보어로 사용된다.

2) 보어의 구분

① 형태 및 의미에 따른 구분
 – 형태적으로 구조조사 '得'의 사용 여부에 따라 두 가지로 구분된다.
  • '결합식粘合式' 보어 서술어와 보어 직접 연결 [−得]
  • '조합식组合式' 보어 서술어와 보어 '得'를 통해 연결 [+得]
 – 의미기능적으로 어떠한 의미를 나타내느냐에 따라 '결과보어', '방향보어', '가능보어', '정도보어', '상태보어', '수량보어(시량, 동량)' 등으로 구분된다.

② 통사적 중심은 서술어, 의미적 중심은 보어
보어는 중국어의 특수한 문장성분으로, 주요성분인 서술어를 보충설명하는 것으로 설명되지만, 사실상 문장의 주요 의미는 서술어가 아닌 보어가 나타낸다.

구분	형태 [±得]	부정형	보어의 품사	서술어-보어의 의미 관계	예시
결과보어	VC	没(有)VC	형용사/동사	동작-결과	吃饱　说完
방향보어	VC	没(有)VC	방향동사	동작-방향	进来　出去　跑过来　想起来
가능보어	V得C	V不C	동사/형용사/방향동사	동작-결과/방향 가능성	跑得快　做不下去
상태보어	V得C	V得不/没(有)C	동사(구)/형용사(구)/절	동작/상태-결과/상태	唱得很好　忙得连饭都没吃
정도보어	VC	-	부사 외	상태-정도	好极(了)　困死(了)
	V得C	-	부사 외	상태-정도	好得很　困得要命
수량보어	V-C	-	수량구	동작-동작/시간의 양/비교수량	去了一趟　等了一小时　比他大两岁
개사구 보어	VC	-	개사구	동작-장소/방향	站在门口　来自中国

 **결과보어**

1) 결과보어结果补语**란?**

- 결과보어는 서술어(동사, 형용사) 뒤에서 '서술어 + 보어(VC)'의 형식으로 사용되며, 동작행위 및 변화의 결과를 나타낸다.
- 결과보어로는 주로 일음절 형용사 및 동사가 사용되고, 일부 이음절 형용사가 사용되기도 한다.

　　打开　救活　记住　打碎　学会　吃饱　喝足　睡好　玩腻　听清楚

- '서술어 + 결과보어'는 문장에서 마치 하나의 단어처럼 사용되며, '동작-결과'의 의미를 나타낸다하여 '동결식动结式'이라 칭하기도 한다.

2) 결과보어의 특징

(1) 동결식은 다양한 서술어와 다양한 보어의 결합이 가능하다. 즉, 하나의 서술어가 다양한 결과보어를 취할 수 있고, 하나의 결과보어가 결합할 수 있는 서술어 역시

다양하다.

看 + 完/好/错/清楚　　다/잘/잘못/확실하게 보다

做/听/说/学 + 完　　　다 하다/듣다/말하다/공부하다

(2) 서술어와 결과보어는 각각 원인사건과 결과사건을 나타내고 동결식은 이 두 하위 사건이 결합한 복합사건(원인사건 + 결과사건)을 나타낸다. 이때 결과보어는 문장의 목적어, 주어, 서술어에 대한 의미를 보충설명할 수 있으며, 이를 의미지향语义指向이라 한다.

她推开了大门。　　她推了大门 + 大门开了 / 목적어 지향

我喝醉了。　　　　我喝(酒) + 我醉了 / 주어 지향

你来晚了。　　　　你来 + 来得晚 / 서술어 지향

(3) '서술어 + 결과보어'는 하나의 단어와 같이 사용되므로 중간에 다른 성분(동태조사, 목적어 등)을 삽입할 수 없다.

他喝醉了酒。　　　*他喝酒醉了。

我把玻璃杯打碎了。 *我把玻璃杯打了碎。

(4) 목적어가 있을 경우, 목적어는 '서술어 + 결과보어' 뒤에 오거나, '서술어 + 목적어 + 서술어 + 결과보어(동사복사문)'을 사용하거나, 문두에 올 수 있다.

他看完了那本书。

他看书看完了。

那本书他看完了。

(5) 결과보어는 시간(상)적으로 완료된 상황을 나타낸다. 따라서 완료와 경험을 나타내는 동태조사 '了', '过'는 결과보어와 함께 사용할 수 있으나, 지속 및 진행을 나타내는 동태조사 '着', 부사 '在/正在'는 결과보어와 함께 사용할 수 없다.

那本书我已经看完了。

他打断过我的话。

我看懂了那本书。　　 *我看懂着那本书。

老师的话我听清楚了。*老师的话我在听清楚。

(6) 결과보어는 이미 완료된 상황을 나타내므로, 부정은 '没(有)'를 사용한다.

汉语他没学会。 *汉语他不学会。

对不起老师，我没听懂。

단, 발생하지 않은 상황에 대한 바람/가정/조건 등을 나타낸다면 '不'를 사용하여 부정할 수 있다.

今天你非要学会它，不学会就别回家了。

你不解释清楚，我怎么能了解你的情况呢？

3) 주요 결과보어

주로 사용되는 결과보어는 다음과 같다.

(1) 好 완성되거나 만족한 상태로 되다

这辆自行车修好了。

我们一定要搞好工作。

(2) 干净 깨끗해지다

衣服洗干净了。

(3) 惯 익숙해지다

자주 결합하는 동사: 唱, 吃, 穿, 看, 说, 听, 写, 用, 住 등

他住惯了北京。

(4) 完 끝나다

该说的都说完了。

期末考试我考完了。

(5) 见 시각, 청각 등으로 대상을 알아보다

자주 결합하는 동사: 看, 碰, 听, 闻, 遇, 瞧 등

我看见了他。

我闻见香味儿了。

(6) 开 어떤 곳에서 떨어져서 거기에 공간이 생기다

자주 결합하는 동사: 搬, 打, 翻, 拿, 离, 推, 走, 分, 放 등

他们俩分开了。

你放开我!

(7) 住 딱 고정하여 정착하다

今天讲的内容大家都记住了吗?

(8) 会 할 수 있다, 습득하다

妹妹学会骑自行车了。

他练会了跆拳道。

(9) 懂 알다, 이해하다

자주 결합하는 동사: 听, 看 등

这本书我都看懂了。

我听懂了老师讲的话。

(10) 到 사물 획득의 목적이 달성되다

那本书终于买到了。

我收到了他的回信。

(11) 着 zháo 목적이 달성되다

자주 결합하는 동사: 钓, 买, 摸, 睡, 找, 抓, 捉 등

那本书我借着了。

孩子睡着觉了。

> **참고** 我考上了大学。 vs 我考了大学。

결과보어가 동작 또는 행위를 통해 발생한 결과를 나타낸다면, 동태조사 '了'는 동작 또는 행위의 완료만을 나타내기 때문에 그 결과에 대해서는 알 수 없다.

결과보어	동태조사 '了'
我考上了大学。 → 대학 시험에 합격했다.	我考了大学。 → 대학 시험을 봤다. (합격 여부 모름)
我买到了那本书。 → 나는 그 책을 샀다. (사는 행위를 하고 그 결과 책을 소유)	我买了那本书。 → 나는 그 책을 샀다. (소유 여부 모름)

4 방향보어

1) 방향보어趨向补语란?

- 서술어 뒤에서 동작행위의 이동 방향을 보충설명한다.
- 방향보어는 방향동사가 충당한다.
- 형태에 따라 단순방향보어와 복합방향보어로 구분된다.

2) 방향보어의 구분

(1) 단순방향보어

단순방향보어에는 '来, 去'와 '上, 下, 进, 出, 回, 过, 起'가 있다.

- A류: '来, 去'

'来', '去'는 화자 또는 서술 대상을 기준점으로 하여 이루어지는 동작행위의 방향을 나타낸다. '来'는 기준점에 가까워지는 경우에 사용하고, '去'는 기준점으로부터 멀어지는 경우에 사용한다. 화자가 기준점을 어디에 두느냐에 따라 객관적 이동과 주관적 이동을 모두 나타낼 수 있다.

杰克:"他回来了。" 돌아오다
米娜:"他回去了。" 돌아가다

- B류: '上, 下, 进, 出, 回, 过, 起'는 객관적인 이동을 나타낸다.

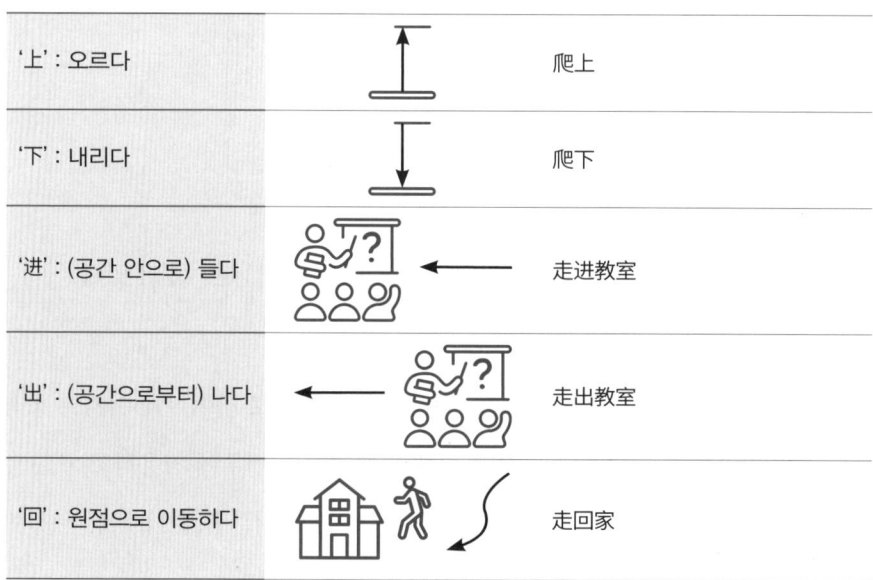

'过' : 지나가다, 통과하다		从大门走过
		穿过马路
'起' : (위로)일어나다		举起

> **Tip** 开
>
> '开' 역시 방향보어로 분류되기도 한다. 이때 '본래 위치에서 떨어지다/멀어지다'의 의미를 나타낸다.
>
> 千万不要离开!

(2) 복합방향보어

- B류인 '上, 下, 进, 出, 回, 过, 起'가 A류 '来, 去'와 결합하여 서술어 뒤에서 동작행위의 이동 방향을 보충설명할 수 있다. 이를 복합방향보어라고 한다.
- B류가 나타내는 객관적 이동과 A류가 나타내는 기준점을 중심으로 한 주관적/객관적 이동이 모두 나타난다.

A류 \ B류	上	下	进	出	回	过	起
来	上来	下来	进来	出来	回来	过来	起来
去	上去	下去	进去	出去	回去	过去	*

- 서술어 + 上来/下来/进来/出来/回来/过来/起来
- 서술어 + 上去/下去/进去/出去/回去/过去 (起去는 사용하지 않음)

你把书架上的书拿下来吧。

车坏了，只能走过去了。

同学们从教室里走出来了。

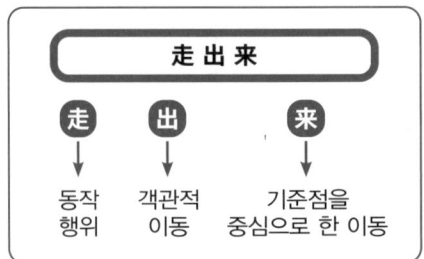

3) 방향보어의 특징

(1) 객관적 이동과 주관적 이동의 구분

A류 '来'와 '去'는 객관적인 이동 외에도 화자가 기준점을 어디에 두느냐에 따라 주관적 이동 또한 나타낼 수 있다.

我马上过去。 기준점이 화자, 객관적 이동

我马上过来。 기준점이 청자, 주관적 이동 → 청자는 존중받는 느낌

> **Tip 来了**
>
> 来了！(음식을 가져다 주면서/ 문을 열어주러 가면서) 갑니다!
> (기준점이 청자, 주관적 이동)

(2) 방향보어와 목적어

방향보어와 목적어의 순서는 방향보어 '来, 去'가 사용되었는지의 여부와 목적어가 장소를 나타내는지의 여부를 기준으로 구분된다.

- 방향보어 '来, 去'를 사용하지 않은 경우 (단순방향보어 B류 '上, 下, 进, 出, 回, 过, 起') 목적어는 '서술어 + 방향보어' 뒤에 온다.('서술어 + 방향보어 + 목적어')

想出好办法

考上大学

跑回宿舍

走进教室

- 방향보어 '来, 去'를 사용한 경우

　① 목적어가 일반적인 사물이나 사람인 경우, 목적어는 '来, 去'의 앞과 뒤에 모두 올 수 있다. ('서술어 + 방향보어 + 목적어', '서술어 + 목적어 + 방향보어')

　　他买来了一本杂志。　　　　他买了一本杂志来。
　　他从包里拿出来一本书。　　他从包里拿出一本书来。
　　我给他寄回去了两张照片。　我给他寄回了两张照片去。

　② 목적어가 장소를 나타내는 경우, 장소목적어는 '来, 去' 앞에 와야 한다.

　　· 단순방향보어(来/去) '서술어 + 장소목적어 + 来/去'

　　　回去 + 家 ── 他回家去了。
　　　　　　　　　*他回去家了。

　　· 복합방향보어(B류 + 来/去) '서술어 + B류 + 장소목적어 + 来/去'

　　　走回去 + 家 ── 我们走回家去吧。
　　　　　　　　　　*我们走回去家吧。

- 기타

　① 명령문 등 발생하지 않은 사건인 경우, 목적어는 '来, 去' 앞에만 출현할 수 있다.

　　买一台电脑来！
　　我想给爸爸寄回一封信去。

　② 복합방향보어가 시작의 의미를 나타내는 '起来'인 경우, 목적어는 '起来' 사이에 출현한다.

　　外面刮起风来了。　*外面刮起来风了。
　　他们俩一见面就谈起学习来了。

9) 방향보어의 파생의미

방향보어는 이동의 기본의미 외에도 다양한 파생의미를 나타낼 수 있다.

보어	파생의미	예시
上	근접/합침/닫힘	我快跑几步追上了他。 太累了，闭上眼睛休息一下。
	부착/존재/첨가됨	在领带上别上一个领带夹就好了。 我想在这儿摆上一个花瓶。
	목적의 달성	经过几年的努力，我们总算住上了新房。
	동작의 시작 및 지속	从去年开始，我就喜欢上了集邮。
下	고정시킴	一定要打下牢固的基础。
	탈락/벗어남	他摘下帽子，脱下外衣，走进屋来。
	일정 수량의 수용	这个体育馆能容下两万人。
上来	목표에 근접함	后边的人逐渐赶上来了。
	성공적으로 완성함	这么高的调她也能唱上来，真厉害！ 老师问的问题，我答不上来。(주로 가능보어로 사용)
下来	분리/이탈	把邮票揭下来，保存起来。
	정지/고정	汽车在前面停了下来。
	동작의 완료	那么长的诗他都背下来了。
	과거에서 현재까지 지속 상태의 출현과 지속	他终于坚持了下来。
下去	현재에서 미래로 지속	把优良传统继承下来，发扬下去。
出 出来	무에서 유 결과의 획득	她想出了一个好办法。 自动翻译器也许很快就能发明出来了。
	드러남	她的脸上露出了微笑。 一定要把这件事情的真相查出来。
过来	정상 상태로 회복/전환	她终于醒过来了。
	보살핌이 미침	病人太多了，照顾不过来了。
过去	정상 상태를 잃음	他中暑了，突然昏过去了。
起来	흩어진 것을 모음	把大家的意见集中起来。
	보존/숨김	快躲起来吧。
	시작 및 지속	大家热烈地讨论了起来。
	추측/평가	看起来，他不会同意了。 这些事说起来容易，做起来难。

> **참고** **来 vs. 去**
>
> 화자와 가까워짐을 의미하는 '来'는 분명하고 확실한 의미를 나타내므로 적극적이고 긍정적인 것과 관련된다. 특히 '起'의 상승 의미와 긴밀하게 연결된다. 반면, 화자로부터 멀어짐을 의미하는 '去'는 모호하고 소극적인 의미를 나타내어 부정적인 것과 관련된다. '下'의 하강 의미와 긴밀하게 연결된다.
>
> 心情好起来了。
> 外边暗下去了。
> 起来 *起去

> **참고** **想起来 vs. 想出来**
>
> 我想起来了，你是小金。　(원래 알고 있던 생각이 떠오름)
> 我想出来一个好主意。　(무에서 유로 새롭게 획득)

 **가능보어**

1) 가능보어可能补语란?

- 동작행위에 따른 결과 및 상태 변화를 실현할 수 있는 객관적/주관적 조건이나 능력이 갖추어져 있는지의 여부를 나타낸다.
- 구조조사 '得'가 사용된다.

2) 가능보어의 구분

(1) '서술어 + 得/不 + 결과/방향보어'
  - 서술어 동작행위의 완성 또는 그에 따른 결과/방향 이동의 실현 가능 여부를 나타낸다.
  - 긍정형: V得C

부정형: V不C

- 목적어는 보어 뒤나 문두에 출현한다.

我听得懂他的话。

他的话我听得懂。

- 의문문은 문미에 '吗'를 사용하거나, '서술어-보어' 전체의 긍정-부정형식을 연용하여 만든다.

你听得懂吗?

吃得下去吃不下去?

- 가능보어 사용 시 주의사항

① 묘사성 부사어를 사용하지 않는다.

他做得完这些工作。   *他拼命地做得完这些工作。

② '把'자문의 서술어, 연동문의 첫 번째 서술어 뒤에 사용하지 않는다.

'把'자문은 결과상태의 출현을 의미하고, 연동문은 첫 번째 서술어의 실현을 바탕으로 두 번째 서술어의 동작이 이루어지므로, 실현 여부를 알 수 없는 가능보어와 함께 사용할 수 없다.

作业我做得完。   *我把作业做得完。

春节图书馆不开门, 我们不能进图书馆去学习。

*春节图书馆不开门, 我们进不去图书馆学习。

(2) '서술어 + 得了/不了 liǎo'

- 구체적인 결과, 방향 등이 드러나지 않으므로, 동작행위, 상태 변화의 실현 가능 여부만을 나타낸다. 주로 구어에서 사용한다.

- 긍정형: V得了

부정형: V不了

他身体有点儿不舒服, 今天的参观去不了了。

我们一定赢得了他们。

- 서술어가 형용사인 경우에는 서술어의 성질/상태에 대한 추측을 나타내며, 주로 부정의 형식으로 사용된다.

看样子，他的病好不了。

(3) '서술어 + 得/不得'

- 실현 가능 여부를 나타낸다. 긍정형식은 가능, 허락의 의미를 나타내고, 부정형식은 불가능, 불허의 의미를 나타낸다. 주로 부정형식이 많이 사용되어 경고, 권유 등의 의미를 나타낸다.
- 긍정형: V得

    부정형: V不得

    那个地方太危险，去不得。

    这种电影，小孩看不得。

    这种电影，小孩看得看不得？

- 주로 고정형식으로 많이 사용되며, 긍정형식과 부정형식이 대등하게 사용되지 않는 경우가 많다.

    怪不得　顾不得　恨不得　巴不得　舍得/舍不得　记得/记不得

참고 가능보어 vs. 能

- 가능보어의 긍정형과 '能'은 호환하여 사용할 수 있으나, '能'이 '능력의 갖춤'을 주요하게 나타낸다면, 가능보어의 긍정형은 구체적인 결과가 나타날 수 있는 '조건의 갖춤'을 주요하게 나타낸다.

    这篇文章一个小时就能打出来。　　　　　(타자 능력)

    这篇文章一个小时打得出来吗？—— 打得出来。(시간, 길이 등 조건상 가능)

- '불허'의 의미를 나타낼 경우 '不能'을 사용한다.

    他们正在开会，你不能进去。　　*他们正在开会，你进不去。

    你不能说出这种伤害人的话。　　*你说不出这种伤害人的话。

- 긍정은 주로 '能VC', 부정은 주로 'V不C'를 사용한다.

> **참고** 黑板上的字擦不掉。 vs. 黑板上的字不能擦掉。
>
> 黑板上的字擦不掉。 (칠판의 글자가 너무 진해서 닦아낼 수 없음)
>
> 黑板上的字不能擦掉。(칠판의 글자를 닦아서는 안 됨 (불허))

3) 주요 가능보어

가능보어	의미와 용법
买不到	물건이 파는 곳이 없어서 살 수 없는 경우
买不着	책을 사려는데 서점을 못 찾아서, 시간이 없어서, 물건이 없어서 못 하는 경우
买不起	돈이 없어서, 나에게 어울리지 않게 너무 고급스러워서 못사는 경우
买不下	큰 돈이 필요한데 그렇게 큰 돈은 없는 경우
买不了	사야할 책이 많은데 시간이 없어서 다 살 수 없는 경우
吃不得	먹으면 절대 안 되는 경우, 예를 들어 식품이 변질, 부패 된 경우
吃不起	돈이 없어서 혹은 음식이 너무 고급이어서 먹을 수 없는 경우
吃不下	위장이 나빠서, 배가 너무 불러서 못 먹는 경우
吃不了	음식이 너무 많거나 매워서 못 먹는 경우
吃不上	가난하거나 혹은 돈을 못 벌어서 어떤 음식을 먹을 수 없는 경우
用不起	물건이 너무 비싸거나 고급이어서 나에게 어울리지 않는 경우
用不上	어떤 물건이 용도를 찾지 못하여 사용할 수 없는 경우
用不完	물건이 너무 많아서 다 쓸 수 없는 경우
用不着	필요하지 않거나 쓸모가 없는 경우
用不了	물건이 너무 많거나, 물건이 부패 혹은 파손되어 사용할 수 없는 경우
看不见	키가 작아서, 혹은 앞이 막혀서 보이지 않는 경우
看不上	대상이 마음에 들지 않는 경우
看不完	시간이 없어서 다 볼 수 없는 경우
看不了	바빠서 책이나 텔레비전을 못 본다든가, 어린이가 있어서 성인영화를 볼 수 없는 경우
看不起	대상을 무시하는 경우 '무시하다/얕보다'의 의미로 쓰임

6 상태보어

1) 상태보어情态补语/状态补语란?
- 서술어 뒤에서 동작행위나 사물의 성질, 상태를 묘사, 설명, 평가한다.
- 동사/형용사 및 여러 형식의 구, 절 등이 보어로 사용된다.
- 구조조사 '得'가 사용된다.

2) 상태보어의 특징

(1) 형용사가 상태보어를 충당할 경우, 주로 정도부사와 함께 사용된다.
정도부사 없이 형용사가 단독으로 보어를 충당할 경우, 대비의 의미를 나타낸다.

小金写得很清楚。

小金写得清楚。 다른 사람은 분명하게 쓰지 않음

(2) 의문문은 문미에 '吗'를 추가하거나, 보어의 긍정-부정형을 연용한다.

他的舞跳得好吗?

他的舞跳得好不好?

(3) 부정은 보어를 부정한다. '주어 + 서술어 + 得 + 不/没(有) + 보어'의 형식으로 사용되어, 동작행위에 대한 묘사, 평가가 부정적인 상태임을 나타낸다.

他的舞跳得不好。

她忙得连饭都没吃。

(4) 상태보어가 묘사의 의미를 나타내므로, 별도의 묘사성 부사어나 정도부사가 서술어 앞에 사용되지 않는다.

他跑得很快。　　*他满头大汗地跑得很快。

她痛苦得流下泪来。 *她非常痛苦得流下泪来。

(5) 상태보어와 목적어의 위치
서술어가 상태보어와 목적어를 동시에 취할 경우, 다음 몇 가지 형식을 사용할 수 있다.

① '주어 + 서술어 + 목적어 + 서술어 + 得 + 보어' (서술어 반복, 동사복사문)

他说汉语说得很流利。

② '주어 + 목적어 + 서술어 + 得 + 보어' (첫 번째 서술어 생략)

他汉语说得很流利。

③ '목적어(화제) + 주어 + 서술어 + 得 + 보어' (문장의 화제로 전환)

汉语他说得很流利。 대비의 뜻 함의: 英语他说得不好。

> **참고** 가능보어 vs. 상태보어

	가능보어	상태보어
긍정	写得好, 跑得快	写得(很)好, 跑得(很)快
부정	写不好, 跑不快	写得不好, 跑得不快
정반의문문	写得好写不好? 跑得快跑不快?	写得好不好? 跑得快不快?

정도보어

1) 정도보어 程度补语 란?

- 형용사, 심리동사 등의 뒤에서 상태의 도달한 정도를 나타낸다.
- 구조조사 '得'가 사용된 경우와 사용되지 않은 경우로 나뉜다.

V得C

VC

2) 정도보어의 구분

(1) VC [–得]

- 정도부사 '极' 및 준准 부사 '死, 透, 坏' 등이 사용된다.
- 주로 문미에 '了'가 추가된 'VC了'의 형태로 사용된다. '了'는 극량/대량에 대한 화자의 주관적 판단을 나타낸다.

  晚宴热闹极了。

  孩子考上大学了，把妈妈高兴坏了。

  都十二点了，困死了。

(2) V得C [+得]

정도부사 '很' 및 준准 부사 '慌, 要命, 要死, 不得了liǎo' 등이 사용된다.

他的成绩好得很。

他最近难受得慌，别去打扰他。

川菜辣得不得了。

참고 好 vs. 很好 vs. 好得很

这个好, 那个不好。	이것은 좋다(,저것은 나쁘다): 비교, 대조 표현
这个很好。	이것은 좋다: 평서문
这个好得很。	이것은 매우 좋다: 형용사서술어 강조

참고 상태보어 vs. 정도보어

	상태보어	[+得] 정도보어
형식	서술어 + 得 + 보어	
의미	동작/상태에 대한 묘사 및 평가	상태의 도달한 정도
서술어	동사, 형용사 및 구, 절 睡得很晚。 高兴得跳起来了。	형용사, 일부 심리동사 高兴得很。 气得很。
보어	동사(구), 형용사(구) 高兴得跳起来了。 - (펄쩍 뛸 정도로) 매우 기쁘다. - 매우 기뻐서 펄쩍 뛰었다. - 기쁨의 구체적인 상태를 강조	정도부사 '很' 및 준 부사 高兴得很。 - 매우 기쁘다. - 추가정보 없음 - 단순히 '정도'만을 강조

 **수량보어**

1) 수량보어数量补语란?

- 서술어 뒤에서 동작행위의 진행 횟수나 지속된 시간을 보충설명하는 수량구를 수량보어라 한다.
- 시량보어, 동량보어, 비교수량보어로 나눌 수 있다.

2) 시량보어时量补语

- 동작행위/상황이 지속된 시간이나 동작완료 이후 경과한 시간의 양을 나타낸다.
- 시간의 길이(시구간时段)를 나타내는 구가 사용되고, 시점时点을 나타내는 구는 사용할 수 없다.

我等了你半天。　　　지속된 시간

我们俩结婚十年了。　　경과한 시간

(1) 주요 시량보어

다음과 같이 시간의 길이를 나타내는 다양한 표현이 시량보어로 사용된다.

시간의 단위		하루의 단위		월의 단위		해의 단위	
1초간	一秒钟	반나절	半天	보름간	半个月	반년간	半年
1분간	一分钟	1일간	一天	1개월간	一个月	1년간	一年
15분간	一刻钟	2일간	两天	2개월간	两个月	2년간	两年
반시간	半(个)小时	1주간	一(个)星期	기타: 한참 동안 半天 / 잠깐 一会儿			
1시간	一(个)小时	2주간	两(个)星期				
2시간	两(个)小时						

(2) 시량보어의 특징

- 시량보어의 구체적인 의미는 동사의 유형에 따라 달라질 수 있다.

他学了一年汉语。　　지속동사: 동작이 지속된 시간

他来了一年就走了。　　비지속동사: 동작 완료 이후 경과된 시간

- 어기조사 '了2'가 추가되면 발화시(현재)까지 시간이 지속됨을 나타낸다.

    他学了一年了。　　　지속동사: 동작이 발화시까지 지속된 시간

    他来了一年了。　　　비지속동사: 동작 완료 이후 발화시까지 경과된 시간

(3) 시량보어와 목적어의 위치

서술어 뒤에 보어와 목적어가 함께 출현할 경우, 목적어의 성격에 따라 출현 위치가 달라진다.

① 목적어가 보어 뒤에 위치하는 경우

'서술어 + 시량보어 (+ 的) + 목적어보통명사'

我学过三年(的)汉语。

我玩了一个小时(的)游戏。

② 목적어가 보어 앞에 위치하는 경우

'서술어 + 목적어대사/장소 + 시량보어'

我找了你一整天。　　　*我找了一整天你。

张老师教过我一年。　　　*张老师教过一年我。

③ 목적어가 반복 사용된 서술어 사이에 위치하는 경우(동사복사문)

'서술어 + 목적어 + 서술어 + 了/过 + 시량보어'

我找你找了一整天。

张老师教我教过一年。

단, '来, 去, 到, 回, 走, 离开, 毕业' 등 비지속동사(순간동사)는 동사복사문의 형식을 사용할 수 없다.

我来北京两年了。　　　*我来北京来两年了。

④ 확정된 사람/사물한정 목적어인 경우 주로 문두에 위치한다.

那本书我看了几天。

你要的那件衣服我找了一个下午。

3) 동량보어 动量补语

- 동작행위의 횟수를 나타낸다.
- 수사와 동량사로 이루어진 구가 보어를 충당한다.

  这部电影我已经看了三遍了。

  请帮我一下。

(1) 주요 동량보어 　Ch. 7 수사, 양사 '양사' 참조

- 동량보어로 자주 사용되는 동량사에는 다음과 같은 것들이 있다.

전용동량사	
次	반복해서 나타나는 동작의 횟수
回	동작의 횟수
遍	처음부터 끝까지 모든 과정을 가진 동작의 횟수
趟	오가는 횟수
顿	식사, 꾸짖음, 구타, 질책 등의 횟수
番	시간이나 노력이 드는 동작행위의 횟수
场	- 비바람, 병, 싸움, 재해(cháng) - 연극, 스포츠, 공연 예술(chǎng)
下	- 구체적인 동작의 횟수 - 짧은 시간이나 동작량이 적은 동작의 횟수('一下'로 사용되어 시도/어기완화의 기능을 함)

- 전용동량사 외에 신체 일부 또는 도구를 나타내는 명사를 차용해 동량사로 사용하기도 한다. '眼, 脚, 巴掌, 口, 拳, 刀, 斧子' 등이 있다.

  我看了他一眼。

  他踢了我一脚。

(2) 동량보어의 특징

- 동태조사 '了', '过' 등은 동사 뒤 동량보어 앞에 사용한다.

这部电影我看了三遍。

他去过两次法国。

- 동량보어가 사용된 문장은 대개 부정형식을 사용하지 않으나, 수량에 대한 부정을 나타낼 경우 '没(有)'로 부정할 수 있다.

这本书我只看了一遍，没看两遍。

(3) 동량보어와 목적어의 위치

서술어 뒤에 동량보어와 목적어가 함께 출현할 경우, 목적어의 성격에 따라 출현 위치가 달라진다.

① 목적어가 보어 뒤에 위치하는 경우

'서술어 + 동량보어 + 목적어보통명사'

我吃过一次火锅。

帮我开一下门。

② 목적어가 보어 앞에 위치하는 경우

'서술어 + 목적어대사 + 동량보어'

我见过他一次。　　*我见过一次他。

来这儿一趟。　　*来一趟这儿。

③ 목적어가 보어의 앞·뒤에 모두 위치할 수 있는 경우

'서술어 + 목적어인명/지명 + 동량보어', '서술어 + 동량보어 + 목적어인명/지명'

他去过首尔一趟。　　他去过一趟首尔。

我见过张国荣两次。　　我见过两次张国荣。

④ 확정된 사람/사물한정 목적어인 경우 주로 문두에 위치한다.

广州我去过一次。

那部电影我看了两遍。

4) 비교수량보어 比较数量补语

- 비교항 간 수량의 차이를 보충 설명한다.
- 주로 '比'자 비교문에 사용된다. Ch. 17 중국어의 특수구문 '비교문' 참조

我比他大两岁。

今年比去年冷多了。

> **참고** 목적어 vs. 수량보어
>
> 동일한 수량구가 서술어 뒤에 사용될 경우, 목적어인지 보어인지 구분하기 어려운 경우가 있다. 서술어 동작의 대상이라면 목적어, 서술어 동작에 대한 보충설명이라면 보어이다.
>
> 我花了半个小时。 나는 30분을 썼다.　　　（목적어）
> 我看了半个小时。 나는 30분 동안 봤다. （보어）

 개사구보어

1) 개사구보어 介词短语补语란?

서술어 뒤에 '于, 自, 在, 向, 往, 给' 등 개사가 개사구의 형식으로 사용되어, 동작이 발생한 시간, 장소, 방향, 대상, 원인, 기원, 비교대상, 수량 등을 보충설명한다.

2) 주요 개사구보어

(1) '于, 自, 在'는 시간, 장소를 도입한다.

梁朝伟出生于1962年。

我们都来自韩国。

把书放在桌子上。

(2) '于'는 대상, 원인, 비교대상을, '自'는 기점/기원을 도입한다. 주로 서면어에서 사용된다.

  目前很多人忙于准备公务员考试。

  今年的产量大于去年。

  这段话引自莫言的小说。

(3) '向, 往'은 방향을 도입한다.

  这条路通向远方。

  本次列车开往北京。

(4) '给'는 대상을 도입한다.

  同学们, 请把作业交给王老师吧。

생각해 봅시다

1. 她推开了大门。 vs. 我喝醉了。 vs. 你来晚了。

 → 결과보어는 문장의 목적어, 주어, 서술어에 대한 의미를 보충설명할 수 있는데, 이를 의미지향이라 한다. '开'는 목적어인 '大门'을 의미지향하고, '醉'는 주어인 '我'를 의미지향하며, '晚'은 서술어 '来'를 의미지향한다.

2. 我马上过去。 vs. 我马上过来。

 → 화자가 청자를 향해 달려가는 동일한 상황임에도 화자의 의도에 따라 '来', '去'가 다르게 사용되고 있다. 후자는 이동의 기준점을 청자에 두고 청자를 향해 가까워지는 방향성이 '来'로 표현되고 있다. 이 경우, 청자는 존중받는 느낌을 받게 된다.

3. 黑板上的字擦不掉。 vs. 黑板上的字不能擦掉。

 → 가능보어와 조동사 '能'은 긍정문에서는 호환하여 사용할 수 있으나, 부정문에서는 의미의 차이가 명확하다.

 黑板上的字擦不掉。 (칠판의 글자가 너무 진해서 닦아낼 수 없음)

 黑板上的字不能擦掉。 (칠판의 글자를 닦아서는 안 됨 (불허))

4. 他跑得快。

　　→ 가능보어 긍정형과 상태보어에는 모두 구조조사 '得'가 사용된다.

　　他跑得快。　그는 빨리 달릴 수 있다. (가능보어)

　　　　　　　그는 빨리 달린다.　　　(상태보어)

　단, 일반적으로 상태보어 앞에는 정도부사가 함께 사용되며, 형용사가 단독으로 사용될 경우 대비의 뜻을 함의한다.

5. 我学了一年汉语。 vs. 我来了一年就走了。

　　→ 시량보어의 구체적인 의미는 동사의 유형에 따라 달라질 수 있다.

　　他学了一年汉语。　(지속동사: 동작이 지속된 시간)

　　他来了一年就走了。(비지속동사: 동작 완료 이후 경과된 시간)

Chapter 17 중국어의 특수구문

강의노트 301p | 연습문제 347p

학습목표
1. 어순, 의미에서 특수한 형태를 보이는 중국어 '특수구문'에 대해 이해하고 설명할 수 있다.
2. 주요 특수구문의 용법을 이해하고 올바르게 사용할 수 있다.

차례
1. 특수구문
2. '是'자문
3. '是……的'문
4. '有'자문
5. 존현문
6. 연동문
7. 겸어문
8. 비교문
9. 처치문
10. 피동문

생각해 봅시다
1. *餐桌上放着那个花瓶。
2. *洗手间被打扫。
3. 我不比你高。 vs. 我没有你高。
4. 我做完了作业。 vs. 我把作业做完了。

 **특수구문**

1) 특수구문이란?
- 중국어의 기본 어순은 '주어 + 서술어 + 목적어(SVO)'이지만, 이와는 다른 독특한 형식으로 별도의 의미를 나타내는 경우가 있는데, 이를 특수구문이라 한다.
- '是'자문, '是……的'문, '有'자문, 존현문, 연동문, 겸어문, 비교문, 처치문('把'자문), 피동문 등이 있다.

 **'是'자문**

1) '是'자문'是'字句이란?
- '是'가 서술어 동사로 사용된 문장을 '是'자문이라 한다.
- '是'는 구체적인 동작을 나타내지 않으나, 주어와 목적어를 연결해주는 기능을 한다. 이에 따라 '연결동사linking verb', '계사系词', '관계동사' 등으로 불린다.
- '是'자문은 '판단', '확신'을 나타낸다.
  - 긍정문: 他是韩国人。
  - 부정문: 他不是韩国人。
  - 의문문: 他是韩国人吗？他是不是韩国人？

2) '是'자문의 구분
'是'자문은 주어와 목적어의 관계에 따라 다음과 같은 의미로 구분된다.

(1) 동격等于
주어와 목적어가 대등한 관계동격임을 나타낸다. 이 경우 주어와 목적어의 순서를 바꿀 수 있다.

圣诞节是12月25号。⇔ 12月25号是圣诞节。

他是我们的汉语老师。⇔ 我们的汉语老师是他。

그러나 문장의 정보구조가 달라져 전달하고자 하는 의미에 차이가 발생한다.

他是我们的汉语老师。 "他是谁？"에 대한 대답으로, '他'가 화제, '我们的汉语老师'가 전달하고자 하는 새로운 정보

我们的汉语老师是他。 "我们的汉语老师是谁？"에 대한 대답으로 '我们的汉语老师'가 화제, '他'가 전달하고자 하는 새로운 정보

(2) 부류/소속 属于/归类

- 주어가 목적어의 일부임을 나타낸다.

    我是北京大学中文系的学生。⇔ *北京大学中文系的学生是我。

    那本词典是他的。⇔ *他的是那本词典。

- 부류/소속의 의미를 나타낼 경우 주어와 목적어의 순서는 바꿀 수 없다.

(3) 존재 存在

- 장소 주어와 대상 목적어를 연결하여 어느 장소에 무엇이 존재함을 나타낸다.

    Ch. 17 중국어의 특수구문 '존현문' 참조

    前面是一家饭店。

    图书馆对面是咖啡厅。

- 보통명사가 장소 주어로 사용될 경우 '명사 + 방위사/장소대사'의 형식으로 장소명사화해야 한다.

    书架上是什么？

    学校对面是一家书店。

- 존재의 의미를 나타낼 경우 주어와 목적어의 순서를 바꿀 수 없다.

    前面是一家饭店。⇔ *一家饭店是前面。

3) '是'자문의 특징

(1) 동태조사 '了, 着, 过'를 사용할 수 없다.

'是'자문은 판단/확신의 의미만 나타낼 뿐 동작의 완료, 지속 등을 나타내지 않는다.

这家书店以前**是**咖啡厅。　　*这家书店以前是了咖啡厅。

> **Tip** 了₂
>
> 상태변화를 나타내는 어기조사 '了₂'은 함께 사용할 수 있다.
>
> 他已经高中毕业了, 不再**是**高中生了。

(2) 부정은 부정부사 '不'를 사용하고, '没(有)'를 사용하지 않는다.

我说的**不是**这个意思。　　*我说的没是这个意思。

(3) '是'는 동사이지만, 다른 동사와 달리 중첩 형식으로 사용할 수 없다.

*我是是韩国人。

(4) 주어, 목적어 자리에 의문대사를 사용하여 의문문을 만들 수 있다.

谁**是**张老师?

这**是**什么?

3 '是……的'문

1) '是……的'문이란 是……的 句?

- '是……的'문은 이미 발생한 사건의 시간(언제), 장소(어디서), 방식(어떻게) 및 동작의 행위자(누가)를 강조할 때 사용한다.
- 강조하고자 하는 성분 앞에 '是'를, 서술어 뒤나 문장 뒤에 '的'를 사용한다.
- 긍정문: 他**是**从美国来**的**。

- 부정문: 他**不是**从美国来**的**。
- 의문문: 他**是**从美国来**的**吗？他**是**从哪里来**的**？

2) '是……的'문의 구분
— 시간, 장소, 방식, 행위자, 대상 등 강조

'주어 + 是 + … + 동사(구) + 的'

他**是**昨天来中国**的**。

他**是**从美国来**的**。

他**是**坐飞机来中国**的**。

这个礼物**是**朋友送给我**的**。

3) '是……的'문의 특징

(1) 주어가 지시대사 '这', '那'인 경우를 제외하고, 대부분의 경우 '是'를 생략할 수 있으나 '的'는 생략할 수 없다.

我(**是**)昨天来**的**。

这**是**今天上午买来**的**。 *这今天上午买来的。

(2) '是……的'문의 부정은 '不'를 사용해야 한다. 이때 '是'는 생략할 수 없다.

我**不是**坐地铁来**的**。

这个礼物**不是**他送给我**的**。

(3) 의문문은 문미에 '吗'를 사용하거나 의문대사를 사용한다.

你(**是**)坐公交车来**的**吗？

他**不是**从美国来**的**吗？

他们**是**什么时候认识**的**？ —— 去年。

(4) 목적어와 '的'의 위치

목적어가 있을 경우, '的'는 목적어의 앞·뒤에 올 수 있다.

'주어 + 是 + …서술어 + 목적어 + 的'

'주어 + 是 + …서술어 + 的 + 목적어'

我**是**在中国学汉语**的**。

我**是**在中国学**的**汉语。

단, 목적어가 인칭대사인 경우 '的'는 목적어 뒤, 문미에만 올 수 있다.

我**是**在商场碰到**他的**。　　*我**是**在商场碰到的他。

这些内容**是**老师教**我的**。　*这些内容是老师教的我。

(5) '是……的'문은 이미 발생한 사건에 대한 강조를 나타내므로, 사건의 완료를 나타내는 동태조사 '了'를 사용하지 않는다.

我**是**在商场碰到他**的**。　　*我是在商场碰到了他的。

我**是**在中国学**的**汉语。　　*我是在中国学了的汉语。

> **참고** '是……的'1 vs. '是……的'2
>
> '是……的'1가 이미 발생한 사건에 대한 강조를 나타내는 것과 달리, 화자의 주관적인 추측, 판단, 태도를 나타내는 경우도 있는데, 이를 '是……的'2 이라 한다. '是……的'2 은 현재 또는 미래의 상황에 대한 주관적인 판단을 나타내므로 이미 발생한 과거 상황에 대한 의견은 나타낼 수 없다.
>
> 긍정형: 我相信他**是**会答应**的**。
>
> 부정형: 我相信他**是**不会答应**的**。　('是'를 부정하지 않음)
>
> 　　cf) 他**不是**从美国来**的**。　　('是……的'1 의 부정은 '是'를 부정)

4 '有'자문

1) '有'자문 '有'字句이란?

'有'가 서술어동사로 사용된 문장이다.

- 긍정문: 他有两个妹妹。
- 부정문: 他没有妹妹。
- 의문문: 他有妹妹吗？ 他有没有妹妹？

3) '有'자문의 구분

(1) 소유 领有(…을/를 가지고 있다)를 나타낸다.

'소유자 + 有 + 소유물'

他是中学老师，他有很多学生。

你有多少钱？── 我有十块钱。

'办法, 水平, 本事, 出息' 등 일부 추상명사와 결합하여, '有 + 명사'의 형태로 속성의 의미를 나타낸다. 이 경우 정도부사의 수식을 받을 수 있고, 긍정적인 평가에 자주 사용된다.

这个孩子很有出息。

他的发言最有水平。

(2) 존재(…에 …이/가 있다)를 나타낸다. `Ch. 17 중국어의 특수구문 '존현문' 참조`

'장소/시간 + 有 + 사람/사물'

教室里有很多学生。

一年有365天。

(3) 연동문의 첫 번째 동사로 사용된다. `Ch. 17 중국어의 특수구문 '연동문' 참조`

我有一个问题请教您。

你有时间跟我出去玩吗？

(4) 겸어문의 첫 번째 동사로 사용된다. Ch. 17 중국어의 특수구문 '겸어문' 참조

他有一个孩子很可爱。

香港有一位明星叫做张国荣。

 존현문

1) 존현문存现句이란?

사람/사물이 존재하는 상태, 출현 및 소실을 나타내는 문장을 존현문이라 한다.

'장소/시간 + 존재/출현/소실 동사 + 사람/사물^{비한정}'

墙上挂着一幅画。

前边开来一辆出租车。

2) 존현문의 구분

(1) 존재문存在句

'장소에 비한정적인 사람/사물이 존재함'을 나타낸다.

① '장소 + 有/是 + 사람/사물^{비한정}'

餐厅里有很多客人。

前面都是人。

② '장소 + 동사着 + 사람/사물^{비한정}'

| 台上坐着主席团。 | 阳台上摆着一盆花。 | 존재의 상태 |
| 空中飞着一架飞机。 | 操场上跑着几个孩子。 | 동작의 상태 |

③ 존재문은 서술어동사가 존재의 상태와 방식을 나타내어 지속의 의미를 가지므로, 동사 뒤에 동태조사 '着'가 자주 사용된다.

(2) 출현-소실문 隐现句

'장소/시간에 어떤 사람/사물이 출현하거나 사라짐'을 나타낸다.

① '장소/시간 + 동사 + 사람/사물^{비한정}'

    昨晚来了一个客人。   前面走过来两个人。

    我家死了一只猫。   教室里少了两张桌子。

② 출현-소실문은 서술어동사가 물체의 이동이나 소실, 출현을 나타내므로, 동사 뒤에 동태조사 '了'가 자주 사용된다.

3) 존현문의 특징

(1) 주어로는 장소/시간 명사가 직접 사용되며, 개사 '在, 从'을 사용하면 더 이상 존현문이 아니다.

    墙上挂着一幅画。   *在墙上挂着一幅画。

    远处跑来了一个人。   *从远处跑来了一个人。

(2) 보통명사가 주어로 사용될 경우, '上, 下, 里, 外' 등 방위사를 추가하여 장소를 나타내는 명사로 만들어야 한다.

    椅子上放着一本书。   *椅子放着一本书。

    家里来了很多亲戚朋友。   *家来了很多亲戚朋友。

(3) 목적어는 주로 확실하지 않은 대상, 즉 비한정적인 사람이나 사물이므로, '一个人' 과 같은 수량구가 관형어로 자주 사용된다.

    餐桌上放着**一个花瓶**。   *餐桌上放着那个花瓶。

    我们班来了**几个新同学**。   *我们班来了那个新同学。

17 중국어의 특수구문

Tip 한정성이란?

- 한정성이란, 청자가 알고 있을 것이라고 화자가 가정하는 것이다.
- 한정성은 의미적 특징이므로, 형식적으로 반드시 한정성을 나타낼 필요는 없다.
- 한정적 명사는 특정 대상을 지시하는 경우를 가리킨다. 주로 고유명사, 지시사, 소유격 등으로 표현된다.
  上海, 毛泽东(고유명사) 这位老师(지시대명사) 我的电脑(소유격)
- 비한정적 명사는 지시하는 대상이 명확하지 않은 경우를 가리킨다. 주로 '一个'와 같은 수량사의 형식으로 나타난다.
  一个朋友, 两本书(수량사)
- 중국어의 단순명사는 상황에 따라 한정적, 비한정적 해석이 모두 가능하다.

Ch. 20 중국어의 주요 문법 원리 '한정성' 참조

참고 존재를 나타내는 在 vs. 有 vs. 是

- '在, 有, 是'는 모두 존재를 나타내는 동사로 쓰일 수 있다.
  단, '在'는 존현문의 기본 형식('장소 + 동사 + 사람/사물')에 부합하지 않아 존현문(존재문)에 포함되지 않는다.
- 존재문 '有'자문과 '是'자문이 나타내는 구체적인 의미에도 차이가 있다.
  '有'자문과 '是'자문은 사물의 존재에 대한 인지 여부에 차이가 있다. '桌子上'을 예로 들면, '有'자문은 청자가 사물의 존재를 모르는 상태에서 책상 위에 아무것도 없거나 한 개 이상의 사물이 있음을 나타낸다. 반면, '是'자문은 청자가 책상 위에 무엇인가 있음을 인지하였으나 그것이 무엇인지는 모르는 상태에서 책상 위에 다른 어떤 것이 아닌 책이 있음을 나타낸다.

일반문: '사람/사물 + 在 + 장소'	존현문: '장소/시간 + 是/有 + 사람/사물'	
'在'자문 (…이/가 …에 있다.)	'有'자문 (…가 있다.)	'是'자문 (…에 존재하는 것은 …이다.)
A: 那本书在哪儿? B: 那本书在书架上。	A: 桌子上有什么东西? B: 桌子上有一本书。	A: 桌子上是什么? B: 桌子上是书。

6 연동문

1) 연동문 连动句/连谓句 이란?

- 하나의 문장에 두 개 이상의 동사(구)가 동일한 주어의 서술어로 사용되어 연속된 동작을 나타내는 문장을 연동문이라 한다.
- 이때 동사는 발생한 순서에 따라 나열한다.

주어 + 동사(구)1 + 동사(구)2

① 부정문은 첫 번째 동사를 부정한다.

我不去买东西。

我没有钱买电脑。

② 의문문은 문미에 '吗'를 추가하거나, 첫 번째 동사의 긍정-부정형을 연용한다.

你去食堂吃饭吗?

你去不去食堂吃饭?

2) 연동문의 구분

(1) 두 개의 동사(구)가 연속된 동작을 나타낸다.

你打电话叫他来。

吃了饭就走。

下了课就回家。

(2) 두 개의 동사(구)가 각각 동작과 그 동작의 목적을 나타낸다.

我们去公园散步。

我明天去买东西。

我想去中国学习汉语。

(3) 두 개의 동사(구)가 각각 동작과 그 동작에 따른 결과를 나타낸다.

我听了这个消息很激动。

他喝酒喝醉了。

(4) 두 개의 동사(구)가 각각 방식/수단과 동작을 나타낸다.

他用毛笔写信。

他骑自行车去公园。

我开车送你吧。

(5) 첫 번째 동사로 '有'가 사용된 연동문은 두 번째 동사가 '有'의 목적어를 수식한다.

'주어 + 有 + 목적어 + 동사' (…한 …이/가 있다.)

我有理由这样做。

我没有时间去找你。

3) 연동문의 특징

(1) 부사나 조동사는 첫 번째 동사 앞에 위치한다.

我不去体育馆打羽毛球。

我想去体育馆打羽毛球。

(2) 동사를 중첩할 경우, 첫 번째 동사가 아닌 두 번째 동사를 중첩한다.

我们明天去电影院看看电影吧。　*我们明天去去电影院看电影吧。

(3) 전체 동작이 완료되었음을 나타내려면 두 번째 동사 뒤에 동태조사 '了₁'를 사용한다. 이때 단순목적어는 취할 수 없다. (수식을 받거나 동량보어 추가)

我去书店买了两本书。　　　가서 책 두 권 사는 전체 동작이 완료됨

我去他的办公室找了他一次。　그의 사무실에 가서 그를 한 번 찾은 전체 동작이 완료됨

전체 동작이 완료되지 않았다면, 문장 끝에 어기조사 '了₂'을 사용한다.

妈妈去买东西了。　　　엄마가 물건을 사러 갔으나, 물건을 사는 동작이 완료되었는지는 모름

(4) 동태조사 '过'는 전체 동작의 경험을 나타내므로 두 번째 동사 뒤에 사용한다. 반면, 동태조사 '着'는 수단/방식을 나타내는 첫 번째 동사 뒤에 사용한다.

他去上海参观过迪斯尼。

他听着音乐走路。

 **겸어문**

1) 겸어문兼语句이란?

- 겸어문은 첫 번째 서술어동사(겸어동사)의 목적어가 두 번째 동사(구)의 주어를 겸하는 '겸어兼语'가 사용되는 문장이다.

  '주어 + 겸어동사 + 겸어 + 동사(구)'

  (목적어/주어: 겸어)

- 부정문은 첫 번째 동사 앞에 부정부사를 추가한다.

  他不让我知道他要到什么地方去。

  妈妈没让我吃这种药。

2) 겸어문의 구분

(1) '사동' 의미의 겸어문

- '…에게 …하게 하다'와 같은 요청이나 명령 등의 의미를 나타낸다.
- 첫 번째 동사로 '使, 让, 叫, 请, 派, 命令, 要求' 등이 사용된다.
- '使'는 주로 서면어에 사용된다. 주어로는 주로 사물 명사가 출현하고, 비非 동작성 사동을 나타낸다.

  他的话使我感到很满意。

  我请大家吃饭。

  老板派我去美国出差。

(2) '호칭/인정' 의미의 겸어문
- 호칭이나 인정의 의미를 나타낸다.
- 첫 번째 동사로 '称, 推荐, 选, 认' 등이 사용된다.
- 두 번째 동사로 주로 '当, 做, 为, 是' 등이 사용된다.

我们**称**张国荣为哥哥。

大家**推荐**他当主持人。

我们**选**他做班长。

(3) 첫 번째 동사로 '有'가 사용된 겸어문

我**有**一个朋友懂汉语。

他们班**没有**一个同学不努力。

> **참고** 我有理由这样做。 vs. 我有一个朋友懂汉语。
>
> '有'는 연동문과 겸어문의 첫번째 동사로 사용될 수 있다.
>
> 我**有**理由这样做。 (연동문, 첫 번째 동사 '有'와 두 번째 동사 '做'의 주어가 모두 '我')
> 我**有**一个朋友懂汉语。 (겸어문, 첫 번째 동사 '有'의 주어는 '我'이고 두 번째 동사 '懂'의 주어는 '我'가 아닌 겸어 '一个朋友')

3) 겸어문의 특징

(1) 조동사와 부사는 첫 번째 동사 앞에 쓰인다.

他**会**让你参加比赛的。

爸爸**常常**叫我帮助妈妈。

(2) 일반적으로 첫 번째 동사 뒤에는 동태조사 '了, 着, 过'를 사용할 수 없고, 두 번째 동사 뒤에 사용한다.

我已经让他回**了**一趟老家。

妈妈让我在家看**着**弟弟。

老师以前叫我们看**过**这本书。

> **참고 연동문 vs. 겸어문**
>
> 연동문과 겸어문은 모두 동일하게 '명사 + 동사 + 명사 + 동사'의 형식을 가지지만, 연동문은 하나의 주어가 두 개 이상의 동사서술어를 취하는 반면, 겸어문은 첫 번째 동사의 목적어가 두 번째 동사의 주어를 담당한다는 점에서 차이가 나타난다.
>
>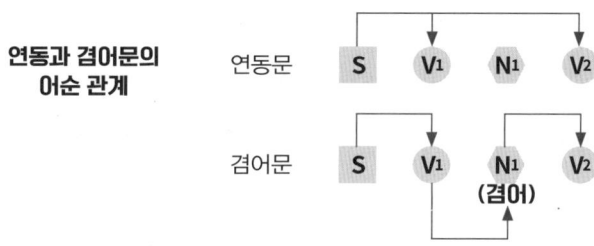

 비교문

1) 비교문比较句이란?

- 비교의 의미를 나타내는 문장이다.
- 중국어의 비교문은 크게 우등 비교문, 동등 비교문, 열등 비교문으로 나눌 수 있다. 그중 우등 비교를 나타내는 '比'자문이 가장 대표적이다. '比'자문은 성질, 정도, 수량 등의 차이를 나타낸다.
- '跟/和…一样, 像, 有' 등을 이용한 비교문은 성질이나 정도, 수량의 유사함을 나타낸다.

2) 비교문의 구분

(1) '比'자문 (우등 비교)

'比'를 통해 비교의 대상을 도입하여, 성질, 정도, 수량 등에 차이가 있음을 나타낸다.

'A비교항 + 比 + B피비교항 + 형용사/동사(구) + (비교수량보어)'

① 'A + 比 + B + 형용사/동사(구)'

今年比去年冷。

他比我喜欢看书。

② 'A + 比 + B + 형용사/동사(구) + 비교수량보어구체적 차이'

他个子比我高多了/一点儿/一些/5厘米。

今天比昨天暖和多了。

> **참고** **比자문과 得자 보어**
>
> '比'자문은 '得'자 보어와 결합하여 다양하게 활용될 수 있다.
>
> - 'A + 比 + B + 형용사/동사 + 得 + 보어' ('比'자문에 사용된 '得'자 보어: 상태보어가 정도의 차이를 설명)
>
>   他比我写得好。
>   他比我跑得快多了。
>
> - 'A + 형용사/동사 + 得 + 比 + B + 보어'('得'자 보어에 사용된 '比'자문: '比'자문이 서술어의 상태를 보충설명)
>
>   他写得比我好。
>   他跑得比我快多了。

'比'자문의 특징

① 정도의 강조에는 '很, 非常, 真'이 아닌, '还, 更'을 형용사/동사(구) 앞에 사용한다.

'A + 比 + B + 还/更 + 형용사/동사(구)' (A는 B보다 더 …하다)

我比姐姐还高。　*我比姐姐非常高。

我比哥哥更聪明。

② 부정형은 '比' 앞에 '不'를 사용하거나 (A는 B보다 …하지 않다)

'比' 대신 '没(有)'를 사용한다 (열등 비교, A는 B만큼 …하지 않다).

中国菜**不比**韩国菜清淡。

中国菜**没有**韩国菜清淡。

(2) '跟/和…一样' 비교문 (동등 비교)
- '跟/和'을 통해 비교의 대상을 도입하여 차이가 없거나 유사함을 나타낸다.

    'A비교항 + 跟/和 + B피비교항 + 一样 (+ 형용사/동사(구))'

    你看，我的帽子**跟**你的**一样**。

    今天的天气**跟**昨天**一样**好。

- 부정형은 '一样' 앞에 '不'를 추가한 '不一样'을 사용한다.

    대개 '不一样' 뒤에는 추가로 형용사/동사(구)를 사용할 수 없다.

    这件**和**那件**不一样**。　　*这件和那件不一样漂亮。

(3) '有' 비교문 (동등 비교)
- '有'를 사용하여 A와 B가 성질/수량의 정도가 유사함을 나타낸다.

    'A비교항 + 有 + B피비교항 (+ 这么/那么) + 형용사/동사(구)'

    我妈妈**有**那个明星那么漂亮。

    谁**有**我这么努力？

- 부정형은 '没有'를 사용한다. 다만, 실제 언어 환경에서는 '没有'를 사용한 비교문이 '有'를 사용한 비교문보다 많이 사용된다.

    他**没有**他弟弟出名。

    那家的西瓜**没有**我家的这么甜。

(4) '没有' 비교문 (열등 비교)
- 두 대상을 비교하여 A가 B의 정도에 다다르지 못함을 나타낸다.

    'A비교항 + 没有 + B피비교항 (+ 这么/那么) + 형용사/동사(구)'

    这里**没有**那里那么安静。

这个没有那个贵。

> **참고** 不比 vs. 没有
>
> 비교문의 부정형으로 '不比'와 '没有' 두 가지 형식이 사용되지만, 의미에는 차이가 있다.
>
> - 'A + 不比 + B + 형용사/동사(구)' (A는 B보다 …하지 않다. A≤B)
>   我不比你高。 나는 너보다 크지 않다.　　　　　　　　(작거나 같다)
>   今天不比昨天凉快。 오늘은 어제보다 시원하지 않다. (같거나 덥다, 시원할 리 없다.)
>
> - 'A + 没有 + B (+ 这么/那么) + 형용사/동사(구)' (A는 B만큼 …하지 않다. A<B)
>   我没有你高。 나는 너만큼 크지 않다.　　　　　　　　(작다)
>   今天没有昨天凉快。 오늘은 어제만큼 시원하지 않다. (덥다)
>
> - '没有'는 일반적으로 A가 B에 미치지 못한 차이를 나타내는 데 사용된다. 반면, '不比'는 A와 B의 차이를 설명하기 보다는 A와 B가 비슷함(차이가 크지 않음)을 나타내며, 보통 반박하는 어감을 가진다.

 **처치문**

1) 처치문处置式이란?

- 개사 '把', '将'이 목적어와 결합한 '개사—목적어'구가 부사어의 역할을 담당하고, 주어행위자의 동작행위로 인해 목적어한정, 수동자가 위치이동 또는 상태변화를 겪는 문장이다. '把'자문이 대표적이고, '将'은 주로 서면어에서 사용한다.
- 한정적인 사람/사물에 어떠한 변화가 일어나도록 처리한다는 뜻에서 '처치문', '처치식'이라고 한다.

'주어행위자 + 把/将 + 목적어한정, 수동자 + 서술어 + 기타성분'
他们把蚊子打死了。
他把这本书放在桌子上。

2) '把'자문의 구분

'把'자문의 목적어가 겪는 변화 의미에 따라 다음과 같이 구분할 수 있다.

(1) 위치이동
- 주어의 동작행위로 인해 목적어의 위치가 이동되거나 다른 대상자에게 전달됨을 나타낸다. 기타성분으로 개사구보어가 사용되어 구체적인 위치이동을 보충 설명한다.
- 서술어로는 '수여, 방치'의 의미를 나타내는 '放, 递, 搬, 带, 寄' 등이 주로 사용된다.
- '주술목'의 형식으로 변환할 수 없고 반드시 처치문으로 표현해야 한다.

    '주어 + 把 + 목적어 + 서술어 + [在/到/给 + 장소/수령자]' (위치이동)

    他把书放在桌子上了。　*他放在桌子上书。
    我把铅笔递给朋友了。　*我递给朋友铅笔。

(2) 상태변화
- 주어의 동작을 통해 목적어에 어떠한 상태변화가 발생함을 나타낸다. 기타성분으로 결과, 방향, 상태를 나타내는 보어가 사용되어 구체적인 변화상태를 보충 설명한다.
- '주술목'의 형식으로 변환할 수 있다.

    '주어 + 把 + 목적어 + 서술어 + [각종 보어]' (상태변화)

    我把作业做完了。　　　[결과보어]　　(我做完了作业。)
    请把菜单拿过来。　　　[방향보어]
    他把那件衣服洗得很干净。[상태보어]

3) '把'자문의 특징

(1) '把'자문의 서술어는 주로 동작성이 강한 동사가 사용되며, '有, 在, 是, 爱, 知道, 觉得' 등 대상에 대한 영향이나 상태변화를 나타내지 못 하는 동사는 사용할 수 없다.

17 중국어의 특수구문

　　我爱他。　　　　　　*我把他爱了。

　　这件事我知道了。　　*我把这件事知道了。

(2) '把'의 목적어는 반드시 한정적인 사람/사물이어야 한다.

　　他**把那本书**看完了。　　*他把一本书看完了。

　　他**把书**看完了。　　　　형식상 한정적이지 않으나 의미상 화자와 청자가 모두 아는 특정한 책

(3) 서술어 뒤에 처치 상태를 나타내는 기타성분이 사용되어야 한다.

　　기타성분으로는 주로 각종 보어가 사용되며, 동사의 유형에 따라 동사를 중첩하거나, '了'를 수반하기도 한다.

　　他**把**房间打扫**干净了**。　　*他把房间打扫。

　　请**把**菜单拿**过来**。　　　　*请把菜单拿。

　　你**把**女朋友送**到门口**吧。　*你把女朋友送吧。

　　你**把**黑板**擦擦**。　　　　　동사중첩: 뚜렷한 변화를 수반하는 동작 명령문

　　我**把**钱包**丢了**。　　　　　'了': 제거/소실류 동사 '吃, 喝, 卖, 丢, 忘, 脱' 등

(4) 조동사, 부사는 개사 '把' 앞에 사용한다.

　　我**想把**这本书送给你。

　　我**已经把**这本书看完了。

　　你**从来没把**我放在眼里。

(5) '把'자문의 서술어로는 주로 동사가 사용되지만, 형용사가 사용되기도 한다.

　　今天一整天没吃饭, **把**我**饿**死了。

　　这次旅行, 真**把**我**累**坏了。

(6) '把'자문은 동작 완성 이후의 결과상태를 나타내므로, 발생하지 않은 동작/상황에 대한 가능성을 나타내는 가능보어와 함께 사용할 수 없다.

　　他**看得懂**这本书。　　*他把这本书看得懂。

(7) '把'자문은 동작 완성 이후의 결과상태를 주요하게 나타내므로, 사건이 과거에 발생한 적이 있음을 객관적으로 나타내는 동태조사 '过'와 함께 사용할 수 없다.

这本书我看过。　　*我把这本书看过。

(8) 동작 또는 결과상태의 지속을 요구하는 명령문일 경우, 동태조사 '着'를 사용할 수 있다.

你先把这本书拿着。

你把这个纪念品留着吧。

> **참고** 주술목 vs. 把자문
>
> 일부 '把'자문은 주술목의 형식으로 변환할 수 있으나, 그 의미에는 차이가 있다. 주술목 어순으로 사용된 일반적인 평서문은 주어가 어떠한 동작을 했다는 사실만을 전달한다. 반면, '把'자문은 주어의 동작으로 인해 목적어에 어떠한 결과나 변화가 발생했음을 강조하여 나타낸다.
>
> 我做完了作业。　(숙제를 다 했다는 일반적인 사실을 나타냄)
> 我把作业做完了。(그 숙제를 완성했다는 사실을 강조하여 나타냄)

10 피동문

1) 피동문被动句이란?

개사 '被, 叫, 让'이 목적어와 결합한 '개사-목적어'구가 부사어의 역할을 담당하고, 한정적인 주어_{수동자}가 동작행위의 영향을 받아 어떠한 변화를 겪었음을 나타내는 문장이다.

'주어_{한정, 수동자} + 被/叫/让 + 목적어_{행위자} + 동사 + 기타성분'

2) 피동문의 구분

(1) '被'자문

- 피동문의 가장 대표적인 유형으로, '被'자문의 목적어는 동작행위의 행위자, 주어는 수동자이다. 주로 '원치 않은 일의 발생(不如意)'이라는 부정적인 의미를 나타낸다.

  我的自行车被弟弟骑走了。

  大家都被他的话说服了。

- 행위자를 알지 못하거나 그에 대한 설명이 필요하지 않은 경우, '被'의 목적어^{행위자}는 생략할 수 있다.

  大家被说服了。

  衣服被淋湿了。

- 서술어 뒤에 변화의 상태를 나타내는 기타성분이 사용되어야 한다. 기타성분으로는 각종 보어 및 동태조사 '了', '过'가 사용된다.

  洗手间被打扫干净了。　　*洗手间被打扫。

  爷爷被孙女搀了起来。

  他被人骂过。

- '有, 在, 是' 등 동작성이 없는 동사는 '被'자문의 서술어동사로 사용할 수 없다.

  我有这本书。　　　　　*这件衣服被我有了。

- 조동사, 부사는 개사 '被' 앞에 사용한다.

  他家的房子已经被拆了。

  他不想被大家误会。

(2) '叫'자문, '让'자문

- '叫', '让' 도 피동문을 구성할 수 있으며, 주로 구어에 사용한다.

  你让他给骗了。

  围巾叫大风吹跑了。

- '叫', '让' 피동문의 목적어^{행위자}는 생략할 수 없다.

　　那本书**叫/让**他借走了。　　*那本书叫/让借走了。

　　那本书**被**他借走了。　　那本书**被**借走了。

> **참고** **피동문의 叫/让 vs. 겸어문의 叫/让**
>
> 피동문과 겸어문은 표면적으로 '주어 + 叫/让 + 목적어 + 서술어'의 동일한 형식으로 사용되지만, 의미적으로 차이가 있다.
>
> 老师**叫**我做作业。　(겸어문, '叫'는 겸어동사로 사동 의미를 나타냄)
> 咖啡**叫**他喝了。　　(피동문, '叫'는 개사로 행위자를 도입함)

(3) 의미상 피동문^{意念被动句}

'被, 叫, 让'과 같은 형식적인 표지 없이 피동의 의미를 나타낼 수 있다. 의미상 피동문은 부정적인 의미를 내포하지 않는다.

'주어^{한정, 수동자} + 동사 + 기타성분'

作业做完了。

窗户打开了。

> **참고** **被자문 vs. 의미상 피동문**
>
> 형식상의 피동문 중 '被'는 원치 않은 일의 발생이라는 부정적인 의미를 내포하지만, 의미상 피동문은 단순히 수동자 주어의 상태변화만을 서술한다.
>
> 窗户**被**打开了。　(드러나지 않은 행위자의 영향을 받음 + 부정적 의미)
> 窗户打开了。　　　(주어^{수동자}의 상태변화를 서술)

> **참고** **피동문(被자문) vs. 처치문(把자문)**
>
> - '被'자문과 '把'자문은 형식적/의미적으로 대칭적인 관계를 보인다.
>   '被'자문: '주어한정, 수동자 + 被 + 목적어행위자   + 동사 + 기타성분'
>   '把'자문: '주어행위자   + 把 + 목적어한정, 수동자 + 동사 + 기타성분'
> - '被'자문은 주어수동자, '把'자문은 목적어수동자가 한정적이다.
>   **那张照片被**小王拿走了。   *一张照片被小王拿走了。
>   小王**把那张照片**拿走了。   *小王把一张照片拿走了。
> - '被'자문과 '把'자문은 모두 상태변화의 의미가 없는 '有, 是, 在' 등의 동사를 서술어로 사용할 수 없다. 그러나 '被'자문은 '听见, 看见, 知道, 认为' 등 일부 동사를 사용할 수 있다.
>   我们的秘密**被**他**知道**了。   *他把我们的秘密知道了。

생각해 봅시다

1. *餐桌上放着那个花瓶。
   → 餐桌上放着一个花瓶。
   존현문의 목적어는 주로 확실하지 않은 대상, 즉 비한정적인 사람이나 사물이 온다. 따라서 '一个人'과 같이 수량구가 관형어로 자주 사용된다.

2. *洗手间被打扫。
   → 洗手间被打扫干净了。
   '被'자문의 서술어 뒤에 기타성분이 사용되어야 한다. (영향의 결과 상태를 나타냄)

3. 我不比你高。 vs. 我没有你高。
   → 비교문의 부정형 '不比'와 '没有'는 의미에 차이가 있다. 'A + 不比 + B + 형용사/동사(구)'는 'A는 B보다 …하지 않다(A≤B)'를 나타내지만, 'A + 没有 + B (+ 这么/那么) + 형용사/동사(구)'는 'A는 B만큼 …하지 않다(A<B)'를 나타낸다.
   我不比你高。   나는 너보다 크지 않다.(작거나 같다)
   我没有你高。   나는 너만큼 크지 않다.(작다)

4. 我做完了作业。 vs. 我把作业做完了。

→ 주술목 어순으로 사용된 일반적인 평서문은 주어가 어떠한 동작을 했다는 사실만을 전달한다. 반면, '把'자문은 주어의 동작으로 인해 목적어에 어떠한 결과나 변화가 발생했음을 강조하여 나타낸다.

我做完了作业。　　(숙제를 다 했다는 일반적인 사실을 나타냄)

我把作业做完了。(그 숙제를 완성했다는 사실을 강조하여 나타냄)

Chapter 18 중국어의 문장

강의노트 307p | 연습문제 350p

학습목표
1. 중국어 문장의 유형과 유형별 특징에 대해 이해한다.
2. 어기조사의 용법에 대해 이해하고 설명할 수 있다.
3. 단문과 복문의 구분을 이해하고 복문의 유형과 특징에 대해 설명할 수 있다.

차례
1. 중국어의 문장
2. 문장의 구분
3. 복문

생각해 봅시다
1. 猫！
2. 谁不关心她了？
3. 他不在家吗？ vs. 他不在家吧？

 **중국어의 문장**

1) 문장sentence, 句子

- 구조적으로 독립적이고, 어기语气를 가지며, 완전한 의미를 나타내는 최소 단위이자, 문법의 가장 큰 단위이다.
- 앞·뒤에 휴지停顿를 두며, 일정한 억양语调을 가진다.
- 마침표, 물음표, 느낌표 등 문장 부호로 구분된다.

(1) 문장의 구분
- 구조에 따른 구분

주어를 갖추었는지에 따라 크게 주어서술어문과 비주어서술어문으로 나뉘고, 주어서술어문은 다시 서술어를 충당하는 성분에 따라 구분된다.

① 주어서술어문主谓句

동사서술어문, 형용사서술어문, 명사서술어문, 주술서술어문

② 비주어서술어문非主谓句

- 표현 기능에 따른 구분

평서문, 의문문, 명령문, 감탄문

(2) 단문과 복문

하나의 주어와 하나의 서술어로 구성된 문장을 단문单句이라고 한다면, 이러한 단문이 두 개 이상 연결되어 복문复句을 형성한다. 복문을 구성하는 단문은 절小句/分句이 된다.

 **문장의 구분**

1) 구조에 따른 구분

(1) 주어서술어문 主谓句

　　- 주어 主语와 서술어 谓语를 갖춘 문장이다.
　　- 서술어의 유형에 따라 동사서술어문, 형용사서술어문, 명사서술어문, 주술서술
　　　어문으로 구분된다.

① 동사서술어문 动词谓语句　`Ch. 4 동사 '동사서술어문' 참조`

　　동사(구)가 서술어를 담당하는 문장이다.

　　我们走吧！　　　　　　　단순동사서술어문

　　他有三个孩子。　　　　　동목서술어문

　　他汉语说得很流利。　　　동보서술어문

　　我吃完饭就出去了。　　　연동문

　　我请他们吃饭。　　　　　겸어문

② 형용사서술어문 形容词谓语句　`Ch. 6 형용사 '형용사서술어문' 참조`

　　형용사(구)가 서술어를 담당하는 문장이다.

　　他很忙。

　　我高兴得跳起来了。

③ 명사서술어문 名词谓语句　`Ch. 2 명사 '명사서술어문' 참조`

　　명사구 또는 수량구가 서술어를 담당하는 문장이다.

　　他上海人。

　　今天星期五。

④ 주술서술어문主谓谓语句

주술구가 서술어를 담당하는 문장이다.

他身体一直很好。

他脑子很聪明。

(2) 비주어서술어문非主谓句

- 주어 또는 서술어가 갖추어지지 않은 문장이다.
- 대화 등 일상 생활에서 자주 사용된다.

对！

猫！

是我。

下雨了。

3) 기능에 따른 구분

문장은 표현 기능, 즉 어기语气에 따라 평서문陈述句, 명령문祈使句, 의문문疑问句, 감탄문感叹句으로 구분된다.

(1) 평서문陈述句

- 어떠한 사실이나 사건/상태를 설명하고 진술하는 문장이다.
- 문미에 마침표句号 '。'를 사용한다.

这是我的书。

我不告诉你。

- 문미에 '的, 呢, 啊, 吧, 呗, 嘛' 등 어기조사를 첨가하여 다양한 어기를 나타낼 수 있다.

他会帮你的。　　확신, 긍정

本来就是这样的嘛。　　본래 그러함

(2) 명령문祈使句
- 어떠한 행위를 하거나 하지 말 것을 명령, 요구, 재촉, 권유하는 문장이다.
- 문미에 느낌표叹号 '！', 마침표句号 '。'를 사용한다.
- 주어는 2인칭대사이나, 주로 생략한다.
- 청유를 나타낼 경우, 주어로 '咱们, 我们' 등을 사용한다.
- '请, 麻烦, 劳驾', 어기조사 '吧', 동사 중첩, '一下', '好吗？' 등을 추가하여 명령의 어기를 완화할 수 있다. 단, 금지의 경우 강한 어기를 전달하므로, 어기조사 '吧' 등이 사용되지 않는다.

　　请进！
　　别睡了！
　　我们走吧！
　　*别说吧！

- 명령문의 구분

　　下来！　　　　명령
　　你帮帮他吧。　부탁
　　别看了！　　　만류
　　禁止抽烟！　　금지
　　咱们一起走吧。청유

> **참고** 快说！vs. 快说吧！vs. 快说啊！
>
> 快说！　（명령）
> 快说吧！（완화된 어기）
> 快说啊！（재촉, 책망의 어기）

> **참고** 别说！vs. 别说了！
>
> 别说！　　（금지, 타협의 여지 없음）
> 别说了！（만류, 어기조사 '了₂'를 사용하여 상태변화 요청, 어기 완화）

(3) 의문문疑问句

　　- 화자가 청자에게 물어 그 대답을 요구하는 문장이다.

　　- 문미에 물음표问号 '?'를 사용한다.

　　- 일반적으로 상승 어조를 가진다.

　　- 의문문의 구분

　　　① 주요 형식

　　　　a. 판정의문문是非问句

　　　　　· 청자에게 긍정 혹은 부정의 판단을 묻는 의문문이다.

　　　　　· 문미에 의문을 나타내는 어기조사 '吗'를 사용한다.

　　　　　　你是中国人吗？

　　　　　　　他有弟弟吗？

　　　　b. 의문대사의문문特指问句

　　　　　· 의문대사를 사용하여 사람, 장소, 시간, 상태, 방법, 성질 등을 묻는 의문문이다.

　　　　　· 문미에 '吗'를 사용하지 않는다.

　　　　　　他是谁？

　　　　　　那是什么书？

　　　　c. 선택의문문选择问句

　　　　　· 청자에게 2개 이상의 선택항을 제시하고, 그 중 하나를 선택하게 하는 의문문이다.

　　　　　· '(是)…还是…'로 물으며, 문미에 '吗'를 사용하지 않는다.

　　　　　　你喜欢吃西瓜还是草莓？

他在家还是在学校？

d. 정반의문문正反问句

- 서술어의 긍정형식과 부정형식을 연용하여 묻는 의문문이다.
- 부정형식은 문미에 위치할 수도 있다.
- 문미에 '吗'를 사용하지 않는다.

他是不是中国人？　　（他是中国人不是？）
你吃没吃饭？　　　　（你吃饭了没有？）
这件衣服漂不漂亮？

② 기타

a. 반어문反问句(의문을 가지지 않은 의문문)

- 의문문의 형식을 가지나, 화자가 이미 확실한 견해를 가지고 있어 실제로는 대답을 요구하지 않는다.

难道你还不懂吗？
我怎么能把你忘了呢？

- 부정의 형식으로 강한 긍정의 의미를 나타내고, 긍정의 형식으로 강한 부정의 의미를 나타낸다.

谁不关心他了？　　　누구나 관심이 있음
都说好了，还商量什么？　논의할 필요 없음

b. 추측의문문

- 화자가 자신의 견해, 추측, 전해 들은 소식에 대해 확신하지 못해 이를 확인하고자 사용하는 의문문이다.
- 문미에 '吧'를 사용한다.
- 주어 뒤 서술어 앞에 '是不是'를 사용한다.

这里是学校食堂吧？
他今年20岁了吧？

你<u>是</u><u>不</u><u>是</u>逃课了？

他<u>是</u><u>不</u><u>是</u>已经毕业了？

> **참고** 의문을 나타내는 어기조사 吗 vs. 吧
>
> 他不在家<u>吗</u>？　　(吗: 형식으로 바꾸고, 화자가 추측하는 바 없음, 상승 어조)
> 他不在家<u>吧</u>？　　(吧: 화자가 추측하는 바 있으나 확신하지 못함, 하강 어조)

    c. 생략의문문

    명사(구)/대사 뒤에 어기조사 '呢'를 사용하여 장소(맥락 없을 때), 상황(맥락 있을 때) 등을 묻는 의문문이다.

    妈妈<u>呢</u>？—— 她在办公室。

    我妈妈今年50岁了，你妈妈<u>呢</u>？—— 我妈妈今年55岁。

    d. 부가의문문

    평서문 뒤에 '好吗/好不好/行吗/对不对/怎么样'을 추가하여 청자의 의견을 묻거나 동의를 구하는 의문문이다.

    今天到此结束，<u>怎么样</u>？

    你先回去，<u>好不好</u>？

(4) 감탄문感叹句

    – 과장, 찬양, 의외, 놀라움, 분노 등 감정을 나타내는 문장이다.

    – 문미에 느낌표叹号 '!'를 사용한다.

    – 문미에 어기조사 '啊, 了, 呢' 등이 자주 사용된다.

    太好了！　어기조사 '了'는 부사 '太'와 함께 사용　*太好啊。

    真美啊！　어기조사 '啊'는 부사 '真'과 함께 사용　*真美了。

    好大的房子！

    这里多美呀！

 **복문**

1) 복문复句이란?

- 의미상 밀접하나 구조적으로는 독립된 두 개또는 이상의 절로 구성된 문장이다.
- 복문을 구성하는 절은 쉼표逗号 ' , ', 세미콜론分号 ' ; ' 등으로 구분한다.

2) 복문의 구분

(1) 연합복문联合复句

- 각 절의 관계가 대등하며, 의미상 주종 관계가 없는 복문이다.
- 접속사 및 부사의 도움을 받아 복문을 구성할 수 있다.
- 병렬, 연접, 점층, 선택 관계를 나타낸다.
- 연합복문의 구분

① 병렬并列

- 각각의 절이 몇 가지 사건, 여러 상황 또는 동일한 사물의 여러 측면을 설명한다.
- 주로 '也, 又, 还, 一边…一边…, 又…又…, 既…又…, 也…也…' 등이 사용된다.

  他一边看书, 一边听音乐。
  他既会唱歌, 又会跳舞。

② 연접顺承/承接

- 각각의 절이 시간 순서 또는 논리상 선후 관계에 따라 연속된 동작/사건을 설명한다.
- 주로 '又, 就, 才, 于是, 一…就…, 接着, 后来, 先…然后…' 등이 사용된다.

  明天早上我先办点事, 然后再找你。
  老师一说完, 学生们就出去排队了。

③ 점층递进
- 후행절이 선행절보다 정도, 수량, 범위, 시간 등에 있어 한층 더 심화된 의미를 나타낸다.
- 주로 '不但…而且…, 不但/不仅…还/也…, 不但…反而…' 등이 사용된다.
  他不但会说英语，而且还会说日语。
  最近我连饭都不想吃，更不用说出去逛街了。

④ 선택选择
- 각각의 절이 제시한 여러 상황 중 하나를 선택할 것을 요구한다. 의미에 따라 선택항 중 하나를 임의로 선택하는 경우와 이미 하나를 선택한 경우로 나뉜다.
- 임의 선택의 경우 주로 '(或者)…或者…, 要么…要么…, 不是…就是…' 등이 사용된다.
- 선택항 중 이미 하나를 선택한 경우 주로 '与其…不如…, 宁可…也/决不…' 등이 사용된다.
  这次会议，或者你去，或者他去，都无所谓。
  与其看这么无聊的小说，不如预习课文。

(2) 수식복문偏正复句
- 각 절의 관계가 대등하지 않고, 의미상 주종의 구분이 있는 복문이다.
- 선행절이 종속절偏句, 후행절이 주절正句이다.
- 수식복문의 구분

① 인과因果
- 선행절에서 원인/전제를 제시하고, 후행절에서 결과/결론을 설명한다.
- 주로 '因为…所以…, 由于…(因此…), 因而, 之所以…是因为…, 既然…就/那么…' 등이 사용된다.

因为天气热，所以她没去跑步。

既然如此，你就放弃吧。

② 조건条件
- 선행절에서 조건을 제시하고, 후행절에서 이에 따른 결과를 나타낸다.
- 조건의 유형에 따라 다음과 같이 구분된다.

  a. 특정조건문
  - 선행절에서 결과 실현에 필요한 하나 또는 그 이상의 조건을 제시한다.
  - 주로 '只有…才…, 只要…就…, 除非…才/否则…' 등이 사용된다.

    只要天气好，就出去散散步吧。

    除非你亲自去找他，他才会答应。

  b. 무조건문
  - 선행절은 무조건적인 상황을, 후행절은 그에 따른 결과를 제시하여, 범위 내 모든 조건에서 동일한 결과가 나타남을 의미한다.
  - 주로 '无论/不论/不管…都…' 등이 사용된다.

    无论遇到什么挫折，我们都会克服。

    不管你吃不吃，反正我要吃。

③ 가정假设
- 선행절에서 가정을 제시하고, 후행절에서 이러한 상황에서 나타날 수 있는 결과를 설명한다.
- 주로 '要是…就…, 如果…就…, 假如/倘若…就…' 등이 사용된다.

  如果中了彩票，我就辞职去全世界旅行。

  假如没有你的支持，我就不能完成这个任务。

④ 양보让步

- 선행절은 가정된 사실에 대한 인정 및 양보를 나타내고, 후행절은 그러한 조건에서도 달라지지 않는 결과나 결론을 제시한다.
- 주로 '即使…也…, 就是…也…, 哪怕…也…' 등이 사용된다.

　这道题很有难度，即使老师也回答不了。
　哪怕再大的困难，我也要坚持到底。

⑤ 역접转折

- 선행절의 사실/관점에 대해 후행절에서 대비/반대되는 사실/관점을 제시한다.
- 주로 '虽然/尽管/固然…但是/可是/然而/却…, 只是, 不过, 只不过, 倒' 등이 사용된다.

　我虽然会说英语，但是说得不怎么样。
　他下了很大的功夫，不过进步不大。

⑥ 목적目的

- 어떠한 동작행위와 그러한 동작의 목적을 설명한다.
- 주로 '为, 为了, 好, 以, 为的是, 以便' 및 '免得, 省得, 以免, 以防' 등이 사용된다.

　为了锻炼身体，我每天去健身房练瑜伽。
　你把资料传给我，以便我写报告。
　你多穿点儿衣服，省得着凉。

생각해 봅시다

1. 猫！
   → 주어와 서술어가 갖추어지지 않은 비주어서술어문이자 문미에 느낌표叹号 '!'를 사용하여 과장, 찬양, 의외, 놀라움, 분노 등 감정을 나타내는 감탄문이다.

2. 谁不关心她了？
   → 반어문(反问句)으로, 형태상으로는 의문문이나 실제 대답을 요구하지 않으며, 부정의 형태로 강한 긍정을 나타낸다. (누구나 그에게 관심이 있음)

3. 他不在家吗？ vs. 他不在家吧？
   → 他不在家吗？(吗: 화자가 추측하는 바 없음, 상승 어조)
   他不在家吧？(吧: 화자가 추측하는 바 있으나 확신하지 못함, 하강 어조)

Chapter 19

중국어의 상

강의노트 309p | 연습문제 352p

학습목표
1. 언어별 시간을 나타내는 전략의 차이에 대해 이해한다.
2. 상의 개념을 이해한다.
3. 중국어 상의 유형과 사용되는 언어 형식을 이해하고 각각의 특징을 설명할 수 있다.

차례
1. 상
2. 완료상
3. 미완료상
4. 기타상

생각해 봅시다
1. 了$_1$ vs. 了$_2$
2. 着 vs. 在
3. *五分钟以后快要上课了。

 상

1) 상aspect, 动态, 体貌이란?

시간의 개념은 인류 언어에 보편적으로 존재하고, 언어마다 이를 나타내는 문법적 수단에는 차이가 있다. 시간의 위치를 나타내는 문법적 수단(시제)이 발달할 수도 있고, 사건이 시간 속에서 띠는 모습이나 형상을 나타내는 문법적 수단(상)이 발달할 수도 있다.

① 시제tense, 时: 사건이 발생한 시간의 위치(과거, 현재, 미래 등)
  ex 영어: 과거시제 '-ed', 현재시제 '-s'
② 상: 시간 속에서 사건을 바라보는 방식. 즉, 하나의 전체로 볼 것인지 혹은 내부의 구조를 '처음, 지속, 끝'으로 나누어 볼 것인지 등의 구분(완료상, 미완료상 등)
  ex 중국어: 사건을 하나의 전체로 보는 완료상 '了₁',
         내부를 관찰하는 지속상 '着'

상은 문장 중의 주요 동사가 나타내는 사건, 상황이 어떠한 상태('시작되었음, 진행 중임, 지속되고 있음, 완료되었음' 등과 같은 상태)에 있는가를 나타내는 문법 형식이다.

- 완료상: 사건이나 상태를 구성하는 다양한 국면phase, 즉 처음, 중간, 끝 등을 구분하지 않고 이를 하나의 나눌 수 없는 전체로 인식
- 미완료상: 어떤 장면을 내부에서 바라보고 그 내적인 시간 구조를 서술

- 중국어는 상이 발달한 언어로, 동태조사动态助词 '了1', '着', '过', 부사 '在', 동사중첩 및 방향보어 '起来', '下去' 등을 통해 상을 나타낸다.
  - 완료상: 了1, 了2, 过
  - 미완료상: 着, 在
  - 기타: 要/快/快要/就要…了, VV, 起来, 下去, 来着

 **완료상**

1) 완료상 '了1'

- 동태조사 '了1'는 동사 뒤에서 사건이나 상황을 하나의 전체로 인식하고 그것이 완성 및 실현되었음을 나타낸다.
- 사건이 하나의 전체로서 파악된다는 것은 시간적, 공간적, 개념적으로 제한되었다는 것 경계성, boundedness을 의미한다.
- 완료상은 과거 시제와 잘 어울리지만, 반드시 과거 시제에만 사용되는 것은 아니며 과거, 현재, 미래에 모두 사용된다.

(1) '了1'의 특징

① '了1'가 사용된 문장은 수량보어를 수반하거나, 목적어가 고유명사 또는 수량구/지량구의 수식을 받는 경우가 많다. 이들은 사건을 개념적으로 제한해 주는 수단으로, 사건을 하나의 전체로 인식하게 한다.

我在北京住了三年。

我吃了两碗饭。　　*我吃了饭。

我已经买了那本书。*我已经买了书。

② 부정은 '没(有)'를 사용한다. 이때 '了1'는 함께 사용할 수 없다.

我没(有)吃饭。

我没(有)看电视。

③ 긍정-부정형을 연용한 정반의문문을 만들 수 있다.

你吃没吃饭？

你吃了饭没有？

④ 연동문, 겸어문에서는 주로 두 번째 동사 뒤에 '了₁'를 사용한다.

他来中国学了几年汉语。　　*他来了中国学几年汉语。　　연동문

我让他把书还给了图书馆。　　*我让了他把书还给图书馆。　　겸어문

(2) '了₁'를 사용하지 않는 경우

① 관계동사, 상태동사, 형용사는 '了₁'를 사용하지 않는다.
- 관계동사: 是, 姓, 叫, 当做, 像, 等于, 属于 등
- 상태동사: 希望, 记得, 担心, 操心, 喜欢, 讨厌, 爱 등

我觉得他有点怪。*我觉得了他有点怪。

家长们都希望自己的孩子有出息。*家长们都希望了自己的孩子有出息。

② 습관이나 반복적 상황을 나타내는 경우 '了₁'를 사용하지 않는다. 따라서 '常常', '每天', '一直', '总是' 등과 함께 사용할 수 없다.

他常常迟到。　　　　　*他常常迟到了。

我每天早上喝美式咖啡。　　*我每天早上喝了美式咖啡。

2) 완료 '了₂'

- '了₂'은 문미에서 상황, 상태의 변화를 나타내며, 현재와 연관성을 가진다.
- 청자에게 새로운 상황의 출현을 각인시키거나 새로운 정보를 알린다.

- 문장의 완결 또는 어기를 표현한다.

(1) '了₂'의 특징

① 어떠한 상황이 이미 발생했음을 나타낸다. 이때 발생한 상황은 현재와 연관성을 가진다.

　　他去学校了。　　　그가 학교에 갔고, 현재 여기에 없음

　　我毕业十年了。　　졸업을 했고, 현재 10년이 경과함

② 상황에 변화가 발생했음을 나타낸다.

　　天黑了。

　　都十一点了，还不睡觉？

　　不想去看电影了。　부정적 상황으로의 변화

③ 앞으로 발생할 변화 및 새로운 시작을 알린다.

　　吃饭了。

　　该走了。

　　快到了。

④ '别/不要' 등과 함께 사용하여 만류성 변화를 나타낸다.

　　别生气了！

　　不要走了！

⑤ 감탄을 나타낸다. 새로운 상황이 화자의 예측을 초과하였음을 나타낸다.

　　太好了！

3) 완료상 '了1'와 완료 '了2'

(1) '了'의 구분

① 동사 + '了1'(동태조사, 사건의 실현/완료)

她放下了小说, 又打开了录音机。

明天下了课, 我去找你。

② 문장 + '了2'(어기조사, 상황의 변화)

下雨了, 回屋里去吧。

小红今年十六岁了。

(2) '了1'와 '了2'의 공기

사건의 실현/완료를 나타내는 '了1'와 상황의 변화를 나타내는 '了2'이 함께 사용되면 다음과 같은 의미를 나타낸다.

① 동작 사건이 이미 완성/실현되고 그것이 현재(발화시)까지 영향을 미침을 나타낸다.

我已经写了回信了。   이미 답장을 썼고, 현재 쓸 필요가 없음

他写完了作业了。   숙제를 다 했고, 현재 할 필요가 없음

② 수량구와 함께 사용되어 현재(발화시)까지 다다른 시간/수량을 나타낸다.

我在北京住了三年了。   현재까지 베이징에서 3년을 살았음

他吃了三碗饭了。   현재까지 3그릇을 먹음

③ 단순목적어가 사용된 경우, '了2'을 추가해 문장을 완결할 수 있다. 이때 '了1'는 생략할 수 있다.

我吃(了)饭了。

> **참고 了1와 了2의 문장 활용**
>
> 我明天吃了饭，去看电影。　(두 사건의 선후 순서 표시)
> 我吃了三碗饭。　　　　　　(밥 3그릇을 먹는 사건의 완료/실현)
> 我吃了三碗饭了。　　　　　(현재까지 먹은 양이 3그릇임)
> 我吃了饭了。　　　　　　　(밥을 먹는 사건이 완료되었고, 현재까지 영향을 미침)
> 我吃饭了。　　　　　　　　(밥을 먹는 사건이 완료되었고, 현재까지 영향을 미침, 단순목적어인 경우 '了1' 생략 가능)

4) 경험상 '过'

- 동태조사 '过'는 동사의 뒤에서 과거에 발생한 동작이나 존재했던 상태를 나타낸다.
- 하나의 전체로 인식된 사건의 완료, 실현을 나타낸다는 점에서 '了1'와 유사하나, 현재와 단절된 과거의 동작 또는 상태라는 점에서 차이가 있다.

(1) '过'의 특징

① 동사 뒤에 사용되어 과거의 경험을 나타낸다. 시간상 현재와 단절되어 있다.

我看过那本书。

我以前跟她见过一次面。

② 부정은 '没(有)'를 사용한다. 이때, 동사 뒤 '过'를 생략할 수 없다. 부정문에 '还', '从来' 등의 부사를 함께 사용해 경험이 없음을 강조할 수 있다.

我没看过中国电影。

她还没有去过美国。

我从来没跟她见过面。

③ 긍정-부정형을 연용한 정반의문문을 만들 수 있다.

你去没去过北京？

你去过北京没有？

④ 성질형용사 뒤에 사용되어 과거에 이러한 상태/성질이 있었음을 나타낸다. 이때 비교 의미(현재는 그러하지 않음)를 내포한다.

我也曾经年轻过。

生活并没有简单过。

> **참고** 开心过 vs. *开开心心过
>
> 那段时间我也开心过。　　　　(성질형용사)
>
> *那段时间我也开开心心过　　(상태형용사, 존재하는 상태에 대해 묘사하기 때문)
>
> Ch. 6 형용사 '형용사중첩' 참조

3 미완료상

1) 지속상 '着'

- 동태조사 '着'는 동사의 뒤에 사용되어 상황의 지속을 나타낸다.
- 동작 과정의 지속(동태적) 및 동작 완료 후 결과상태의 지속(정태적)을 모두 나타낸다.

(1) '着'의 특징

① 정태적 상태의 지속 또는 동태적 과정의 지속을 나타낸다.

我正在开着会呢。　　과정의 지속

窗户开着呢。　　　　상태의 지속

② 첫 번째 동사 뒤에 사용되어 두 번째 동사의 동작이 진행되는 방식, 수단을 나타낸다.

她躺着看书。

他走着回家。

③ 존재문의 동사 뒤에 사용되어 존재를 나타낸다.
　餐桌上放着花瓶。
　墙上贴着一张地图。

④ 부정은 '没(有)'를 사용한다. 이때, 동사 뒤 '着'를 생략할 수 없다.
　窗户没(有)锁着。
　我没(有)带着笔记本。

⑤ 긍정-부정형을 연용한 정반의문문을 만들 수 있다.
　窗户锁没锁着？
　窗户锁着没有？

2) 진행상 '在/正/正在'
부사 '在/正/正在'는 동사 앞에 사용되어 동작행위가 진행 중임을 나타낸다.

(1) '在/正/正在'의 특징
① '在/正/正在'의 품사는 부사로, 동사 앞에 사용되어 동작이 진행 중에 있으며 아직 끝나지 않았음을 나타낸다.
　我在做作业。
　学生们正在参观博物馆。

② '在'는 동작의 진행 상태를 강조하며, 이러한 상태가 지속적이고 연속적인 경우 '一直', '总是', '每天', '还' 등과 함께 사용할 수 있다.
　她一直在等你。
　他还在看电视。

③ '正'은 동작의 시점을 강조하여 '마침(딱 그때)'의 의미를 나타내며, 단독으로 사용되지 않고 문미에 '呢'를 수반한다. 이 경우 '一直', '总是', '每天', '还' 등과 함께 사용할 수 없다.

我正吃饭呢。

他正学习呢。　　　*他一直正学习呢。

④ '正'과 '在'가 함께 쓰인 '正在'는 동작이 그 순간 진행 중임을 강조해서 나타낸다.

爸爸正在打扫客厅。　*爸爸还正在打扫客厅。

⑤ 청자의 주의를 환기시키는 어기조사 '呢'를 추가하여 어떤 동작이 진행 중임을 강조하여 나타낼 수 있다.

我在打电话呢。

我正在休息呢。

⑥ 주어가 동작의 행위자인 경우 지속상 '着'와 진행상 '在'가 함께 사용될 수 있다.

我在看着电视呢。

*电视在开着呢。

> **참고** 着 vs. 在
>
> 동태조사 '着'는 동사의 뒤에서 주로 정적인 상황의 지속을 나타낸다. 반면, 부사 '在'는 동사의 앞에서 동적인 사건의 진행을 나타낸다.
>
> 爸爸总是在沙发上躺着。
>
> 很多人在跳广场舞。

 **기타상**

1) 임박상 '快/要/快要/就要…了₂'

- '快/要/快要/就要…了₂' 등은 동작/행위/상태가 가까운 미래에 발생할 것임을 나타낸다. 이를 '임박상'이라고 한다.
- '就要…了₂'은 시간사와 함께 사용할 수 있으나, '快(要)…了₂'은 불가능하다. '快(要)'는 시간의 빠름을 객관적으로 나타내는 반면, '就要'는 시간의 빠름에 대한 주관적 판단을 나타내어 시간사의 사용에 제약을 받지 않는다.

  飞机快要/就要起飞了。

  五分钟以后就要上课了。　*五分钟以后快要上课了。

2) 잠시상/시도상 '동사중첩'

동사중첩은 동작 시간의 짧음 또는 시도의 의미를 나타낸다. 이를 '잠시상/시도상(또는 순간상)'이라 한다.

他五分钟后回来，你等一等吧。　　잠시상

这件衣服你试试看吧。　　　　　　시도상

3) 시작상 '起来'

- 복합방향보어 '起来'는 서술어 뒤에서 동작이나 상태의 시작 및 지속을 나타낸다. 이를 '시작상'이라고 한다.
- 목적어를 수반할 경우 목적어는 '起'와 '来'의 사이에 출현한다.

  天气慢慢暖和起来了。

  外边突然下起雨来了。

4) 계속상 '下去'

복합방향보어 '下去'는 서술어 뒤에서 어떠한 동작이 현재부터 미래까지 계속됨을 나타낸다. 이를 '계속상'이라고 한다.

无论碰到什么困难，我们都应该坚持下去。

你按照这个计划继续干下去吧。

5) 근과거상 '来着'

- 어기조사 '来着'는 문미에서 어떤 상황이 가까운 과거에 발생한 적이 있음을 나타낸다. 이를 '근과거상'이라고 한다.
- 주로 구어체의 평서문이나 의문대사의문문에서 사용한다.
- '来着'는 상황이 반드시 발생한 적이 있음을 전제하므로, 부정문에는 사용하지 않는다. 다만, 만류를 나타내는 '别/不要'와는 사용할 수 있다.

你刚才说什么来着？

我刚才看电影来着。

你别告诉妈妈我逃课来着。 *你没告诉妈妈我逃课来着。

생각해 봅시다

1. 了1 vs. 了2

    → 了의 구분과 사용 규칙은 다음과 같다.

    我明天吃了1饭，去看电影。(두 사건의 선후 순서 표시)

    我吃了1三碗饭。　　　　　(밥 3그릇을 먹는 사건의 완료/실현)

    我吃了1三碗饭了2。　　　 (현재까지 먹은 양이 3그릇임)

    我吃了1饭了2。　　　　　 (밥을 먹는 사건이 완료되었고, 현재까지 영향을 미침)

    我吃饭了2。　　　　　　　(밥을 먹는 사건이 완료되었고, 현재까지 영향을 미침, 단순 목적어인 경우 '了1' 생략 가능)

2. 着 vs. 在

    → 동태조사 '着'는 동사의 뒤에서 주로 정적인 상황의 지속을 나타낸다. 반면, 부사 '在'

는 동사의 앞에서 동적인 사건의 진행을 나타낸다.

爸爸总是在沙发上躺着。　　(정적인 상황의 지속)

很多人在跳广场舞。　　(동적인 사건의 진행)

3. *五分钟以后快要上课了。

　→ 五分钟以后就要上课了。

'就要…了$_2$'은 시간사와 함께 사용할 수 있으나, '快(要)…了$_2$'은 불가능하다. '快(要)'는 시간의 빠름을 객관적으로 나타내는 반면, '就要'는 시간의 빠름에 대한 주관적 판단을 나타내어 시간사의 사용에 제약을 받지 않기 때문이다.

Chapter 20 중국어의 주요 문법 원리

강의노트 312p | 연습문제 354p

학습목표
1. 중국인의 사유체계가 반영된 주요 문법 원리에 대해 이해한다.
2. 한정성에 대해 이해하고 중국어 문장에 올바르게 적용할 수 있다.
3. 시간순서원칙에 대해 이해하고 중국어의 어순 체계를 파악할 수 있다.

차례
1. 한정성
2. 시간순서원칙

생각해 봅시다
1. 朋友来了。 vs. 来朋友了。
2. 他很开心地说着。 vs. 他说得很开心。
3. 他把墙上的地图摘了。 vs. 他挂地图挂在墙上。

 한정성

1) 한정성definiteness, 有定이란?

- '한정성'은 화자가 발화한 명사구에 대해 청자가 그 대상을 특정 사물과 일치시켜서 담화 가운데 존재하는 같은 부류의 여러 실체 사이에서 구분할 수 있는지에 대한 화자의 예측과 관련된다.
- 화자가 가리키는 임의의 대상을 청자가 구분할 수 있다고 화자가 예측할 수 있는 것을 '한정성'이라고 하고, 청자가 이를 구분할 수 없다고 화자가 예측하는 것을 '비한정성indefiniteness, 无定'이라고 한다.
- 중국어의 명사구는 유형에 따라 한정성에 차이가 나타난다(陈平 1987).
  아래 표에서 A로 갈수록 한정적이고, G로 갈수록 비한정적인데, A,B,C는 중국어의 전형적인 한정적 명사구이고, F,G는 비한정적 명사구이다. D와 E는 맥락에 따라 한정, 비한정으로 해석될 수 있다.

한정성 등급 ↑↓		명사구 유형	예시
	A	인칭대사	我们
	B	고유명사	中国
	C	这/那 (+ 양사) + 명사	这本书
	D	단순 명사	书
	E	수사 (+ 양사) + 명사	五本书
	F	一 (+ 양사) + 명사	一个人
	G	양사 + 명사	(来)个人

- 한정성은 화자와 청자가 동시에 알고 있는 정보로써, 구정보old information, 旧信息, 화제topic, 话题와 관련된다.
- 비한정성은 화자는 알지만 청자는 모를 것이라고 화자가 가정하는 정보로써, 신정보new information, 新信息, 진술comment, 述题과 관련된다.

2) 한정성과 중국어

- 한정성은 중국어 명사(구)의 통사적 위치 및 문법기능에 영향을 미치는 중요한 개념이다.
- 서술어를 중심으로 한정성이 높은 명사구는 서술어의 앞에서 주어로, 비한정성이 강한 명사구는 서술어의 뒤에서 목적어로 사용되는 강한 경향성을 가진다.
- 한정성은 중국어의 어순 및 존현문, '把'자문 등의 성립에 영향을 미친다.

(1) 한정성과 주어, 목적어

- 주어는 한정적 명사구가 사용된다.

  那个人来了。　　　*一个人来了。

- 목적어는 주로 비한정적 명사구가 사용된다. 한정적 명사구도 목적어로 사용될 수 있으나, 이 경우 문두로 이동하는 경향이 있다.

  我看了一本小说。 비한정적 목적어
  我看了那本小说。 한정적 목적어
  那本小说我看了。 한정적 목적어, 화제화

(2) 한정성과 존현문

사람/사물이 존재하는 상태, 출현 및 소실을 나타내는 존현문의 목적어는 비한정적 명사구가 사용된다.

  学校前面有一家咖啡厅。　　*图书馆前面有这家咖啡厅。
  昨天来了一位客人。　　　　*昨天来了那位客人。

(3) 한정성과 '把'자문

'把'자문은 목적어가 겪는 위치이동 또는 상태변화를 주요하게 나타내므로, '把'자문의 목적어는 한정적 명사구가 사용되어야 한다.

  他把这瓶啤酒喝完了。　　　*他把一瓶啤酒喝完了。

> **참고** 朋友来了。 vs. 来朋友了。 vs. 我把朋友介绍给他。

중국어 명사구는 유형에 따라 한정성에 차이가 있는데, 단순 명사는 맥락에 따라 한정성과 비한정성을 모두 나타낼 수 있다.

朋友来了。　　　　　(주어한정적, 화자와 청자가 모두 아는 그 친구)
来朋友了。　　　　　(목적어비한정적, 청자는 알지 못 하는 어떤 친구)
我把朋友介绍给他。('把' 목적어한정적, 화자와 청자가 모두 아는 그 친구)

> **참고** 作业你交好了吗？ vs. 你把作业交好了吗？

동일하게 한정적 명사구를 사용한 문장이라도 문장의 유형에 따라 전달하는 의미가 달라질 수 있다.

作业你交好了吗？
(화자와 청자가 알고 있는 그 숙제를 제출했는지 여부를 묻는 단순 질문)

你把作业交好了吗？
(화자와 청자가 알고 있는 그 숙제를 어떻게 처리했는지를 추궁하는 질문)

 시간순서원칙

1) 시간순서원칙 The Principle of Temporal Sequence, PTS이란?

- "두 통사 단위의 상대적 순서는 그들이 나타내는 개념 영역 속 상태의 시간순서에 의해 결정된다(Tai 1985/1988)."
- 중국어는 고립어로 어순 의존도가 높은 언어이다. 따라서 중국어의 동사와 관련된 성분들(서술어, 부사어, 보어 등)은 사건이 발생한 순서에 따라 배열되는 '시간순서원칙'을 준수한다.

2) 시간순서원칙과 중국어

시간순서원칙은 부사어, 보어, 서술어 등의 문장 내 배열 순서에 영향을 미칠 뿐 아니라, 연동문, 겸어문 등 특수구문의 형성에도 중요한 역할을 한다.

(1) 시간순서원칙과 부사어, 보어

중국어의 부사어와 보어는 서술어 사건을 중심으로 시간순서원칙에 따라 배열된다.

① 부사어 vs. 상태보어

부사어는 서술어 사건의 방식 및 묘사를, 보어는 서술어 사건의 결과 및 평가를 나타낸다.

他很开心地说着。   他很开心 → 他说, 부사어: 말하는 방식에 대한 묘사

他说得很开心。   他说 → 他很开心, 보어: 말하는 모습에 대한 평가

② 개사구부사어 vs. 개사구보어

개사구부사어는 주로 장소, 시간, 방식 등 사건 이전의 상황을 나타내므로 서술어 앞에 위치하지만, 사건의 결과, 종착지 등을 나타낼 경우 서술어 뒤에 위치할 수 있다.

他在图书馆学习。   他在图书馆 → 他学习

*他学习在图书馆。

他在马背上跳。   他在马背上 → 他跳, 부사어: 장소

他跳在马背上。   他跳 → 他在马背上, 보어: 종착지

③ 시간부사어 vs. 수량보어

부사어는 사건의 발생시간을 제한하는 '시점'을 나타내고, 보어는 사건의 지속시간 또는 완료 후 경과시간인 '시구간'을 나타낸다.

他昨天学习了三个小时。   부사어 '昨天': 시점, 보어 '三个小时': 시구간

*他三个小时学习了昨天。

(2) 시간순서원칙과 특수구문

① 연동문

연동문을 구성하는 두 동사구는 시간순서원칙에 따라 배열되고, 이에 따라 연속된 동작, 목적, 결과, 방식/수단 등 다양한 의미관계를 나타낸다.

我回家休息。   我回家 → 我休息, 연속된 동작

*我休息回家。

他坐高铁来这儿。   他坐高铁 → 他来这儿, 방식/수단

他来这儿坐高铁。   他来这儿 → 他坐高铁, 목적

② 겸어문

겸어문을 구성하는 두 동사구 역시 시간순서원칙에 따라 배열된다.

妈妈让我做作业。   妈妈让我 → 我做作业

*我做作业妈妈让。

③ '把'자문

'把'자문은 시간순서원칙에 따라 먼저 처치의 대상을 확정하고('把' + 목적어) 그 뒤에 동작행위 및 결과를 나타낸다.

他把衣服脱了。   他把衣服 → 他脱衣服

*他脱了把衣服。

④ 동사복사문

동사복사문은 시간순서원칙에 따라 먼저 목적어에 대한 동작행위가 이루어지고 그에 따른 결과가 나타나는 '동사 + 목적어 + 동사 + 보어'의 어순으로 배열된다.

他吃生鱼片吃惯了。   他吃生鱼片 → 他吃惯

*他吃惯了吃生鱼片。

> **참고** 他把墙上的地图摘了。 vs. 他挂地图挂在墙上。

시간순서원칙에 따라 선택할 수 있는 구문에도 차이가 발생한다.

他把墙上的地图摘了。　　*他把墙上的地图挂了。

(처치 대상의 확정 → 행위 및 결과, 벽 위 그림 → 그림을 떼어냄)

他挂地图挂在墙上。　　*他摘地图摘在墙上。

(목적어에 대한 동작행위 → 결과, 그림을 걸음 → 벽 위 그림)

생각해 봅시다

1. 朋友来了。 vs. 来朋友了。
   → 한정성의 영향을 받아
   朋友来了。 화자와 청자가 모두 아는 그 친구 (주어한정적)
   来朋友了。 청자는 알지 못 하는 어떤 친구 (목적어비한정적)

2. 他很开心地说着。 vs. 他说得很开心。
   → 시간순서원칙에 따라
   부사어: 기쁘다 → 말하다 (말하는 방식에 대한 묘사)
   보어: 말하다 → 그 모습이 신나다 (말하는 모습에 대한 평가)

3. 他把墙上的地图摘了。 vs. 他挂地图挂在墙上。
   → 시간순서원칙에 따라
   '把'자문: 처치 대상의 확정 → 행위 및 결과(벽에 그림이 존재해야 그것을 떼어낼 수 있음)
   동사복사문: 목적어에 대한 동작행위 → 결과(그림을 걸어야 벽에 그림이 존재)

부록

강의노트

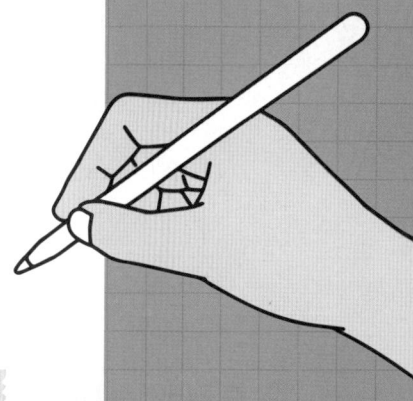

한국문화사 독자자료실 접속 → 중국어 문법 강의 폴더 → 답안지 다운로드

Chapter 1. 중국어 문법 개관

1. 문법

1) ____이란 광의(广义)로는 '언어에 관한 모든 규칙 및 이를 연구하는 학문', 협의(狭义)로는 ____, ____, __를 구성하고 운영하여 올바른 ____을 형성하는 규칙과 방법을 가리킨다.

2) 문법단위(_____)

   (1) 문장(sentence, 句子): 구조적으로 독립적이고, 완전한 의미를 나타내는 최소 단위이자, 문법의 가장 큰 단위이다. 또한 모든 문장은 ____(intonation, 语调), ____(mood, 语气), _____(标点符号)를 갖추어야 한다.

   (2) 구(phrase, ____): 두 개 이상의 단어로 이루어진 단위이다.

   (3) ____(word, 词): 자유롭게 운용될 있는 최소 단위이다.

음절	내부구조	
일음절어:예)_____	____:예)大, 才, 沙发	
이음절어:예)医生, 应该	복합어	합성어:예)学生, 中国人, 图书馆
_____:예)玻璃杯, 图书馆, 奥林匹克		____:예)桌子, 老虎

   (4) 형태소(morpheme, 语素): ____와 ____를 가진 최소____이다.

음절	독립성
일음절형태소:예)_____	자립형태소:예)_____
다음절형태소:예)玻璃, 葡萄, 巧克力, 奥林匹克	____형태소:예)老-, 小-, -子, -儿, -头

2. 중국어의 품사

- 품사(____)는 문법적 기능에 따라 분류한 단어의 부류로 12품사로 구분하고, 12품사는 명사(名词), 대사(代词), 수사(数词), 양사(量词), 동사(动词), 형용사(形容词), 부사(副词), 개사(____), 조사(助词), 접속사(连词), 감탄사(叹词), 의성사(_____)가 있고, 실질적인 의미를 가지는 ____(content word, 实词)와 문법적 기능만을 나타내는 허사(function word, ____)로 구분할 수 있다.

3. 중국어의 구

- 중국어의 구는 단어 간 _____ 및 _____의 기능적 특징에 따라 유형을 구분할 수 있다.

1) 내부 의미 구조: 주술구, 술목구, 수식구, 술보구, 연합구, 동위구
2) 중심어의 기능적 특징: 명사성구, 동사성구, 형용사성구

4. 중국어의 문장

1) 문장성분(句子成分)은 문장에서 문법적 ____과 ____을 하는 단어와 구를 가리킨다.

한국어	영어	중국어	의미
주어	subject	主语	서술어가 나타내는 동작이나 상태의 주체로 서술어의 대상
____	predicate	谓语	주어의 동작, 상태, 성질 따위에 대한 진술
목적어	____	宾语	서술어를 구성하는 동사의 지배를 받는 대상, 동작의 대상
관형어	_____	定语	____성분(명사, 체언성 대사)의 앞에서 수식하는 성분으로, ____, 성질, 수량 등
부사어	adverbial	____	____성분(동사, 형용사)의 앞에서 이를 수식하는 성분으로, 정도, ____, 시간, 장소, 상태 등
보어	complement	补语	서술어(동사, 형용사)의 __에서 서술어가 나타내는 사건이나 상황/상태의 결과, 방향, ____, 정도, ____, 수량, 장소 등

2) 기본 어순

 - 중국어의 문장성분은 주요성분인 주어, 서술어, 목적어가 '주어-서술어-목적어(목적어를 가지는 서술어는 사실상 동사이므로 이를 ____ 어순이라 한다)'의 순서로 배열되고, '주어-서술어-목적어'를 중심으로 부가성분인 _____와 부사어 및 보충성분인 ____가 수의적으로 부가되어 문장을 이룬다.

3) 품사와 문장성분

 - 중국어는 단어, 구, 문장의 _____ 관계가 일치하는 특징이 있다.

구성 구조	단어	구	문장
주어+_____	心疼	脑子聪明	他很聪明。
서술어+_____	知己	看电影	看电影吧。
서술어+____	说明	吃饱	吃饱了。
_____+피수식어	黑板	黑裙子	好美的风景!
병렬	朋友	吃、喝、玩	一边喝茶一边聊天儿。

5. 중국어의 문장 유형

1) 서술어 유형에 따른 구분

 (1) ____서술어문(动词谓语句): 我看。

 (2) _____서술어문(形容词谓语句): 她很忙。

 (3) ____서술어문(名词谓语句): 现在早上八点整。

 (4) 주술서술어문(____谓语句): 大象鼻子很长。

2) 문장 어기(mood, ____)에 따른 구분

 (1) 평서문(____句): 어떠한 사실이나 사건/상태를 설명하고 진술하는 문장이다.

(2) 의문문(疑问句): 화자가 청자에게 물어 그 대답을 요구하는 문장이다.

(3) 명령문(___句): 어떠한 행위를 하거나 하지 말 것을 명령, 요구, 재촉, 권유하는 문장이다.

(4) 감탄문(___句): 과장, 찬양, 의외, 놀라움, 분노 등 감정을 나타내는 문장이다.

3) 특수구문

- 중국어의 기본 어순은 '주어+서술어+목적어(SVO)'이지만, 이와는 다른 독특한 형식으로 별도의 의미를 나타내는 것으로 '是'자문, '是……的'문, '有'자문, _____, 연동문, 겸어문, 비교문, 처치문('把'자문), _____ 등이 있다.

6. 중국어의 유형적 특징

(1) 중국어는 형태 변화가 없는 고립어(_____)로 문장의 의미는 '___'과 '___'를 통해 나타난다.

(2) 중국어는 성조를 가진 언어로 중국어 보통화(_____)는 4개의 성조를 가진다.

(3) 중국어의 기본 어순은 '주어-서술어-목적어(SVO)'이다.

(4) 중국어는 ___가 매우 발달한 언어로, 명사의 수를 나타낼 때에는 반드시 양사를 함께 사용해야 한다.

(5) 중국어의 동사와 관련 성분들(서술어, 부사어, 보어 등)은 ___이 발생한 순서에 따라 어순이 결정된다.

(6) 중국어는 '___(topic, 话题) 중심 언어'로, 문장의 첫 부분에 두 개의 명사(구)가 사용되는 경우가 많다.

(7) 중국어는 _____ 언어이다.

Chapter 2. 명사

1. 명사

1) 명사(名词)란 사람, 사물, ___, ___ 등을 나타내는 단어이다.

2) 명사의 분류

    (1) 고유명사(_____): 인명, 지명, 국명 등 고유한 사물의 명칭을 나타내는 명사, 예) 中国, 首尔, 长城

    (2) 보통명사(普通名词): 일반적인 대다수의 명사, 예) 人, 人类, 友谊

    (3) 장소명사(_____): 장소를 나타내는 명사, 예) 教师, 门口, 附近

    (4) 방위명사(方位名词): 방위를 나타내는 명사, 예) _____

    (5) 시간명사(时间名词): 시간을 나타내는 명사, 예) _____

3) 명사의 기능

한국어	영어	중국어	예시
주어	subject	主语	菜都准备好了。
목적어	____	宾语	他学习汉语。
관형어	_____	定语	我没有汉语书。
부사어	adverbial	____	我们里面谈。(___명사), 我刚才在路上碰到他。(___명사), 我在学校学习。(___+명사)
____	predicate	谓语	今天星期五。(___), 老王上海人。(___)

4) 명사의 특징

    (1) 명사는 지량구/수량구('_____/수사+양사')의 수식을 받는다.

    (2) 접미사 '_'을 사용해 복수를 나타낼 수 있다. 중국어는 복수 표현이 발달한 언어가 아니며, 사람을 가리키는 명사에만 복수 접미사 '们'을 사용할 수 있다. 그러나 사물이나 '____+명사', _____의 사용 등을 통해 이미 복수의 의미를 나타내는 경우에는 추가로 '们'을 부가하지 않는다.

    (3) 부정부사 '不'를 포함하여 부사의 수식을 직접 받지 않는다.

    (4) ___의 성질을 가지는 일부 일음절 명사는 중첩하여 사용할 수 있으며, 이때는 '매…, 모든…'의 의미를 가진다.

2. 방위명사

1) 방위명사(_____)란 방향, 위치를 나타내는 단어이다.

2) 방위명사의 분류

단순 방위명사	___ 방위명사
上 下 前 后 里 外 左 右 东 西 南 北 旁 中	上面 下边 前面 里头 左边 北面

3) 방위명사의 기능 및 특징

　(1) 단순 방위명사는 단독으로 사용되지 않고, 다른 단어와 결합한 _____의 형태로 사용된다.

　(2) ____ 방위명사는 단독으로 사용되거나, 다른 단어와 함께 사용될 수 있다.

　(3) 방위명사는 다른 단어와 결합한 방위구의 형식으로 ____, 시간, ____ 등을 나타낸다.

　(4) '上/下/前/后'가 시간명사와 결합할 경우, 시간명사 _에 사용된다.

　(5) ____명사가 장소를 나타내는 경우, ____명사나 ____대사 '这儿/那儿'을 추가하여____
　　 ____해야 한다. 단, 국가명, 지명은 방위명사와 같이 사용되지 않는다.

3. 시간명사

1) 시간명사(____名词)란 시간을 나타내는 단어이다.

2) 시간명사의 분류

　(1) 시점(____): 특정 시점을 나타낸다.

　(2) 시구간(____): 동작행위/상황이 지속된 시간이나 동작 완료 이후 경과한 시간의 양을 나타낸다.

3) 시간명사의 기능

　(1) 주어와 _____를 충당한다.

　(2) _____로 사용될 때는 뒤에 구조조사 '的'를 추가해야 한다.

　(3) _____로 사용되어 주로 서술어 앞에 출현하지만, 주어 앞에도 사용할 수 있다.

4. 명사서술어문

1) 명사서술어문(_____)이란 명사(구) 또는 수량구가 서술어를 담당하는 문장이다.

2) 명사서술어문의 분류

구분	예시
시간, ____, 날씨, 날짜, 가격 등	我二十岁。
____, 출신	明天中秋节。
신분, ____, 직업 등	他中文专业，我英文专业。

3) 명사서술어문의 특징

　(1) 부정은 부정부사 '不'가 아닌 '____'를 사용해야 한다.

　(2) 의문문은 명사 앞에 '是'를 추가한 뒤 '是+명사+__?'의 형태로 사용한다.

Chapter 3. 대사

1. 대사

1) 대사(代词)란 단어, 구, 문장을 대체(____), 지칭(____)하는 기능을 담당하는 단어로 명사, 동사, 형용사, 수량사, 부사를 대체하고 사람이나 사물 등 ____뿐 아니라 ____ 및 ____ 역시 지칭할 수 있다.

2) 대사의 분류

 - 대사는 지칭 대상에 따라 ____대사(사람, 사물을 대체), ____대사(사람, 사물, 상황을 지칭하거나 구별), ____대사로 분류된다.

3) 대사의 기능

문장성분	대사의 분류	예시
주어	_____	谁是你的汉语老师?
목적어	_____	她不在这里。
관형어	_____	你的书包呢?
부사어	_____	这个字怎么写?
서술어	_____	你最近怎么样?
보어	_____	文老师讲得怎么样?

2. 인칭대사

1) 인칭대사(人称代词)란 사람, 사물을 대체(____)하거나 지시(____)하는 단어이다.

2) 인칭대사의 분류 예)我, 你, 他/她/它, 自己, 别人, 人家 등

3) 인칭대사의 특징

 (1) 단수 대사에 복수접미사 '__'을 추가하여 복수를 나타낼 수 있다.

 (2) 중국어에는 인칭 높임 표현으로 '__'이 사용되지만, 그 복수 표현인 '____'은 사용하지 않는다.

 (3) 1인칭 복수형식(우리)는 ____를 포함하는지 여부에 따라 '我们'과 '咱们'으로 구분된다. '____'은 청자를 포함하는 '우리'만을 나타내는 반면, '____'은 청자를 포함하거나 포함하지 않는 '우리'를 모두 나타낼 수 있다.

 (4) 1/2/3인칭, 단/복수와 상관없이 그 사람 자신을 가리키는 것을 '자칭'이라고 하고, 다른 사람을 가리키는 것을 '타칭'이라고 한다. 자칭으로는 '____'가, 타칭으로는 '别人', '人家'가 주로 사용된다. 단, '____'는 화자 자신을 가리킬 수도 있다.

	自己	人家	別人
자칭	'자기 자신'을 가리킴. 단독으로 사용되거나, 사람/사물을 가리키는 ___/___와 함께 사용 每个人都爱自己的母校。 일반적인 ___ 사람/사물 '자기 자신' 가리킴 自己的问题自己解决。	'화자 자신'을 가리킴. 주로 친숙한 상황에서 ___과 ___의 뉘앙스를 나타냄 人家不想去啦。	
타칭		___이고 ___인 '다른 사람'을 가리킴. '人家'가 지시하는 사람은 주로 앞뒤 문맥에 제시되지만, 제시되지 않더라도 그 대상을 유추할 수 있음 你看人家小王多勇敢！ ___ '다른 사람'을 가리킴. 你只有尊重人家/别人，人家/别人才会尊重你。	화자와 청자의 인식 범주 내에서, 가리키는 대상을 제외한 '____'을 가리킴 除了小刘以外，别人都来了。

3. 지시대사

1) 지시대사(指示代词)란 사람, 사물, 상황을 ___하거나 ___하는 단어이다.

2) 지시대사의 분류 예) 这, 这些, 那, 那些, 这儿, 那里, 这么, 那样 등

3) 지시대사의 특징

(1) '这'는 화자와 가까운 거리의 사람/사물을 지시(근거리 지시___), '那'는 화자와 먼 거리의 사람/사물을 지시(원거리 지시___)하며, 단독으로 사용할 수 있다.

(2) '这/那+(수사)+양사+명사'의 형식을 구성하며, ___적인 대상을 지시한다.

(3) '这儿/那儿', '这里/那里'는 ___를, '这时/那时', '这会儿/那会儿'은 ___을 나타내며, 각각 근거리 지시와 원거리 지시를 의미한다.

(4) 인칭대사나 사람/사물을 나타내는 보통명사가 장소를 나타내는 경우, 명사 뒤에 '这里/这儿/那里/那儿'을 추가하여 ___ 할 수 있다.

4. 의문대사

1) 의문대사(_____)란 의문을 나타내는 단어이다.

2) 의문대사의 분류 예) 谁, 什么, 哪, 哪儿/哪里, 哪里, 多少, 怎样, 怎么样 등

3) 주요 의문대사

(1) __(누구): 사람을 물을 때 사용하고, 주어, 목적어, 관형어로 사용되며, ___를 충당할 경우에는 구조조사 '的'를 수반한다.

(2) 什么(무엇): 사물을 물을 때 사용하고 '什么人(사람)', '什么时候(시간)', '什么地方(장소)', '为什么(원인)' 등의 형태로 사용한다.

(3) __(어느): 지정된 사람과 사물을 물을 때 사용하며, 이 경우 '哪'는 단독으로 사용하지 못하고, 뒤에 _____를 취해야 한다.

(4) 哪儿/哪里(어디): 장소를 물을 때 사용하고, _____에 사용되어 장소가 아닌 ____의 의미를 나타낼 수 있고, 생각하고 있는 가능성에 대한 부정 또는 어떠한 상황에 대한 부정을 나타낸다.

(5) 几/多少(몇, 얼마): 수량을 물을 때 사용하고, '__'는 주로 한 자릿수의 적은 수량에, '____'는 많은 수량에 사용한다. 이때 '几'를 사용해 불확실한 숫자를 나타내고, 반드시 ____와 함께 사용하지만, '____'는 단독으로 사용 가능하다.

(6) __(얼마나): 형용사 앞에서 나이, 길이, 무게 등을 물을 때 사용하고 이때, 형용사는 _____ 의미를 나타내는 형용사만 올 수 있다.

(7) 为什么(왜): ____ 혹은 ____을 물을 때 사용한다.

(8) ____(어떻게, 어째서, 어떠하다): 동작행위의 ____(어떻게), ____(왜, 어째서), 사람 또는 사물의 성질이나 상태(어떠하다)를 물을 때 사용하고, '怎么+这么/那么+형용사'의 구조로 형용사의 정도를 강조할 수 있다. 이때, '这么/那么' 외에 다른 _____는 사용할 수 없다. 또한 부정부사 '不', '没' 뒤에 사용하여 '그다지', '별로'와 같이 정도가 낮음을 나타내며, _____에 사용되어 생각하고 있는 가능성에 대한 부정을 나타낼 수 있다.

(9) 怎么样(어때/어떠합니까): 사람이나 사물의 ____이나 ____를 물을 때 사용한다.

4) 의문대사의 특수 용법(의문대사의 非의문 용법)

구분	의미	예시
임의지칭 (____)	일정 범위에 속한 임의의 대상을 지시 주로 부사 '__/__'와 호응하여 사용	谁都可以参加。 (임의의 모든 사람)
	'의문대사A…, (就) 의문대사A…'와 같이 동일한 의문대사가 문장의 앞뒤 호응하여 사용 앞의 의문대사는 임의의 대상을 지시하고, 뒤의 의문대사는 앞의 것과 _____ 대상을 지시	谁愿意去，谁就去。 (누구든)
____지칭 (虛指)	잘 모르거나 확정되지 않은 어떤 사람, 사물, 상황 등을 지시	我的手机好像被谁拿走了。 (누군가)

Chapter 4. 동사

1. 동사

1) 동사(____)란 사람이나 사물의 동작, 행위, 심리, ____, 변화, 소실 등을 나타내는 단어이다.

2) 동사의 분류

의미	기능
①동작동사: 동작이나 행위를 나타내는 동사 지속동사:예)等, 站, 坐, 躺 등 ____동사:예)死, 来, 去, 到 등 ②상태동사: 생리, 인지, 심리상태 등을 나타내는 동사 생리동사:예)_____ 등 인지동사/심리동사:예)明白, 了解, 喜欢, 爱 등	①자동사: 목적어를 수반하지 않는 동사 일반:예)来, 去, 站, 坐, 死 등 ____동사:예)见面, 结婚, 睡觉, 毕业, 聊天 등
③____동사: 주어와 목적어 간의 관계를 나타내는 동사 예)是, 叫, 姓, 属于, 成为 등	②____: 목적어를 수반하는 동사 일반:예)看, 吃, 听, 写, 学习 등 ____:예)教, 给, 送, 问, 还, 借, 叫 등

3) 동사의 기능 및 특징

– 문장의 _____로 사용되고, 일부 동사(구)는 주어, _____, 목적어, 보어, _____를 충당한다.

4) 동사의 특징

   (1) 서술어로 사용된 동사는 _____나 ____를 취할 수 있다.

   (2) 부정을 나타내는 부사 '不', '没'를 통해 부정한다.

   (3) 동사 뒤에 _____ '了', '着', '过'가 출현할 수 있다.

   (4) ____이 가능하다.

   (5) 일반적으로 부사의 수식을 받으나, _____ '很, 非常, 特别, 有点儿' 등의 수식은 받을 수 없다. 단, 감정 상태나 ____를 나타내는 동사는 정도부사의 수식을 받을 수 있다.

2. 이합사

1) 이합사(_____)란 결합(合)했을 때는 ____처럼 쓰이고, 분리(离)했을 때는 __처럼 사용되는 특수한 단어로서 주로 '동사(V)+목적어(O)'의 내부 구조를 가진다.

2) 이합사의 특징

   (1) 대개 이음절로 구성되며, '동사+_____'의 결합이 주를 이룬다.

   (2) 이합사 __에는 목적어를 추가할 수 없다(_____). 따라서 목적어는 이합사 ____에 추

가하거나 _____의 형태로 부사어나 보어로 출현한다.

(3) '동사–목적어' ___에 '了/着/过', 양사, ___ 등이 추가될 수 있다.

3. 동사중첩

1) 동사중첩의 의미와 형식

의미	형식
①동작 시간의 ___	①일음절 동사: AA, A一A, A了A
②'한 번 해 보다'라는 ___	②이음절 동사: ABAB, AB了AB
③가벼운 어기, ___ 표현	③___: AAB, A了AB
④가볍고 _____ 하는 동작	

2) 동사중첩의 의미와 형식

(1) 중첩된 동사 뒤에는 상(___) 의미를 나타내는 동태조사 '了/着/过'가 사용되지 않으며, 시간사 '正在', '一边…, 一边…', ___ 등은 함께 사용할 수 없다. 단, '_'는 'A了A', 'AB了AB'와 같이 중첩 동사 사이에 추가하여 이미 발생한 동작의 시간이 ___을 나타낼 수 있다.

(2) 상 의미는 문장의 주요 _____를 통해 나타나므로, 동사중첩형은 _____로 사용되지 않는다.

(3) 중첩되는 두 번째 동사 A와 AB의 B는 ___으로 약하게 읽는다. (AA, ABAB)

4. 동사서술어문

1) 동사서술어문(_____)이란 동사(구)가 서술어를 담당하는 문장이다.

2) 동사서술어문의 특징

(1) 동사에 따라 취할 수 있는 목적어의 성질에 차이가 있는데 동사(구)와 형용사(구), 절만을 목적어로 취하는 경우, _____목적어/_____목적어를 모두 취하는 경우, 목적어를 두 개 취하는 경우가 있다.

(2) 동사서술어문의 부정은 부정부사 '不', '没(_____)' 등을 동사 앞에 사용한다.

(3) 동사서술어문은 _____ '吗'를 문미에 첨가하거나, 긍정–부정 형식을 연용하여 정반의문문을 만든다.

강의노트

Chapter 5. 조동사

1. 조동사

1) 조동사(助动词/_____)란 동사나 형용사 앞에 사용되어 능력, 허가, 의지, 의무, 추측 등의 의미를 나타내는 단어이다.

2) 조동사의 분류

____	허락, 허가	____, 바람	____, 도리	추측
会, 能, 可以	能, 可以	要, 想	要, 得(děi), 应该	会, 能, 要, 得(děi), 应该

3) 조동사의 특징

  (1) 조동사는 동사(구) __ 에 사용된다.
  (2) 조동사가 사용된 문장은 조동사 앞에 부정부사 '不'를 사용한다.
  (3) 조동사가 사용된 문장의 의문문은 문장 끝에 '吗'를 붙이거나, 조동사의 긍정-부정형을 연용한다. 질문에 대한 대답은 ____를 사용해야 한다.
  (4) '把/被/给/向' 등의 ____나 ____는 조동사 뒤, 동사 __에 출현한다.
  (5) 조동사는 ___할 수 없으며, 동태조사 '了/着/过'를 직접 취할 수 없다.
  (6) 일부 조동사는 부사의 수식을 받을 수 있다.

2. 주요 조동사

구분	긍정	부정	의미	예문
능력	会	不会	____을 통한 후천적 능력	她很会游泳。
	能	不能	____/일정 수준에 도달한/회복한 능력	我能看懂中国电影。
	可以	不能	일정 수준에 도달한 능력	我一小时可以打一千多字。
허락 허가	能	不能	주로 부정문(____), 의문문(허락)	这里不能抽烟。
	可以	不能 不可以 不行	주로 ____ 어떠한 조건이나 기준을 바탕으로 허락, 허가	现在可以进来。
의지 바람	想	不想	어떤 일에 대한 바람, ____ ____ '很, 特别, 有点儿' 결합 가능	我想买台平板电脑。
	要	不愿意	어떤 일에 대한 강한 바람, ____ 부사 '____'과 결합 가능	我要买台平板电脑。
의무 도리	要	不必 不用	마땅히 해야 함, 반드시 해야 함	为了健康, 要多运动。
	得		이치상, ____ 사실에 따른 필요성 하기 싫어도 해야 함	这件衬衫得用手洗。
	应该	———	사회적 통념, ___, 도리상 해야 할 필요성	父母应该做出榜样。

272

추측	会		____ 예측(사건 발생의 가능성)	明天会下雨。
	能	____	____ 예측(일반적인 사실/개별적 특징)	人都会死的。
	要		사건 발생에 대한 의구심	他的病能治好吗？
	得		____이 부여된 비교적 강한 추측	你这样做要出问题的。
			확정적이고 확신을 가진 비교적 강한 추측	你又逃课了，老师准得说你。
	应该	不应该	이치, ____ 등에 따른 예측	已经入秋了，天气应该凉快了。

Chapter 6. 형용사

1. 형용사

1) 형용사(形容词)란 사람 또는 사물의 ___, ___를 나타내는 단어이다.

2) 형용사의 분류

서술어성 형용사		_____ 형용사
___형용사	___형용사	(___形容词, 区别词)
사람, 사물의 ___이나 ___을 나타냄	사람, 사물의 ___를 나타냄, 주로 성질 형용사에서 파생되어 ___ 및 ___의 의미	사람, 사물의 ___을 나타내며, 특히 한 사물을 기타 사물과 구분, ___하는 기능
관형어, 서술어, 부사어, 보어를 충당		___어 충당
好, 坏, 大, 小, 清楚	雪白, 冰凉, 绿油油, 糊里糊涂	男, 女, 正, 副, 高档

3) 형용사의 기능

  (1) 명사를 수식하는 관형어로 사용되고, 이때 구조조사 '__'가 사용될 수 있다. 단, _____ 형용사는 '的'를 생략할 수 있는데, 생략하지 않는 경우 특징이 ___, ___된다.

  (2) 관계동사 '__'의 도움 없이 서술어로 사용된다. (형용사서술어문)

  (3) 서술어의 앞에서 수식의 기능을 하는 _____, 서술어의 뒤에서 보충의 기능을 하는 ___로 사용된다.

4) 형용사의 특징

  (1) 성질형용사는 _____의 수식을 받을 수 있으나, _____와 _____는 정도부사의 수식을 받을 수 없다. 상태형용사는 그 자체로 정도의 ___를 나타내고, 비서술어성형용사는 ___을 구분하는 데 사용되기 때문이다.

  (2) 성질형용사는 부정부사 '__'를 통해 부정한다. 상태형용사는 일반적으로 부정형식으로 사용되지 않고, 비서술어성형용사는 대개 '__'를 사용하여 반대의 속성을 나타낸다.

  (3) 형용사는 목적어를 취할 수 ___.

  (4) 과거의 상태를 나타내더라도 _____ '了1'를 취하지 않으나, 상황의 변화를 나타내는 _____ '了2'과는 함께 사용할 수 있다.

  (5) 비서술어성형용사는 _____로만 사용되며, 구조조사 '的'의 도움 없이 명사를 직접 수식한다.

  (6) 비서술어성형용사는 문장의 주어나 목적어를 담당할 수 없으나, 구조조사 '__'를 통해 명사화('…은/는 것')할 경우, 명사와 같은 기능을 담당할 수 있다.

2. 형용사중첩

- 일부 형용사는 중첩이 가능하고, '____의 깊음'을 강조하거나 '_____ 감정'을 나타내며, 성질형용사가 중첩된 후에는 _____로 분류되며, 중첩한 형용사는 상태에 대한 ____에 사용되며, 문장에서 서술어, 관형어, 부사어, 보어를 담당한다.

1) 형용사중첩의 형식

   (1) 일음절 형용사: AA
   (2) 이음절 형용사: AABB
   (3) 상태형용사(명사+형용사): ABAB
   (4) 기타: 일부 부정적 의미의 형용사: A里AB, 일부 일음절 형용사: ABB

2) 형용사중첩의 특징

   (1) 형용사중첩이 _____로 사용될 경우, '很, 非常'과 같은 정도부사의 수식을 받지 않는 이유는 중첩을 통해 이미 ____의 심화를 나타내기 때문이다.
   (2) 형용사중첩이 _____이나 _____으로 사용되지 않는 이유는 중첩은 어떠한 상태를 ____하기 위해 선택된 형식이기 때문이다.
   (3) 형용사중첩이 _____ '了, 着, 过'와 사용될 수 없는 이유는 중첩은 존재하는 어떤 상태를 묘사하기 위해 선택된 형식이기 때문이다.
   (4) 형용사중첩이 서술어, 보어로 사용되어 사물을 묘사할 때에는 주로 어기조사 '__'를 추가한다.
   (5) _____를 충당할 경우 구조조사 '的'를, _____를 충당할 경우 구조조사 '地'를 사용한다.
   (6) 형용사중첩형은 발음에 변화가 있어 주의가 필요하다.
       - 일음절 형용사중첩을 _____(儿化)하는 경우 제1성으로 발음한다.
       - 이음절 성질형용사의 중첩형은 두 번째 음절의 성조를 ____으로 발음한다.
       - 이음절 _____의 중첩형은 모두 본래의 성조로 발음한다.
       - ____식 중첩형은 뒤 두 음절 모두 제1성으로 발음한다.

3. 형용사서술어문

1) 형용사서술어문의 특징

   (1) 형용사서술어문에서 형용사는 일반적으로 _____를 함께 사용해야 한다.
   (2) 형용사가 정도부사의 수식 없이 단독으로 사용될 경우, '___'나 '___'의 의미를 나타낸다.

강의노트

(3) 형용사 서술어 뒤에 정도의 의미를 보충하는 _____를 취할 수 있다.

(4) 형용사서술어문의 부정은 부정부사 '不'를 형용사 앞에 사용하지만, 성질의 _____에 대한 부정은 '__'로 할 수 있다.

(5) 형용사서술어문은 어기조사 '吗'를 문미에 첨가하거나, 긍정-부정 형식을 연용하여 정반의문문을 만든다.

Chapter 7. 수사, 양사

1. 수사

1) 수사(____)란 수를 나타내는 단어이다.

2) 수사의 분류

기수(基数)		서수(序数)	
수량의 많고 적음을 나타내는 수		____를 나타내는 수	
정수	―	零 一 二 三 四 五 六 七 八 九	第+수사	第一 第二次 第三周
			친족호칭 및 서열	老大 二哥 二伯 三姨
	자릿수	一(个) 十 百 千 万 亿(____)	연, 월, 일	一九四九年十月一号, 星期六 (1949년10월1일, 토요일)
분수		二分之一(1/2) 百分之七十(70%) 千分之一(1/1000)	등급 학년	一级 二级 二年级
소수		零点一(0.1) 三点二三(3.23) 二十一点零五(21.05)	_____	____(2층, 건물의 2층)
배수		一倍 两倍 十倍 二十倍	버스노선 항공편/선박편	25路(公交车) 625次(航班)
____		三四 五六 多 几	학급/기관	二班(2반) / 二厂(제2공장)

3) 수사의 기능

– 주어, 목적어, 서술어, 관형어로 사용되고, 관형어를 충당할 때는 '__'를 수반해야 한다.

4) 수사의 활용

(1) 중국어 숫자 읽기

– 기수 10~19는 직접 '十, 十一, …, 十九'로 읽고, 백의 자리 이상의 자릿수와 결합하거나 숫자의 중간에 나오는 '十' 앞에는 반드시 '__'를 붙여야 한다. 중간에 오는 '一'는 성조 변화 없이 _____으로 읽는다.

– 맨 뒤 '__'은 읽지 않고, _____ 이상에서 중간에 오는 '零'은 연속해서 나와도 한 번만 읽는다.

– 단위 뒤에 다른 수가 _____ 그 단위는 생략 가능하나, 양사가 있거나 중간에 '零'이 있으면 생략할 수 ____.

숫자	중국어
10	十
101	_____
110	_____
111	_____
1001	_____
1010	_____
10100个	_____

(2) '二'과 '两'
- 숫자 2를 나타내는 표현으로 '二'과 '两'이 있는데, 이들의 차이점은 다음과 같다.

	숫자	____	분수	일반 양사 앞	
两	两万 两千 两亿	×	×	两个人	二尺/两尺
二	十二 十二个	第二	二分之一	×	二两(*两两)

(3) '돈, 날짜, 시간, 나이' 표현

숫자	중국어	숫자	중국어
2元	_____	1949년	_____
5.2元	_____	2시 23분	_____
80元	_____	26살	_____

5) 어림수(____)의 표현

____한 숫자		一两个 三四天 十一二 一两千			
'来/多'		'_'(전/후 인접), '多'(약간 많음)을 활용해 어림수를 나타냄			
		'수사(1, 2, 3, ···, 9)+양사+来/多+명사'		'수사(0으로 끝나는)+来/多+양사+명사'	
		五块来钱 两个多小时		一百来个人 五十多张桌子	
	나이	무게	시점		
____	十五岁左右	八十公斤左右	五点左右	三个小时左右	*春节左右
上下	十五岁上下 (*五岁上下)	八十公斤____	*五点上下	*三个小时上下	*春节上下
____	*十五岁前后	*八十公斤前后	五点前后	*三个小时前后	春节前后

2. 양사

1) 양사(量词)란 사람, 사물, 동작행위 및 ____의 단위를 나타내는 단어로 '_____, 단위사, 단위명사'라고도 한다.

2) 양사의 분류

명량사(名量词)	동량사(动量词)	준량사(_____)
사람 또는 사물의 ____를 나타내는 양사	_____의 횟수를 나타내는 양사	양사의 도움 없이 수사와 직접 결합할 수 있고, 어법 기능이 양사와 비슷한 명사
个 伙 寸 点儿 点 天	次 回 遍 趟 顿 场	

3) 양사의 기능 및 특징

(1) 양사는 수사, 지시대사와 결합하여 _____의 형태로만 사용된다.

(2) 양사는 단독으로 문장성분을 담당할 수 없지만, 일음절 양사는 ____ 후 주어, 관형어, 부사어를 담당할 수 있다.

4) 양사의 중첩

- 양사의 중첩형은 '예외 없음'의 의미를 나타내며, 강조의 어기가 담겨 있다.

분류	의미	예시
AA(____)	각각의 사람/사물로 구성된 전체가 예외 없이 동일함	我的朋友个个都会游泳。
AA(____)	동작행위가 여러 번 반복되어도 예외 없이 동일함	他次次考试都考得很好。
一+AA(____)	'예외 없음', '一'는 생략 ____	他们(一)个个都喜欢唱歌。
	동작의 ____, '一'는 생략 불가능	她们一个个地走了进来。(一个跟着一个)
	____의 많음, '一'는 생략 불가능	门口停放着一辆辆车子。
一+AA(____)	동작이 여러 차례 ____, '一'는 생략 불가능	你再也不必一趟趟地跑医院了。

Chapter 8. 부사

1. 부사

1) 부사(____)란 동사, 형용사, 부사 또는 문장 —에서 이를 수식하는 단어이다.

2) 부사의 분류

구분	예시
____부사	都 只 全 光 一共 一起 一块儿 등
시간부사	就 才 在 正 从来 一直 刚 已经 马上 快要 就要 등
____부사	很 太 真 有点儿 最 更 挺 非常 十分 比较 稍微 등
반복/빈도부사	还 也 再 又 往往 常常 不断 总是 등
부정부사	
_____부사	就 并 竟然 却 倒 可 究竟 到底 也许 其实 毕竟 恐怕 大概 简直 果然 难道 差点儿 등
_____부사	还是 忽然 依然 仍然 纷纷 特地 故意 擅自 渐渐 亲自 등

3) 부사의 기능

   (1) 부사는 문장에서 주로 부사어로 사용된다.

   (2) '极', '很' 등 일부 부사는 ____로 사용된다.

   (3) 동사, 형용사, 구, 절 등을 연결하는 ____의 기능을 한다.

4) 부사의 특징

   (1) 문장에서 부사어로 사용되며, 구조조사 '__'는 사용하지 않는다.

   (2) 부사는 주로 서술어 앞에 위치하지만, '也许, 其实, 大概, 果然, 难道, 恐怕' 등 주관성이 강한 _____ 부사, 시간, 빈도를 나타내는 일부 부사는 ____에 출현하기도 한다. 이를 _____라고 하며, 문장부사는 문장 전체가 나타내는 내용에 대한 화자의 _____ 태도를 나타내며, 주어를 강조한다.

   (3) 부사는 일반적으로 ____해서 쓸 수 없으나 '_____' 등은 그 자체로 하나의 단어이다.

   (4) 부사는 동사, 형용사, 기타 부사를 수식하지만, _____로 사용되지 않은 명사, 대사 등 _____ 단어는 직접 수식할 수 없다.

   (5) _____는 형용사, 심리동사 등을 수식하지만, _____을 나타내는 동사는 수식하지 못한다.

   (6) '不, 没(有), 当然, 也许, 一定, 有点儿, 差不多' 등을 제외한 대부분의 부사는 ____으로 대답에 사용되지 않는다.

2. 주요 부사

1) 범위부사

구분	의미	예시
都	사람/사물+都(예외 없이 동일함(_____))	这些衣服都太大了。
	都+사람/사물(예상 한도 초과, 주의 환기, _____ '了₂'과 함께 사용)	他都八十岁了。
只	동작행위나 관련된 대상의 _____를 제한	我只给他发短信了。
	_____을 제한, 수량이 적거나 시간이 _____	我们只剩五分钟了。

2) 시간부사

구분	의미	예시
就	수량사/시간사+'就' (시간의 _____, 수량의 _____)	明年我就毕业了。
才	수량사/시간사+才 (시간의 _____, 수량의 _____)	他听了三遍才听明白。
	才+수량사/시간사 (시간의 _____, 수량의 _____)	现在才三点半,你不用着急！
正	동작의 _____	我在吃饭(呢)。
在	동작의 _____ 상태	我正在吃饭(呢)。
____	동작이 그 순간 진행 중임	我正吃饭呢。
从来	반복된 상황이 동일하고 예외 없음, 부정문(从来+不/没(有)…)	他从来不迟到。
一直	변함없이 _____, 과거/_____에 사용	我会一直陪在你身边。
刚	'刚'은 '一…就…'와 호응 _____, 어기조사 '了₂'과 사용 _____	孩子刚一出门,就开始下雨了。
刚刚	'刚刚'은 '一…就…'와 호응 _____('刚'보다 더 짧은 시간), 어기조사 '了₂'과 사용 _____	我也刚刚到。

3) 정도부사

구분	의미	예시
很	형용사서술어문에서 사용될 경우 정도의 심화 없음(_____) 정도 심화에 대한 _____ 평가(제3성)	他的中文说得很好。
太	정도가 매우 높음에 대한 _____(太…了₂)	这部电视剧太吸引人了。
	정도가 과도하게 높음, 지나침을 나타내고 화자의 _____을 표시, _____만 나타냄(太…), 화자의 불만도 함께 나타냄(太…了₂)	不好意思,你说得太快,慢一点可以吗? 你太认真了,放松一下吧。
真	_____ 확신을 강조, 真…啊	你真聪明啊！
有点儿	정도의 낮음 혹은 수량의 많지 않음을 나타내며, 주로 _____을 표시	他说得有点儿快。

4) 반복/빈도부사

구분	의미	예시
也	_____ 주체의 상황이 동일함	孩子感冒了,我也感冒了。
还	기다리는 동작이 변함없이 지속됨	还要等啊？都等半个小时了。
	_____ 사용, 명령문 사용 불가능	我还想吃麻辣烫。
	조동사 __에 출현	我还想再去上海一趟。
再	기다리는 동작을 다시 반복함	你再等我几分钟吧。
	아직 발생하지 않은 상황의 반복에 대한 _____ 어감	欢迎你再来韩国！
	형용사 __에서 정도의 심화	请你讲得再慢一点儿。
	평서문 사용 불가능, _____ 사용 가능	再来一杯茶吧！
	조동사 __에 출현	我们还要再玩一会儿。

강의노트

又	_____ 주체의 상황이 반복됨	他上次没交作业，这次又没交。
	이미 발생한 상황에 대한 _____ 어감	你又迟到了！
	조동사 _에 출현	他又要插嘴了。
	_____을 가진 상황의 반복 출현을 예측(미래의 상황, 又…了2)	明天又是星期一了。

5) 부정부사

구분	의미	예시
不	어떠한 사실이나 바람/의지 등 부정	我不吃早饭。
	_____에 대한 부정	那不是我的专长。
	_____, 규칙적, 진리적 상황 부정	他每天早上都不吃早饭。
没(有)	동작 실행 부정	我没吃早饭。
	존재/소유 부정	我没有时间谈恋爱。
	_____ 동작 부정	他今天早上没吃早饭。

6) 어기/양태부사(_____)

– 사건/상황에 대한 화자의 주관적 ____, ____, ____를 나타낸다.

구분	의미	예시
就	_____의 어기 강화	手机就在电脑旁边。
并	부정사 앞에서 부정의 어기 강화	我并没有生气。

7) 상태/양상부사(____)

– 동작이나 상태의 구체적인 ____, ____을 나타낸다.

구분	의미	예시
还是	동작행위 혹은 상태가 변하지 않음	对不起，我还是不太理解你的意思。
	비교 후 어떠한 것을 ____함	时间有点儿紧张，我们还是打车去吧。
忽然	____이 예기치 않게 발생함	我忽然听到了一声巨响。

Chapter 9. 개사

1. 개사

1) 개사(____)란 '소개하는 단어'라는 뜻으로 명사(구), 대사(구)와 결합한 '____'의 형태로 사용되며, 개사구는 서술어와 관련된 시간, ____, 방식, ____, 대상 등을 설명한다.

2) 개사의 분류

구분	예시
____ 개사	由, 被, 叫, 让 등
____ 개사	把, 将 등
대상 개사	对, 对于, 关于, 向, 跟, 给, 替, 和, 同, 与, 比, 就 등
시·공간 개사	在, 从, 往, 向, 朝, 自, 到, 由, 打, 离, 当, 赶, 趁, 顺 등
방식·근거 개사	按照, 根据, 随着, 通过, 依照, 以, 据, 凭, 凭着, 经过 등
____ 개사	用, 拿 등
배제 개사	除, 除了, 除去 등
원인·____ 개사	为, 为了, 由, 由于, 因, 因为 등

3) 개사의 기능

   (1) 개사구는 서술어 앞에서 ____를 담당한다.

   (2) '在, 到, 向, 往, 自, 给, 于, 以' 등 일부 개사로 이루어진 개사구는 동사 뒤에서 ____를 담당한다.

   (3) 일부 개사구는 구조조사 '的'를 수반하여 ____를 담당한다.

4) 개사의 특징

   (1) 개사는 문장에서 ____으로 사용되지 못하고, 명사(구), 대사(구) 등 체언성 성분과 결합한 '개사구'의 형태로 사용된다. 경우에 따라 용언성 성분과 결합하기도 하지만, 이 역시 ____ 의미를 나타낸다.

   (2) 개사구는 단독으로 서술어를 충당할 수 없지만, 특정 맥락이 있는 경우 대화의 대답으로 사용될 수 있다.

   (3) 개사 뒤에는 동태조사 '了/着/过'가 올 수 없지만, '_____' 등에서 '着, 了'는 하나의 단어를 구성하는 ____이다.

   (4) 개사는 ____할 수 없다.

2. 주요 개사

1) 행위자 개사

구분	의미	예시
由	어떤 일의 책임자, 행위의 주체를 도입	这件事由我来处理。
被, 叫, 让	_____에서 행위자를 도입	那棵树叫台风吹倒了。

2) 수동자 개사

구분	의미	예시
把	_____에서 수동자를 도입	我把作业做完了。

3) 대상 개사

구분	의미	예시
对	서술어와 연관된 대상을 도입	多喝水对身体好。
	얼굴을 마주한 _____ 동작의 대상	他对我笑了笑。
	사람과 사람의 _____, 사람에 대한 _____	他对我很好。
	구체적인 동작 및 추상적 감정의 대상	我对他点了点头。 我对他表示感谢。
对于	서술어와 연관된 대상을 도입	对于你的建议，我会认真考虑。
	주로 _____, 공식적인 어기	对于这次计划，他觉得很不满意。
	행위자 동작/태도의 대상, 설명의 대상을 도입	他对于音乐非常感兴趣。
	_____ 앞/뒤에 모두 사용	
	개사구 뒤에는 반드시 _____가 출현	《对于中国青少年健康问题的几点意见》
关于	서술어와 관련된 대상을 도입하여 _____를 제한	关于学校的规定，请查阅附件。
	관련된 범위, 연관된 사물을 소개	关于这次计划，大家都没什么好主意。
	주어 _____에만 사용	
	단독으로 책/글의 제목으로 사용 가능	《关于中国青少年健康问题(的几点意见)》
向	구체적인 동작 및 _____ 감정의 대상	我向他点了点头。 我们向他学习汉语。
	_____ 및 제공의 대상	我向她借了一本书。
朝	동작이 마주하는 대상	他在朝你招手呢。
	_____ 동작의 대상	我朝他点了点头。
跟	동작의 _____ 또는 수행, 관련의 대상	你回去跟家长商量商量再说吧。
给	수용자, _____, 피해자를 도입	我们给他送了一份生日礼物。

4) 시·공간 개사

구분	의미	예시
在	동작행위가 발생한 시간, _____, 범위, 조건 등을 도입	爸爸在家看电视。
从	시간 및 거리의 _____을 도입	他从家里出发去公司。
	_____나 통과점을 도입	我们从大门口进去吧。
往	동작행위의 방향을 도입	一直往前走，就能看到车站。
	개사구 _____로 사용 가능	飞机飞往光州。
向	동작동사, _____ 앞에서 방향을 도입	请你向这边看。 面向东躺着。
	_____, 상징적 방향 도입	年轻人向远方奔跑，追逐梦想。
	개사구 보어로 사용 가능	飞机飞向蓝天。
朝	_____, 자세동사 앞에서 방향을 도입	请你朝这边看。 面朝东躺着。

5) 방식 · 근거 개사

구분	의미	예시
按照	＿＿의 규정, 조건, 원칙, 제도 등을 도입	按照规定，学生必须穿校服。
根据	보도, 통계, 조사, 연구, 분석 등의 ＿＿＿＿를 도입	根据这次调查，大多数人喜欢在家工作。
随着	＿＿, 변화 등을 도입	随着科技的进步，人工智能越来越普及。
通过	목표 도달을 위한 ＿＿을 도입	他通过自己的不断努力，终于达成了目标。

6) 배제 개사

구분	의미	예시
除了	＿＿관계('除了… (以外), ＿/＿…')	他除了会说汉语，还会说英语。
	배제관계('除了… (以外), ＿…')	除了他以外，我们都完成了这个任务。

7) 원인 · 목적 개사

구분	의미	예시
为	동작행위의 원인, 동작(＿＿)의 대상, 목적을 도입	我为孩子画了一张画。
为了	동작행위의 ＿＿을 도입	为了我们共同的梦想，干杯！

Chapter 10. 조사

1. 조사

1) 조사(____)란 단어나 구의 뒤에 사용되어 특정한 문법적 기능을 담당하는 단어이다.

2) 조사의 분류

구분	기능	유형
____조사	단어 사이의 구조적 관계(관형어, 부사어, ____)	的, __, 得
____조사	동사의 뒤에서 동사의 동적인 상태(상)	了1, __, 过
____조사	문장의 끝에 사용되어 말하는 사람의 ____와 느낌	了2, 吗, 呢, 吧, 啊, 的, 嘛 등

3) 조사의 기능 및 특징

   (1) 조사는 실사(____)나 구, 절 뒤에 사용되어야 하며, 단독으로 사용할 수 없다.

   (2) 조사는 문장에서 _____ 기능만을 담당하며, 실질적인 의미를 나타내지 않는다.

   (3) 조사는 대개 ____으로 읽힌다.

2. 구조조사

- 구조조사(_____)는 단어 사이의 구조적 관계를 나타내며, '的', '地', '得'가 포함된다.

1) 관형어 조사 '的'

   (1) '的'는 _____와 중심어를 연결한다.

   (2) 관형어의 특징과 '__'의 사용 제약

      ① 인칭대사가 수식하는 중심어가 _____일 경우 '的'를 생략하지만, ____ 의미를 강조할 경우 사용할 수도 있다. [±的]

      ② 관형어로 사용되는 명사가 분류의 기능을 가진 경우(_____) '的'를 생략한다. [-的]

   (3) '的'자구란 명사, 대사, 형용사, 동사, 주술구 뒤에 '的'를 추가하여 형성된(____) 것으로 문장에서 명사와 같은 기능을 담당한다.

2) 부사어 조사 '地'

   (1) '地'는 _____와 중심어를 연결한다.

   (2) 부사어의 특징과 '__'의 사용 제약

      - ____/형태에 따른 제약

      ① 부사: ____가 부사어로 사용될 때는 '地'를 사용하지 않는다. [-地]

      ② 명사(구): 명사(구) 부사어로 사용될 때는 보통 '地'를 사용한다. [+地]

③ 동사(구): 동사(구)가 부사어로 사용될 때는 보통 '地'를 사용한다. [+地]

④ 형용사(구):

- _____가 부사어로 사용될 경우 '地'를 사용하지 않는다. [−地]
- 이음절 이상의 형용사, _____, '정도부사+형용사', 성어 등 복잡한 형태의 형용사구는 대부분 '地'를 사용해야 한다. [+地]

− 의미에 따른 제약

① 주어나 목적어의 상태를 묘사하는 경우 '地'를 생략하지 않는다. 주로 '高兴, 奇怪, 兴奋, 热情, 骄傲, 客气, 关心, 勇敢' 등 _____나 ___를 나타내는 형용사가 사용된다. [+地]

− 사용 빈도에 따른 제약

① 사용 빈도가 높은 _____가 부사어로 사용될 경우 '地'를 생략할 수 있다. [±地]

② _____을 묘사하는 일음절 형용사중첩, 명사구 등은 '地'를 생략할 수 있다. [±地]

3) 보어 조사 '得'

− 술어의 뒤에서 상태보어, 정도보어, 가능보어의 긍정 형식을 연결한다.

(1) ___보어: 동사, 형용사 뒤에서 동작행위나 사물의 성질, 상태를 보충 설명한다.

(2) ___보어: 형용사, 심리동사 뒤에서 상태의 도달한 정도를 나타내고, 정도부사 '很' 및 준(准) 부사 '慌, 要命, 要死, 不得了' 등이 보어로 사용된다.

(3) ___보어: 동작행위에 따른 결과 및 상태 변화를 실현할 수 있는 객관적/주관적 ___이나 ___이 갖추어져 있는지 여부를 나타내고, 긍정 형식은 구조조사 '得'를 사용하고, 부정 형식은 '得'를 삭제하고 '不'를 사용한다.

3. 동태조사

− 동태조사(_____)는 동사의 뒤에서 동사의 동적인 상태(상, _____, 体貌)를 나타내는 조사로 동작행위의 완료, 진행/지속, 경험의 의미를 나타낸다. 완료를 나타내는 '了1', 진행/지속을 나타내는 '__', 경험을 나타내는 '过'가 있다.

了1(완료)	__(진행/지속)	过(경험)
동사 뒤에서 동작의 ___ 및 ___ 과거, 현재, 미래 시제와 상관 없이 사용	동사 뒤에서 _____ 상태의 지속 또는 _____ 과정의 지속	동사 뒤에서 시간상 현재와 단절된 과거의 ___

了¹(완료)	__(진행/지속)	过(경험)
'_____'로 인식된 사건만이 완성/실현의 여부를 나타내므로, '了¹'가 사용된 문장은 _____, 목적어가 ___ 또는 _____와 함께 사용(경계성, boundedness).	첫 번째 동사 뒤에 사용되어 두 번째 동사의 동작이 진행되는 ____, 수단을 나타내거나, _____의 동사 뒤에 사용되어 존재를 나타냄	동사나 _____의 뒤에 사용되어 과거에 발생한 동작이나 존재했던 상태를 나타냄
_____, 상태동사, 형용사 또는 ____이나 반복적 상황을 나타내는 경우에는 '了¹' 사용 불가능		

4. 어기조사

— 어기조사(_____)는 문미에서 말하는 사람의 어투와 느낌을 나타내는 조사로 문미에 출현하는 '了', '来着', '的', '吗' 등이 있다. 이들은 다시 의미기능에 따라 다음과 같이 세 가지 부류로 구분된다.

(1) 하나의 _____을 기준으로 문장의 상태를 바라보는 '了₂', '来着'

(2) 어떠한 상황에 대한 발화자의 ____, 견해 혹은 감정을 나타내는 '的', '吧', '呢', '啊(哪, 啦, 呀, 哇)', '嘛' 등

(3) ____을 나타내는 '吗', '呢'

구분	의미	예시
了₂	문미에서 상태의 ____ 및 ____와의 연관성을 나타내어 청자에게 새로운 상황의 출현을 각인시키거나 새로운 ____를 알림, 문장 ____의 기능	他来了。
	현재와 연관된 상황의 발생, 변화를 나타내며, 이미 완료된 상황/상태의 변화뿐 아니라 앞으로 발생할 _____ 변화 및 시작	快放假了。
吗	평서문의 끝에 부가되어 _____(是非问句)을 형성	他去学校吗？
	'吗'를 사용한 의문문에 대해서는 긍정(YES) 혹은 부정(NO)으로 대답	他是中国人吗？——是/不是。
	의문대사를 사용한 _____(의문대사의문문)이나, 동사의 긍정-부정형을 연결한 정반의문문에는 '吗' 사용 불가능	他是谁？
呢	평서문, 의문문의 끝에서 청자의 주의를 환기	他还在学习呢！
	의문문의 끝에 사용되어 화자의 주저, 걱정, ____, 불확실성 등의 어기	她在哪儿呢？
	명사(구) 및 대사 뒤에서 사람/사물의 ____나 의견/____을 물을 때 사용	爸爸在家，妈妈呢？
	'(正)V…呢, (正)在V…呢, V着…呢'의 형태로 동작이나 상황이 진행/____을 나타냄	天还亮着呢。
__	명령문, ____, 의문문 등의 문미에 사용되어 완곡하고 정중한 어기	你先回去吧。
	화자가 확신하지 못한 사실/상황을 확인하기 위한 ____의 어기	你是复旦毕业的吧？
	건의, 부탁, ____의 의미	今天你在家休息吧。
	동의, 허락의 의미	旁边有人吗？——没有，你坐吧。
__	긍정, ____의 어기	他会答应你的。
	이미 _____ 사건의 시간(언제), 장소(어디서), 방식(어떻게) 및 동작의 행위자(누가)를 강조('是……的'₁)	我是坐公交车来的。
	비실현 사건에 대한 ____의 어기를 나타내어 서술어 앞에 '会', '一定', '是' 등과 자주 호응하고 이때의 '__'는 목적어 앞에 위치할 수 없고, 문미에만 출현('是……的'₂)	他的话是不对的。

Chapter 11. 접속사

1. 접속사

1) 접속사(____)란 단어, 구, 절, 문장 등이 논리적인 의미 관계에 놓이도록 서로 연결해 주는 단어이다.

2) 접속사의 분류
   - 접속사는 연결하는 성분 간의 의미 관계에 따라 연합(____)접속사와 수식(____)접속사로 나눌 수 있다.

3) 접속사의 기능 및 특징
   (1) 접속사의 주요 기능은 단어, 구, 절을 연결하는 것으로, 실질적인 어휘 의미를 가지지 않는다.
   (2) 접속사는 단독으로 _____을 담당하거나 질문에 대한 대답으로 사용할 수 없다.
   (3) 접속사는 다른 성분을 수식하거나 수식을 받을 수 없으며, ____이 불가능하다.
   (4) 접속사는 단독으로 쓰이거나, 두 개의 접속사 또는 접속사와 부사가 앞·뒤로 호응하여 사용된다.
   (5) 일부 접속사는 단어나 구(_____ 성분)만을 연결하고, 일부는 절만을 연결한다. 단어나 구 및 절을 모두 연결하는 경우도 있다.

2. 주요 접속사

연합(联合)접속사		수식(____)접속사	
병렬 并列	① 명사, 동사, 형용사 등을 대등하게 연결 我和他都是大学生。 ② 두 개의 동작/상태/상황을 연결하고, 보통 동일한 ____를 사용 他们既唱歌又跳舞。 ③ 두 개의 동작이 동시에 진행될 때 사용하고 두 절의 ____는 같을 수도, 다를 수도 있음 他边吃边说。	인과 因果	① '因为'는 ____을 나타내고, '所以'는 그에 따른 ____ 因为他感冒了，所以他没来上班。 ② 선행절은 원인, 후행절은 결과 由于他经常旷课，因此被老师批评了。
		조건 条件	① ____조건문 只要天气好，我们就去跑步吧。(____ 조건) 只有掌握了汉语，才能研究中国文化。(____ 조건) ② 무조건문 不管怎么忙，每天都要复习课文。
연접 ____	① 앞·뒤로 발생한 동작이나 사건의 ____ 你先去刷牙，然后上床睡觉吧。	가정 ____	① 선행절은 가정/가설, 후행절은 결과 如果你尽力去做，就一定能成功。
____ 递进	① 후행절은 선행절보다 동작의 정도/결과가 한층 더 ____됨 我不仅去过德国，也去过法国。	양보 让步	① 선행절에서 가정된 사실을 ____하고 그러한 조건에서도 달라지지 않는 결과/결론 即使走着去学校，也不会迟到。

강의노트

선택 选择	① 선택항 중 하나를 선택, '____'는 평서문에 쓰여 반드시 하나가 선택됨을 나타낸다면, '____'는 주로 의문문에 사용되어 의미적으로 비확정적 老师大概一号或者二号回来。 ② 앞·뒤 두 상황 모두 선택의 가능성이 있어 반드시 둘 중 하나임 他不是在家休息，就是跟同学出去逛街。	역접	① 선행절의 관점이나 사실에 대해 후행절에서 상반되거나 모순되는 상황을 나타냄 尽管他感冒了，但还来参加会议。 ② 선행절의 관점이나 사실에 대해 후행절에서 모순되는 상황을 나타냄, 앞·뒤절이 모순되지 않을 경우 앞의 내용을 인정하고 뒤의 내용을 ____ 我固然不喜欢运动，但是为了健康每天都去健身房锻炼身体。
	③ 앞·뒤 두 상황 중 전자를 부정하고 후자를 선택함 我不是不想去，____不能去。	목적 目的	① 후행절에 사용되어 목적(쉽게 실현됨) 他每天都坚持锻炼，____保持身体健康。 ② 후행절에 사용되어 후행절의 상황이 발생되지 않는 것이 목적 你应该早点出发，____迟到。

Chapter 12. 감탄사

1. 감탄사

1) 감탄사(＿＿)란 느낌, 놀람, 환호, 응답 등을 나타내는 단어이다.

2) 감탄사의 분류

구분	예시
＿＿	喔！你喝过吗？(놀라움이나 고통)
고통, 탄식, 슬픔	咳！别提了。(상심, 후회, 놀람)
감탄, 찬탄	啊，这次考试你得了一百分。(놀라움, 찬탄)
＿＿, 원망	唉！我可怎么好呢？(반대, 부정)
불만, 분노	呸，你胡说！(질책, 경멸)
＿＿	啊，原来如此！(깨달음)
부름, 응답	喂，你在干嘛呢？(부르는 소리)
＿＿, 의외	啊？你说什么话？(캐묻거나 다시 말해주기를 요청)

3) 감탄사의 기능 및 특징

 (1) 문장에서 ＿＿＿으로 사용된다.

 (2) 주로 문장의 앞에 출현하고 가끔 중간이나 뒤에 올 수도 있으며, 출현 위치와 상관없이 ＿＿가 있고 뒤에 쉼표나 느낌표가 온다.

 (3) 동일한 감탄사라도 다양한 감정을 나타낼 수 있으며, ＿＿ 역시 달라진다.

Chapter 13. 의성사

1. 의성사

1) 의성사(_____)란 사람, 사물, 자연계 등 일상생활에서 발생하는 소리를 묘사하는 단어이다.

2) 의성사의 분류

구분	예시
사람의 소리	孩子饿了，开始____大哭。(울음 소리)
____의 소리	有人在门外砰砰地敲门。(북, 문 등을 두드리는 소리)
동물의 소리	小狗一看见陌生人就____叫。(개가 짖는 소리)
자연현상의 소리	北风在窗外呼呼地刮着。(____ 소리)

3) 의성사의 기능 및 특징

 (1) 문장에서 독립적으로 사용할 수 있다.

 (2) _____로 가장 많이 사용되고, '地'를 수반할 수도 있고 수반하지 않을 수도 있다.

 (3) 관형어로 쓰이는 경우 '__'를 수반해야 한다.

 (4) _____, 보어를 충당한다.

 (5) 의성사의 중첩

  ① AA/AAA: ____ 멍멍, 咕咕 꼬꼬, 嘟嘟嘟 뚜뚜뚜

  ② AAB/ABB: 叮叮当 딸랑딸랑, _____ 꼬르륵, 咕咚咚 첨벙첨벙

  ③ AABB/ABAB: _____ 달랑달랑, 轰轰隆隆 쿵쾅쿵쾅, 哗啦哗啦 콸콸콸

  ④ 기타: _____ 중얼중얼, 劈里啪啦 탁탁(폭죽, 권총, 박수, 비의 연속된 소리), 稀里哗啦 달그락달그락, 후두둑

Chapter 14. 주요성분

1. 중국어의 문장성분

1) 문장성분(句子成分)이란 문장에서 문법적 기능과 작용을 하는 단어와 구이다.

   (1) _____에는 주어, 서술어, 목적어가 있다.

   (2) _____에는 관형어, 부사어가 있다.

   (3) _____에는 보어가 있다.

2. 주요성분

- 주어(subject, 主语), 서술어(predicate, ____), 목적어(____, 宾语)

3. 주어란 문장에서 서술어가 나타내는 동작이나 상태의 주체, 서술의 대상을 말한다.

1) ____를 충당하는 성분

   北京很大。(명사)

   八是二的四倍。(수사)

   跑步是一种很好的体育运动。(동사)

   桌子上放着一本书。(____)

4. 서술어란 문장에서 주어의 동작, 상태, 성질 따위에 대해 진술하는 부분이다. '술어'라고도 부른다.

1) _____를 충당하는 성분

   他喝咖啡。(동사)

   我肚子疼。(_____)

   昨天星期六。(명사)

5. 목적어란 문장에서 서술어를 구성하는 동사의 지배를 받는 대상을 말한다.

1) _____를 충당하는 성분

   你想买什么?(대사)

   三乘五得十五。(수사)

   我喜欢看电影,不喜欢做运动。(_____)

2) 목적어의 특징

(1) 동사와 목적어의 선택

① _____ 목적어만을 취하는 동사: 学, 成为, 打, 买 등

② _____ 목적어만을 취하는 동사: 希望, 主张, 以为, 认为, 觉得, 感到 등

③ 체언성, 용언성 목적어를 ____ 취할 수 있는 동사: 知道, 发现, 问, 喜欢, 记得, 表示 등

(2) 이중목적어

- 일부 동사는 목적어를 2개 취할 수 있으며, 사람을 지시하는 것을 _____, 사물을 지시하는 것을 _____라 한다. 이는 다시 목적어의 생략 가능 여부에 따라 다음의 경우로 구분할 수 있다.

구분	간접 목적어+직접 목적어	___ 목적어	___ 목적어
_____	王老师教我们汉语。	王老师教我们。	王老师教汉语。
	我朋友告诉我他的秘密。	我朋友告诉我。	*我朋友告诉他的秘密。
借, 费, 租	我借了他一本书。	*我借了他。	我借了一本书。
_____	我们都叫他金老板。	*我们都叫他。	*我们都叫金老板。

(3) 동사와 목적어의 의미 관계

- 洗衣服 (_____)

- 吃大碗 (_____)

Chapter 15. 부가성분

1. 부가성분

1) 부가성분: 관형어(adnominal, ____), 부사어(adverbial, ____)

2. 관형어

– 체언성성분(명사, 체언성 대사) 앞에서 이를 수식하는 성분으로 ____, ____, ____ 등을 나타낸다.

1) ____를 충당하는 성분

这是汉语词典。(명사)

她有很多漂亮的裙子。(형용사구)

2) 관형어의 특징

(1) 관형어의 구분

____ 관형어	____ 관형어	구별성 관형어
중심어의 수량, 시간, 장소, 소속/소유, 범위 등을 제한	중심어의 ____, ____ 등을 묘사	중심어의 성질, 재료, 유형 등을 구별
全村的老百姓都来参观了。(범위)	他穿着雪白的T恤。(상태)	这个玻璃箱子里全是玫瑰花。(____)

(2) 관형어와 구조조사 '的'

[-的]	[+的]	[±的]
수식 관계가 본질적, ____, 영구적인 경우	수식 관계가 ____, 일시적인 경우	소속/소유 관계: 我们(的)学校
(지시사+)수량구: 两把椅子	____ 성분: 送的礼物	일음절 형용사(____을 나타냄): 红(的)花
비서술어성 형용사: 黑白照片	개사구: 从美国来的学生	
속성/자재/과목/용도 등: 数学老师	____ 형용사: 冰凉的水	
	이음절 형용사(구): 认真的态度	
	____/시간을 나타내는 명사(구): 院子里的猫	

(3) 다항 관형어

① 중국어는 관형어가 여러 개 출현하더라도, 중의가 발생하지 않는다면 대개 ____ ____에만 '的'를 사용한다.

② 다항 관형어의 출현 순서: '____+____+____'의 순서

3. 부사어

- _____성분(동사, 형용사)의 앞에서 이를 수식하는 성분이다. 정도, 방식, 시간, 장소, 상태 등을 나타낸다.

1) _____를 충당하는 성분

   10月1日放假。(_____)

   外面的雨不停地下着。(동사구)

2) 부사어의 특징

   (1) 부사어의 구분

_____ 부사어	묘사성 부사어
중심어(서술어)의 시간, 장소, 대상, 범위, 방식, 목적, 정도 등을 제한	중심어(서술어)가 나타내는 동작, 성질/상태 또는 이와 관련된 사람/사물의 상황을 묘사
他们在游泳池游泳。(___)	我怀疑地看了他一眼。(_____ 묘사)

   (2) 부사어의 위치: 대부분의 부사어는 주어 뒤 서술어 앞에 위치하여 서술어를 수식하고, 일부 부사어는 주어 앞에 위치하여 문장 전체를 수식할 수도 있는데, 대표적으로 '_____' 등 주관성이 강한 일부 어기 부사는 주어의 앞·뒤에 모두 사용 가능하다.

   (3) 부사어와 구조조사 '地'

[-地]	[+地]	[±地]
_____ 부사어로 사용된 일음절 형용사 你快说吧！	대부분의 묘사성 부사어 他满载而归地回老家了。(성어/숙어, 서술어) 弟弟无奈地低下了头。(동사, ___) 她很认真地回答问题。(형용사구, 주어) 她热热地冲了一杯咖啡。(형용사구, _____)	사용 빈도가 높은 _____ 또는 명사 他仔细看了一遍。(자세히 봤다.) 他仔细地看了一遍。(자세하게 봤다, 자세한 것 강조)
대부분의 _____ 부사어 我马上过来。(부사) 你怎么一个人去旅行？(_____)	(참고) 주어나 목적어의 상태를 묘사하는 '高兴, 奇怪, 兴奋, 热情, 骄傲, 客气, 关心, 勇敢' 등 심리상태나 태도를 나타내는 형용사 他热情地接待了访问团。	_____을 묘사하는 일음절 형용사중첩 小王慢慢站了起来。(천천히 일어남) 小王慢慢地站了起来。(천천히 일어나는 과정 강조)

   (4) 다항 부사어의 출현 순서: _____ → 어기/빈도/범위 → 장소 → _____ 묘사 → 목적/근거/도구/대상 → 공간/방향/노선 → 동작/상태 묘사 → 일음절 형용사

Chapter 16. 보충성분(보어)

1. 보충성분
- 보충성분으로 보어(complement, BUYU, ____)는 서술어(동사, 형용사) 뒤에서 보충설명하는 성분이다.

2. 보어
- 보어란 서술어(동사, 형용사)에 대한 '보충설명'의 기능을 담당하는 성분으로, 서술어 뒤에서 서술어가 나타내는 사건이나 상황/상태의 결과, 방향, ____, 정도, 상태, ____, 장소 등을 나타내며 형용사(구), 동사(구) 및 부사, _____ 등이 보어로 사용된다.

결과보어	____보어	가능보어	상태보어	____보어		수량보어	_____보어
VC	VC	V得/不C	V得C	VC	V得C	V-C	VC(개사구)
吃饱	进来 跑过来	跑得快	唱得很好	好极了	好得很	等了一个小时	站在门口

3. 결과보어

1) 결과보어(_____)는 서술어(동사, 형용사) 뒤에서 '서술어+보어(VC)'의 형식으로 사용되며, 동작행위 및 변화의 결과를 나타낸다. 주로 일음절 형용사 및 동사가 사용되고, 일부 이음절 형용사가 사용되기도 한다. '서술어+결과보어'는 문장에서 마치 하나의 ____처럼 사용되며, '동작-결과'의 의미를 나타낸다하여 '동결식_____'이라 칭하기도 한다.

2) 결과보어의 특징
- 서술어와 결과보어는 복합사건(_____+_____)을 나타내고, 결과보어는 문장의 목적어, 주어, 서술어에 대한 의미를 보충설명한다(의미지향(_____)).

예시	복합사건	의미지향
她推开了大门。	她推了大门 + 大门开了	____ 지향

- '서술어+결과보어'는 하나의 단어와 같이 사용되므로 중간에 다른 성분(_____, 목적어 등)을 삽입할 수 없다. _____가 있을 경우, 목적어는 '서술어+결과보어' __에 오거나, '서술어+목적어+서술어+결과보어(_____)'을 사용하거나, ___에 올 수 있다.
- 결과보어는 시간(상)적으로 완료된 상황을 나타내므로 완료와 경험을 나타내는 동태조사 '__', '__'는 결과보어와 함께 사용할 수 있으나, 지속 및 진행을 나타내는 동태조사 '__', 부사 '_____'는 결과보어와 함께 사용할 수 없다.
- 결과보어는 이미 완료된 상황을 나타내므로, 부정은 '_____'를 사용한다. 단, 발생하지

앓은 상황에 대한 ___/___/___ 등을 나타낸다면 '不'를 사용하여 부정할 수 있다.

4. 방향보어

1) 방향보어(_____)는 서술어 뒤에서 동작행위의 이동 방향을 보충설명한다. 방향동사가 충당하고 형태에 따라 ___방향보어와 ___방향보어로 구분된다.

2) 방향보어의 구분

A류 \ B류	上	下	进	出	回	过	起
来	___	___	___	___	___	___	___
去	___	___	___	___	___	___	-

3) 방향보어의 특징

– 방향보어와 _____

'来, 去'	목적어	어순	예시
'来, 去' 사용 X	일반/장소목적어	'서술어+방향보어+목적어'	想出好办法
'来, 去' 사용 O	___목적어	'서술어+방향보어+목적어'	他买来了一本杂志。
		'서술어+목적어+방향보어'	他买了一本杂志来。
	___목적어	'서술어+장소목적어+来/去'	他回家去了。
		'서술어+B류+장소목적어+来/去'	我们走回家去吧。

4) 방향보어의 파생의미

분류	의미	예시
起来	_____	把大家的意见集中起来。
	_____	快躲起来吧。
	_____	大家热烈地讨论了起来。
	_____	看起来, 他不会同意了。

5. 가능보어

1) 가능보어(_____)는 동작행위에 따른 결과 및 상태 변화를 실현할 수 있는 _____/_____ 조건이나 능력이 갖추어져 있는지의 여부를 나타 낸다. 구조조사 '得'를 사용한다.

2) 가능보어의 구분

서술어+得/不+결과/방향보어		서술어+得了/不了liǎo		서술어+得/不得	
서술어 동작행위의 ___ 또는 그에 따른 _____ 이동의 실현 가능 여부		구체적인 결과, 방향 등이 드러나지 않으므로, 동작행위, _____의 실현 가능 여부, 주로 ____에서 사용		실현 가능 여부, 긍정형식(가능, 허락), 부정형식(불가능, 불허), 주로 ____이 많이 사용되어 ____, 권유 등의 의미	
긍정형	부정형	긍정형	부정형	긍정형	부정형
V得C	V不C	V得了	V不了	V得	V____

6. 상태보어

1) 상태보어(_____)는 서술어 뒤에서 동작행위나 사물의 성질, 상태를 ____, 설명, ____한다. 동사/형용사 및 여러 형식의 구, 절 등이 보어로 사용되며, 구조조사 '得'를 사용한다.

2) 상태보어의 특징

- 형용사가 상태보어를 충당할 경우, 주로 정도부사와 함께 사용하고 정도부사 없이 형용사가 단독으로 보어를 충당할 경우, ____의 의미를 나타낸다.
- 부정은 ____를 부정하고 '주어+서술어+得+不/没(有)+보어'의 형식으로 사용되어, 동작행위에 대한 ____, 평가가 부정적인 상태임을 나타낸다.
- 상태보어가 묘사의 의미를 나타내므로, 별도의 묘사성 부사어나 _____는 서술어 _에 사용하지 않는다.
- 상태보어와 _____의 위치

구분	어순	예시
서술어 반복, _____	'주어+서술어+목적어+서술어+得+보어'	他说汉语说得很流利。
_____ 서술어 생략	'주어+목적어+서술어+得+보어'	他汉语说得很流利。
문장의 ____로 전환	'목적어(화제)+주어+서술어+得+보어'	汉语他说得很流利。

7. 정도보어

1) 정도보어(_____)는 형용사, 심리동사 등의 뒤에서 ____의 도달한 정도를 나타낸다. 구조조사 '__'가 사용된 경우(V得C)와 사용되지 않은 경우(VC)로 나뉜다.

2) 정도보어의 구분

VC [−得]	V得C [+得]
정도부사 '__' 및 준(准) 부사 '_____' 등이 사용되고, 주로 문미에 '了'가 추가된 'VC了'의 형태로 사용	정도부사 '__' 및 준(准) 부사 '_____ ____' 등이 사용
晚宴热闹极了。	他的成绩好得很。

강의노트

8. 수량보어

1) 수량보어(数量补语)는 서술어 뒤에서 동작행위의 진행 횟수나 지속된 시간을 보충설명하는 수량구로서 ___보어, ___보어, ___수량보어로 나눌 수 있다.

2) 시량보어(时量补语)는 동작행위/상황이 _____ 시간이나 동작완료 이후 _____ 시간의 양을 나타내며, 시간의 길이(시구간___)를 나타내는 구가 사용되고, 시점(___)을 나타내는 구는 사용할 수 없다.

- 시량보어와 목적어의 위치

목적어	어순	예시
_____	'서술어+시량보어(+的)+목적어'	我学过三年(的)汉语。
_____	'서술어+목적어+시량보어'	我找了你一整天。
_____	'서술어+목적어+서술어+了/过+시량보어'	我找你找了一整天。
_____	문두 위치	那本书我看了几天。

3) 동량보어(动量补语)는 _____의 횟수를 나타내고, ___와 _____로 이루어진 구가 보어를 충당한다.

- 동량보어와 목적어의 위치

목적어	어순	예시
_____	'서술어+동량보어+목적어'	帮我开一下门。
___	'서술어+목적어+동량보어'	我见过他一次。
_____	'서술어+목적어+동량보어'	他去过首尔一趟。
	'서술어+동량보어+목적어'	我见过张国荣两次。
_____	문두 위치	广州我去过一次。

4) 비교수량보어(比较数量补语)는 비교항 간 수량의 차이를 보충 설명하고 주로 '__'자 비교문에 사용된다.

9. 개사구보어

1) 개사구보어(_____)는 서술어 뒤에 '_____' 등 개사가 개사구의 형식으로 사용되어, 동작이 발생한 시간, 장소, 방향, 대상, 원인, 기원, 비교대상, 수량 등을 보충설명한다.

2) 주요 개사구보어

我们都来自韩国。(____ 도입)

今年的产量大于去年。(_____ 도입)

本次列车开往北京。(____ 도입)

同学们，请把作业交给王老师吧。(____ 도입)

Chapter 17. 중국어의 특수구문

1. 특수구문

1) 특수구문이란 중국어의 기본 어순은 '주어+서술어+목적어(SVO)'이지만, 이와는 다른 독특한 형식으로 별도의 의미를 나타내는 경우를 가리키며, '是'자문, '是……的'문, '有'자문, ＿＿＿, 연동문, ＿＿＿, 비교문, 처치문('把'자문), ＿＿＿ 등이 있다.

2. '是'자문

1) '是'자문('是'字句)이란 '是'가 서술어 동사로 사용된 문장으로 '是'는 구체적인 동작을 나타내지 않으나, 주어와 목적어를 연결해주는 기능을 하기 때문에 '＿＿＿＿(linking verb)', '계사(＿＿)', '관계동사' 등으로 부르며, '是'자문은 '＿＿', '＿＿'을 나타낸다.

2) ＿＿와 ＿＿＿의 관계에 따른 구분

구분	의미	예시
동격(＿＿)	주어와 목적어가 대등한 관계(＿＿)임, 주어와 목적어의 순서를 바꿀 수 ＿＿	圣诞节是12月25号。 ⇔ 12月25号是圣诞节。
부류/소속 (＿＿＿＿)	주어가 목적어의 일부임, 주어와 목적어의 순서는 바꿀 수 ＿＿	那本词典是他的。 ⇔ *他的是那本词典。
＿＿(存在)	장소 주어와 대상 목적어를 연결해 어느 장소에 무엇이 존재함을 표시, 주어와 목적어의 순서는 바꿀 수 ＿＿	前面是一家饭店。 ⇔ *一家饭店是前面。

3) '是'자문의 특징

(1) '是'자문은 판단/확신의 의미만 나타낼 뿐 동작의 ＿＿, ＿＿ 등을 나타내지 않기 때문에 동태조사 '＿, ＿, ＿'를 사용할 수 없다.

(2) 부정은 부정부사 '＿'를 사용하고, '没(有)'를 사용하지 않는다.

(3) '是'는 동사이지만, 다른 동사와 달리 ＿＿ 형식으로 사용할 수 없다.

(4) 주어, 목적어 자리에 ＿＿＿＿를 사용하여 의문문을 만들 수 있다.

3. '是……的'문

1) '是……的'문('是……的'句)은 이미 ＿＿＿ 사건의 시간(언제), 장소(어디서), 방식(어떻게) 및 동작의 행위자(누가)를 강조한다. 강조하고자 하는 성분 앞에 '是'를, 서술어 뒤나 문장 뒤에 '＿'를 사용한다.

2) '是……的'문의 구분

他是昨天来中国的。(＿＿ 강조)

他是从美国来的。(____ 강조)

他是坐飞机来中国的。(____ 강조)

这个礼物是朋友送给我的。(____ 강조)

3) '是……的'문의 특징

- 주어가 _____ '这', '那'인 경우를 제외하고, 대부분의 경우 '__'를 생략할 수 있으나 '__'는 생략할 수 없다. 부정은 '不'로 하고 '是'는 생략할 수 없으며, 이미 발생한 사건에 대한 강조를 나타내므로 사건의 완료를 나타내는 동태조사 '__'를 사용하지 않는다.
- 목적어와 '的'의 위치

목적어	어순	예시
_____가 아닌 경우	'주어+是+…서술어+목적어+的'	我是在中国学汉语的。
	'주어+是+…서술어+的+목적어'	我是在中国学的汉语。
_____인 경우	'주어+是+…서술어+목적어+的'	我是在商场碰到他的。

4. '有'자문

1) '有'자문('有'字句)이란 '有'가 서술어동사로 사용된 문장이다.

2) '有'자문의 구분

구분	어순	예시
____	'소유자+有+소유물'	他是中学老师, 他有很多学生。
____	'장소/시간+有+사람/사물'	教室里有很多学生。
____	'주어+동사(구)1+동사(구)2'	我有一个问题请教您。
____	'주어+겸어동사+겸어+동사(구)'	他有一个孩子很可爱。

5. 존현문

1) 존현문(_____)이란 사람/사물이 존재하는 상태, 출현 및 소실을 나타내는 문장이다.

2) 존현문의 구분

구분	어순	예시
존재문(_____)	'장소+有/是+사람/사물비한정'	餐厅里有很多客人。
	'장소+동사着+사람/사물비한정'	台上坐着主席团。
출현-소실문(_____)	'장소/시간+동사+사람/사물비한정'	昨晚来了一个客人。

3) 존현문의 특징

(1) 주어로는 장소/시간 명사가 직접 사용되며, 개사 '__, __'을 사용하면 더 이상 존현문이 아니다.

(2) 보통명사가 주어로 사용될 경우, '上, 下, 里, 外' 등 _____를 추가하여 장소를 나

타내는 명사로 만들어야 한다.

(3) 목적어는 주로 확실하지 않은 대상, 즉 _____ 사람이나 사물이므로, '一个人'과 같은 수량구가 관형어로 자주 사용된다.

6. 연동문

1) 연동문(_____/连谓句)이란 하나의 문장에 두 개 이상의 동사(구)가 동일한 주어의 서술어로 사용되어 연속된 동작을 나타내는 문장이다.

2) 연동문의 구분

구분	어순	예시
_____	'주어+동사(구)1+동사(구)2'	你打电话叫他来。
_____		我们去公园散步。
_____		我听了这个消息很激动。
_____		他用毛笔写信。
'有'자 연동문	'주어+有+_____+동사'	我有理由这样做。

3) 연동문의 특징

(1) 부사나 조동사는 _____ 동사 앞에 위치한다.

(2) 동사를 중첩할 경우, 첫 번째 동사가 아닌 _____ 동사를 중첩한다.

(3) 전체 동작이 완료되었음을 나타내려면 _____ 동사 뒤에 동태조사 '了1'를 사용하고 단순목적어는 취할 수 없으므로 ___을 받거나 _____를 추가한다. 전체 동작이 완료되지 않았다면, 문장 끝에 어기조사 '___'을 사용한다.

(4) 동태조사 '过'는 전체 동작의 경험을 나타내므로 _____ 동사 뒤에 사용하고, 동태조사 '着'는 수단/방식을 나타내는 _____ 동사 뒤에 사용한다.

7. 겸어문

1) 겸어문(_____)이란 첫 번째 서술어동사(겸어동사)의 목적어가 두 번째 동사(구)의 주어를 겸하는 '겸어(___)'가 사용되는 문장이다.

– 형식: '주어+겸어동사+겸어+동사(구)'

2) 겸어문의 구분

구분	겸어동사	예시
'사동' 의미	_____	我请大家吃饭。
'호칭/인정' 의미	_____	我们称张国荣为哥哥。
'有'가 사용된 겸어문	__	我有一个朋友懂汉语。

3) 겸어문의 특징

　(1) 조동사와 부사는 _____ 동사 앞에 쓰인다.

　(2) 일반적으로 첫 번째 동사 뒤에는 동태조사 '了, 着, 过'를 사용할 수 없고, _____ 동사 뒤에 사용한다.

8. 비교문

1) 비교문(比较句)이란 비교의 의미를 나타내는 문장이다.

2) 비교문의 구분

구분	어순	예시
_____	'A비교항+比+B피비교항+형용사/동사(구)+(_____)'	今年比去年冷。 他个子比我高5厘米。
_____	'A비교항+跟/和+B피비교항+一样(+형용사/동사(구))' 'A비교항+有+B피비교항(+___/___)+형용사/동사(구)'	今天的天气跟昨天一样好。 我妈妈有那个明星那么漂亮。
_____	'A비교항+没有+B피비교항(+这么/那么)+형용사/동사(구)'	这个没有那个贵。

3) 비교문의 특징

　(1) '比'자문에서 정도의 강조에는 '很, 非常, 真'이 아닌, '__, __'을 형용사/동사(구) 앞에 사용하고 부정형은 '比' 앞에 '不'를 사용하거나 ('A는 B보다 …하지 않다'), '比' 대신 '没(有)'를 사용한다 (열등비교, 'A는 B만큼 …하지 않다').

　(2) '跟/和…一样' 비교문의 부정형은 '一样' 앞에 '不'를 추가한 '_____'을 사용한다.

　(3) '有' 비교문의 부정형은 '___'를 사용하지만 실제 언어 환경에서는 '没有'를 사용한 비교문이 '有'를 사용한 비교문보다 많이 사용된다.

　(4) '没有' 비교문은 두 대상을 비교하여 A가 B의 정도에 _____을 나타낸다.

9. 처치문

1) 처치문(_____)이란 개사 '把', '将'이 목적어와 결합한 '개사-목적어'구가 _____의 역할을 담당하고, 주어행위자의 동작행위로 인해 목적어한정, 수동자가 _____ 또는 _____를 겪는 문장으로 '把'자문이 대표적이고, '将'은 주로 서면어에서 사용한다. _____ 사람/사물에 어떠한 변화가 일어나도록 처치한다는 뜻에서 '처치문', '처치식'이라고 한다.

　- 형식: '주어행위자+把/将+목적어한정, 수동자+서술어+기타성분'

(____) 주어	把	(_____) 목적어	서술어	기타성분
他	把	这本书	放	在桌子上
我	把	作业	做	完了

2) '把'자문의 구분

구분	___이동	___변화
어순	'주어+把+목적어+서술어+[在/到/给+장소/수령자]'	'주어+把+목적어+서술어+[___]'
예시	我把铅笔递给朋友了。	请把菜单拿过来。
의미	주어의 동작행위로 인해 목적어의 위치가 이동되거나 다른 대상자에게 전달됨	주어의 동작을 통해 목적어에 어떠한 상태변화가 발생함
기타성분		결과, ___, 상태보어
변환	'주술목'의 형식으로 변환할 수 ___	'주술목'의 형식으로 변환할 수 ___

3) '把'자문의 특징

(1) 동사의 제한: 대상에 대한 영향이나 상태변화를 나타내지 못 하는 '_____
_____' 등 동사는 '把'자문 사용할 수 없음

(2) 목적어의 제한: '把'의 목적어는 한정적인 사람/사물

___적인 대상	비한정적인 대상
他把那本书看完了。	*他把一本书看完了。

(3) 동사 뒤 부가 기타성분:

보어	동태조사	동사중첩
他把房间打扫干净了。(___보어) 请把菜单拿过来。(___보어)	我把钱包丢了。 ('__'는 제거/소실류 동사 '吃, 喝, 卖, 丢, 忘, 脱' 등과 함께 사용할 수 있음) 你先把这本书拿着。 ('__'는 '把'자문이 결과상태의 지속을 요구하는 명령문인 경우 사용할 수 있음)	你把黑板擦擦。 (뚜렷한 변화를 수반하는 동작 ___)
*他把这本书看得懂。 (_____는 발생하지 않은 동작/상황에 대한 ___을 나타내므로 동작 완성 이후의 결과상태를 나타내는 '把'자문에 사용할 수 없음)	*我把这本书看过。 ('__'는 사건이 과거에 발행한 적이 있음을 ___으로 나타내므로, 동작 완성 이후의 ___를 나타내는 '把'자문에 사용할 수 없음)	

(4) 조동사, 부사의 출현 위치: 개사 '把' ___에 사용

조동사	부사
我想把这本书送给你。	我已经把这本书看完了。

10. 피동문

1) 피동문(被动句)이란 개사 '_____' 이 목적어와 결합한 '개사-목적어'구가 _____의 역할을 담당하고, 한정적인 주어수동자가 동작행위의 영향을 받아 어떠한 변화를 겪었음을

나타내는 문장이다.

- 형식: '주어한정, 수동자+被/叫/让+목적어행위자+동사+기타성분'

(한정, 수동자) 주어	被/叫/让	(행위자) 목적어	서술어	기타성분
我的自行车	被	弟弟	骑	走了
咖啡	叫	他	喝	了

2) 피동문의 구분

구분	어순	예시
'被'자문	'주어한정, 수동자+被+목적어행위자+동사+기타성분'	洗手间被打扫干净了。
'叫'자문 '让'자문	'주어한정, 수동자+叫/让+목적어행위자+동사+기타성분'	那本书叫/让他借走了。
의미상 피동문	'주어한정, 수동자+동사+기타성분'	作业做完了。

3) 피동문의 특징

(1) '被'자문은 주로 '원치 않은 일의 발생(_____)'이라는 부정적인 의미를 나타내고, 행위자를 알지 못하거나 그에 대한 설명이 필요하지 않은 경우, '被'의 목적어행위자는 생략할 수 있다. 서술어 뒤에 변화의 상태를 나타내는 _____(각종 보어 및 동태조사 '了', '过')이 사용되어야 하고 '有, 在, 是' 등 _____이 없는 동사는 '被'자문의 서술어동사로 사용할 수 없다. _____, 부사는 개사 '被' ___에 사용한다.

(2) '叫', '让' 도 피동문을 구성할 수 있으며, 주로 ___에 사용하고 '叫', '让' 피동문의 목적어행위자는 생략할 수 ___.

(3) 의미상 피동문(_____)은 '被, 叫, 让'과 같은 형식적인 표지 없이 피동의 의미를 나타낼 수 있으며 의미상 피동문은 _____ 의미를 내포하지 않는다.

Chapter 18. 중국어의 문장

1. 중국어의 문장

1) 문장(sentence, ____)이란 구조적으로 독립적이고, 어기(____)를 가지며, 완전한 의미를 나타내는 최소 단위이자, 문법의 가장 큰 단위이다. 앞·뒤에 휴지(____)를 두며, 일정한 억양(____)을 가진다.

2. 문장의 구분

구분	분류		예시
____	주어서술어문(____)	동사서술어문	我们走吧！
		형용사서술어문	他很忙。
		명사서술어문	他上海人。
		____	他脑子很聪明。
	비주어서술어문(非主谓句)		对！猫！是我。
기능	평서문(陈述句)		这是我的书。
	명령문(____)		别睡了！
	의문문(疑问句)		他有弟弟吗？
	감탄문(感叹句)		真美啊！

1) 기능에 따른 구분

   (1) _____(陈述句)이란 어떠한 사실이나 사건/상태를 설명하고 진술하는 문장이다.

   (2) 명령문(_____)이란 어떠한 행위를 하거나 하지 말 것을 명령, 요구, 재촉, 권유하는 문장이다.

   (3) 의문문(_____)이란 화자가 청자에게 물어 그 대답을 요구하는 문장이다.

구분		의미	예시
주요 형식	판정의문문 (____)	청자에게 긍정 혹은 부정의 판단을 묻는 의문문	你是中国人吗？
	의문대사의문문 (____)	의문대사를 사용하여 사람, 장소, 시간, 상태, 방법, 성질 등을 묻는 의문문	他是谁？
	선택의문문 (____)	청자에게 2개 이상의 선택항을 제시하고, 그 중 하나를 선택하게 하는 의문문	他在家还是在学校？
	정반의문문 (____)	서술어의 긍정 형식과 부정 형식을 연용하여 묻는 의문문	他是不是中国人？
기타	반어문 (____)	의문문의 형식을 가지나, 화자가 이미 확실한 견해를 가지고 있어 실제로는 대답을 요구하지 않는 의문문	我怎么能把你忘了呢？
	추측의문문	화자가 자신의 견해, 추측, 전해 들은 소식에 대해 확신하지 못해 이를 확인하고자 사용하는 의문문	这里是学校食堂吧？
	생략의문문	명사(구)/대사 뒤에 어기조사 '__'를 사용하여 장소(맥락 없을 때), 상황(맥락 있을 때) 등을 묻는 의문문	妈妈呢？

| 기타 | 부가의문문 | 평서문 뒤에 '_____'을 추가하여 청자의 의견을 묻거나 동의를 구하는 의문문 | 你先回去，好不好？ |

(4) 감탄문(_____)이란 과장, 찬양, 의외, 놀라움, 분노 등 감정을 나타내는 문장이다.

3. 복문

1) 복문(____)이란 의미상 밀접하나 구조적으로는 독립된 두 개(또는 이상)의 절로 구성된 문장이다.

2) 복문의 구분

(1) 연합복문(_____): 각 절의 관계가 대등하며, 의미상 주종 관계가 없음

구분	의미	예시
병렬 (____)	각각의 절이 몇 가지 사건, 여러 상황 또는 동일한 사물의 여러 측면을 설명	他一边看书，一边听音乐。
연접 (_____)	각각의 절이 시간 순서 또는 논리상 선후 관계에 따라 연속된 동작/사건을 설명	明天早上我先办点事，然后再找你。
점층 (____)	후행절이 선행절보다 정도, 수량, 범위, 시간 등에 있어 한 층 더 심화된 의미	他不但会说英语，而且还会说日语。
선택 (____)	각각의 절이 제시한 여러 상황 중 하나를 선택할 것을 요구	这次会议，或者你去，或者他去，都无所谓。

(2) 수식복문(_____): 각 절의 관계가 대등하지 않고, 의미상 주종의 구분이 있음

구분	의미	예시
인과 (____)	원인/전제-결과/결론	因为天气热，所以她没去跑步。
조건 (____)	특정조건문: 결과 실현에 필요한 하나 또는 그 이상의 조건-결과 무조건문: 무조건적인 상황-결과(범위 내 모든 조건에서 동일한 결과)	只要天气好，就出去散散步吧。 不管你吃不吃，反正我要吃。
가정 (____)	가정-결과	如果中了彩票，我就辞职去全世界旅行。
양보 (____)	가정된 사실에 대한 인정 및 양보-불변의 결과나 결론	这道题很有难度，即使老师也回答不了。
역접 (____)	사실/관점-대비/반대되는 사실/관점	他下了很大的功夫，不过进步不大。
목적 (____)	동작행위-목적	你多穿点儿衣服，省得着凉。

Chapter 19. 중국어의 상

1. 상

1) 상(aspect, ___, 体貌)이란 문장 중의 주요 동사가 나타내는 ___ 상황이 어떠한 상태('시작, 진행, 지속, 완료' 등과 같은 상태)에 있는가를 나타내는 문법 형식이다.

구분		의미	예시
___	了₁	동사 뒤에서 사건/상황을 하나의 전체로 인식하고 ___/___을 나타냄	我吃了两碗饭。
	了₂	문미에서 상황/상태의 ___를 나타내고 현재와 연관성을 가짐	他去学校了。
	—	동사 뒤에서 과거의 경험을 나타냄	我看过那本书。
미완료상	—	동사 뒤에서 상황의 지속을 나타냄	窗户开着呢。
	___	동사 앞에서 동작의 진행을 나타냄	我正在休息呢。
기타상	___	잠시상/시도상	시작상	계속상	근과거상
	快/要/快要/就要…了₂	___	起来	下去	___

2. 완료상

1) 완료상 '了₁'

- 동태조사 '了₁'는 동사 뒤에서 사건이나 상황을 하나의 전체로 인식하고 그것이 ___ 및 ___되었음을 나타내는데, 사건이 하나의 전체로서 파악된다는 것은 시간적, 공간적, 개념적으로 제한되었다는 것(___, boundedness)을 의미한다. ___, ___, ___에 모두 사용할 수 있다.

특징	예시
___는 고유명사 또는 ___/___의 수식을 받음	我吃了两碗饭。
부정은 没(有)+V	我没(有)吃饭。
서술어로 ___, ___, 형용사는 사용 불가	*我觉得了他有点怪。
___/___ 상황에 사용할 수 없음	*他常常迟到了。

2) 완료 '了₂'

- '了₂'은 문미에서 상황, 상태의 ___를 나타내며, ___와 연관성을 가지며, 청자에게 새로운 상황의 출현을 각인시키거나 새로운 정보를 알리고 문장의 ___ 또는 ___를 표현한다.

특징	예시
상황이 이미 발생함(___)	我毕业十年了。
상황의 ___	天黑了。
앞으로 발생할 변화 및 새로운 ___	快到了。
___ 변화	别生气了!
___(새로운 상황이 화자의 예측을 초과)	太好了!

3) 완료상 '了₁'와 완료 '了₂'

특징	예시
두 사건의 선후 ____ 표시	我明天吃了₁饭，去看电影。
하나의 사건이 ____/____	我吃了₁三碗饭。
____와 함께 사용되어 현재(발화시)까지 다다른 시간/수량	我吃了₁三碗饭了₂。
동작 사건이 이미 완성/실현되고 그것이 ____(발화시)까지 영향을 미침	我吃了₁饭了₂。
_____인 경우 '了₁' 생략 가능	我吃(了₁)饭了₂。

4) 경험상 '过'

- _____ '过'는 동사의 뒤에서 과거에 발생한 동작이나 존재했던 상태를 나타내고, 하나의 전체로 인식된 사건의 ____, 실현을 나타낸다는 점에서 '了₁'와 유사하나, 현재와 단절된 과거의 동작 또는 상태라는 점에서 차이가 있다.

3. 미완료상

1) 지속상 '着'

- _____ '着'는 동사의 뒤에 사용되어 _____의 지속(동태적) 및 동작 완료 후 _____의 지속(정태적)을 모두 나타낸다.

특징	예시
____ 상태의 지속/____ 과정의 지속	窗户开着呢。(____의 지속)/我正在开着会呢。(____의 지속)
방식/수단	她躺着看书。
____	墙上贴着一张地图。

2) 진행상 '在/正/正在'

- ____ '在/正/正在'는 동사 앞에 사용되어 동작행위가 ____ 중임을 나타낸다.

구분	의미	예시
____	동작의 진행 상태 강조	她一直在等你。
____	동작의 시점 강조	我正吃饭呢。
____	동작이 그 순간 진행 중임을 강조	爸爸正在打扫客厅。
____	동작의 진행 강조	我在打电话呢。

4. 기타상

구분	의미	예시
____	동작/행위/상태가 가까운 미래에 발생할 것임	五分钟以后就要上课了。
잠시상/시도상	_____은 동작 시간의 짧음 또는 시도의 의미	这件衣服你试试看吧。
시작상	복합방향보어 '____'는 서술어 뒤에서 동작이나 상태의 시작 및 지속을 나타냄	天气慢慢暖和起来了。
계속상	복합방향보어 '____'는 서술어 뒤에서 어떠한 동작이 현재부터 미래까지 계속됨을 나타냄	你按照这个计划继续干下去吧。

구분	의미	예시
——	'来着'는 문미에서 어떤 상황이 가까운 과거에 발생한 적이 있음을 나타냄	你刚才说什么来着？

강의노트

Chapter 20. 중국어의 주요 문법 원리

1. 한정성

1) 한정성(_____, 有定)은 화자가 발화한 명사구에 대해 청자가 그 대상을 특정 사물과 일치시켜서 담화 가운데 존재하는 같은 부류의 여러 실체 사이에서 구분할 수 있는지에 대한 화자의 예측과 관련된 것으로, 화자가 가리키는 임의의 대상을 청자가 구분할 수 있다고 화자가 예측할 수 있는 것을 '한정성'이라고 하고, 청자가 이를 구분할 수 없다고 화자가 예측하는 것을 '비한정성(indefiniteness, ____)'이라고 한다.

한정성	비한정성
_____(old information, 旧信息)	신정보(new information, _____)
____(topic, 话题)	____(comment, 述题)
_____ 명사구	_____ 명사구
我们 中国 这本书	书 一本书

2) 한정성과 중국어

– 중국어는 서술어를 중심으로 한정성이 높은 명사구는 서술어의 앞에서 ____로, 비한정성이 강한 명사구는 서술어의 뒤에서 _____로 사용되는 강한 경향성을 가진다.

구분	특징	예시
주어/목적어	주어는 _____ 명사구/목적어는 주로 _____ 명사구	那个人来了。/我看了一本小说。
존현문	사람/사물이 존재하는 상태, 출현 및 소실을 나타내는 존현문의 _____는 _____ 명사구	学校前面有一家咖啡厅。
'把'자문	'把'자문은 목적어가 겪는 _____ 또는 _____를 주요하게 나타내므로, '把'자문의 _____는 _____ 명사구	他把这瓶啤酒喝完了。

2. 시간순서원칙

1) _____(The Principle of Temporal Sequence, PTS)이란 "두 통사 단위의 상대적 순서는 그들이 나타내는 개념 영역 속 상태의 시간순서에 의해 결정된다."(Tai 1985/1988)는 원리이다. _____로 어순 의존도가 높은 중국어에서 동사와 관련된 성분들(서술어, _____, 보어 등)은 사건이 발생한 순서에 따라 배열되는 '시간순서원칙'을 준수한다.

2) 시간순서원칙과 중국어

(1) 시간순서원칙과 _____, 보어

구분	특징	예시
부사어 vs. ____보어	부사어는 서술어 사건의 ___ 및 ___ 상태보어는 서술어 사건의 ___ 및 ___	他很开心地说着。 他说得很开心。
개사구부사어 vs. ____보어	개사구부사어는 서술어 _에서 주로 장소, 시간, 방식 등 개사구보어는 서술어 _에서 사건의 결과, 종착지 등	他在马背上跳。 他跳在马背上。
시간부사어 vs. ____보어	시간부사어는 사건의 발생시간을 제한하는 '___' 수량보어는 사건의 지속시간 또는 완료 후 경과시간인 '_____'	他昨天学习了三个小时。

(2) 시간순서원칙과 특수구문

구분	특징	예시
연동문	연동문을 구성하는 두 동사구는 시간순서원칙에 따라 배열되고, 연속된 동작, ___, ___, 방식/수단 등 의미관계 표시	我回家休息。
겸어문	겸어문을 구성하는 두 동사구 역시 시간순서원칙에 따라 배열	妈妈让我做作业。
'把'자문	'把'자문은 시간순서원칙에 따라 먼저 ___의 대상을 확정하고('把'+목적어) 그 뒤에 _____ 및 결과를 배열	他把衣服脱了。
_____	동사복사문은 시간순서원칙에 따라 먼저 목적어에 대한 동작행위가 이루어지고 그에 따른 결과가 나타나는 '동사+_____+동사+보어'의 어순으로 배열	他吃生鱼片吃惯了。

313

부록

연습문제

한국문화사 독자자료실 접속 → 중국어 문법 강의 폴더 → 답안지 다운로드

연습문제

Chapter 1. 중국어 문법 개관

※ 다음 설명이 맞으면 O, 틀리면 X 표시하고 바르게 고치시오.

(1) 문장은 구조적으로 독립적이고, 완전한 의미를 나타내는 최소 단위이다.

　　　(　)→

(2) 문장은 어조语调와 어기语气를 가지고, 문장부호(마침표, 물음표, 느낌표 등)로 구분된다.

　　　(　)→

(3) 단어는 문장에서 자유롭게 운용될 수 있는 최소 단위이다.

　　　(　)→

(4) 형태소는 소리를 가진 최소의 단위이다.

　　　(　)→

(5) 구는 두 개 이상의 형태소로 이루어진 단위이다.

　　　(　)→

※ 다음 예문을 문법단위로 분석하시오.

> 我喜欢黑咖啡。

(1) 문장　→ (　)개, _____

(2) 구　　→ (　)개, _____

(3) 단어　→ (　)개, _____

(4) 형태소 → (　)개, _____

※ 다음 단어를 품사에 따라 분류하시오.

> 人　是　我　好　公司　很　如果　喂　叮铃铃　不过
> 关于　渐渐　一　雪白　两　个　又　的　把　了　从　次
> 十　糊里糊涂　做　主要　这　北京　吗　今天　睡觉　什么

(1) 명사　→

(2) 대사　→

(3) 동사　→

(4) 형용사 →

(5) 수사 →

(6) 양사 →

(7) 부사 →

(8) 개사 →

(9) 조사 →

(10) 접속사 →

(11) 감탄사 →

(12) 의성사 →

※ **다음 예문을 문장성분으로 분석하시오.**

(1) 我喝黑咖啡。

　　→

(2) 我在咖啡厅喝黑咖啡。

　　→

(2) 我喝完了咖啡。

　　→

※ **중국어의 유형적 특징에 대한 다음 설명의 빈칸을 알맞게 채우시오.**

(1) 중국어는 형태 변화가 없는 (　　　　　)이다. 따라서 문장의 의미는 '어순'과 '허사'를 통해 나타난다.

(2) 중국어는 (　　　)를 가진 언어이다. 중국어 보통화普通话는 4개의 성조를 가진다.

(3) 중국어의 기본 어순은 (　　　　　　　)이다.

(4) 중국어는 (　　　)가 매우 발달한 언어로, 명사의 수를 나타낼 때에는 반드시 (　　　)를 함께 사용해야 한다.

(5) 중국어의 동사와 관련 성분들(서술어, 부사어, 보어 등)은 (　　　　　　)에 따라 어순이 결정된다.

(6) 중국어는 '(　　　　) 중심 언어'로, 문장의 첫 부분에 두 개의 명사(구)가 사용되는 경우가 많다.

(7) 중국어는 (　　)음절 언어이다.

연습문제

Chapter 2. 명사

※ 다음 단어를 명사가 나타내는 의미에 따라 분류하시오.

| 亚洲 | 教室 | 人 | 上 | 北京 | 周围 | 早上 | 后面 | 以前 |
| 花 | 人类 | 附近 | 长城 | 刚才 | 花草 | 邓小平 | 友谊 | |

1. 고유명사 →

2. 보통명사 →

3. 장소명사 →

4. 방위명사 →

5. 시간명사 →

※ 다음 밑줄 친 명사의 문장성분을 쓰시오.

(1) 我没有汉语书。   (   )

(2) 菜都准备好了。   (   )

(3) 现在十一点半。   (   )

(4) 国庆节是十月一号。   (   )

(5) 我刚才在路上碰到他。   (   )

※ 다음 중 문법적으로 옳은 문장은O, 틀린 문장(어색한 문장 포함)은 X 표시하고 바르게 고치시오.

(1) 我爷爷都八十了。   (   )→

(2) 他在哪儿？—— 里。   (   )→

(3) 咱们去沙发坐一会儿吧。   (   )→

(4) 人人都知道。   (   )→

(5) 他在中国里。   (   )→

※ 다음 문장을 바르게 고치고 이유를 설명하시오.

(1) *教室里有很多学生们。

　　→

　　이유:

(2) *她不学生。

　　→

　　이유:

(3) *那本书在桌子。

　　→

　　이유:

Chapter 3. 대사

※ 다음 밑줄 친 대사의 문장성분을 쓰시오.

(1) 她不在这里。　　　(　　　)

(2) 你的书包呢?　　　(　　　)

(3) 今天就这样吧!　　　(　　　)

(4) 他汉语说得怎么样?　　　(　　　)

(5) 你别这么生气。　　　(　　　)

※ 괄호 안에 가장 알맞은 대사를 채워 넣으시오.

> 他们　几　这　那时　谁　怎么
> 多少　哪儿　人家　自己　那儿

(1) (　　　)都可以参加。

(2) 芒果(　　　)卖?

(3) 我要买这(　　　)本书, 一共(　　　)钱?

(4) 你现在在(　　　)?

(5) 我们俩(　　　)一个20岁, 一个22岁。

(6) (　　　)都那么努力学习, 你怎么还在玩?

(7) (　　　)是同班同学。

(8) 你(　　　)好好儿想一想该怎么做。

(9) 下午我要去老师(　　　)一趟。

(10) (　　　)是我的中国朋友。

※ 다음 중 문법적으로 옳은 문장은 O, 틀린 문장(어색한 문장 포함)은 X 표시하고 바르게 고치시오.

(1) 您们是哪国人?　　　(　　　)→

(2) 你先把行李放到我这儿。　　　(　　　)→

(3) 你们继续聊吧, 咱们先走了。(　　　)→

(4) 他今年多小了?　　　(　　　)→

(5) 今天就这样吧！　　　　　　（　）→

※ 밑줄 친 표현을 중심으로 주어진 문장의 의미를 비교하시오.

(1) a. 你<u>为什么</u>没来上课？　　　b. 你<u>怎么</u>没来上课？

　　→

(2) a. 你想喝<u>什么</u>？　　　b. 你想喝点儿<u>什么</u>吗？

　　→

※ 다음 문장을 바르게 고치고 이유를 설명하시오.

(1) *咱们是中国人，你们是韩国人，我们都是亚洲人。

　　→

　　이유:

(2) *他怎么非常不高兴？

　　→

　　이유:

(3) *哪是你的老师？

　　→

　　이유:

연습문제

Chapter 4. 동사

※ 다음 단어를 동사가 나타내는 의미에 따라 분류하시오.

| 等 | 醉 | 病 | 站 | 是 | 坐 | 躺 | 爱 |
| 姓 | 睡 | 到 | 属于 | 离开 | 讨厌 |

1. 동작동사 →

2. 상태동사 →

3. 관계동사 →

※ 다음 밑줄 친 동사의 문장성분을 쓰시오.

(1) 我踢足球。　　　　　(　　　)

(2) 我没看懂。　　　　　(　　　)

(3) 做菜不是我的专长。　(　　　)

(4) 我们正在进行研究。　(　　　)

(5) 昨天买的面包很好吃。(　　　)

(6) 他拼命地工作。　　　(　　　)

※ 다음 중 문법적으로 옳은 문장은 O, 틀린 문장(어색한 문장 포함)은 X 표시하고 바르게 고치시오.

(1) 他毕业复旦大学。　　(　　)→

(2) 我跟他握了握手。　　(　　)→

(3) 我们出去运动一运动。(　　)→

(4) 他在沙发上坐着。　　(　　)→

※ 밑줄 친 표현을 중심으로 주어진 문장의 의미를 비교하시오.

(1) a. *他很去。　　b. 他很怕。

　　→

⑵ a. 你再看一看。　　b. 你看！

　　→

※ **다음 문장을 바르게 고치고 이유를 설명하시오.**

⑴ *他在门口等了等一个小时。

　　→

　　이유:

⑵ *刚才唱唱的歌很好听。

　　→

　　이유:

⑶ *我想结婚他。

　　→

　　이유:

⑷ *你去不去图书馆吗？

　　→

　　이유:

연습문제

Chapter 5. 조동사

※ 다음 밑줄 친 능원동사의 의미를 찾아 기호를 쓰시오.

> A. 능력 (학습을 통한 기능의 갖춤)
> B. 능력 (선천적/일정 수준에 도달한/회복한 능력)
> C. 추측 (사건 발생 가능성에 대한 주관적 예측, 일반적 사실/개별적 특징에 따른 객관적 예측)
> D. 추측 (이치, 섭리 등에 따른 예측)
> E. 추측 (주관성이 부가된 비교적 강한 추측)
> F. 추측 (확정적이고 확신을 가진 비교적 강한 추측)
> G. 바람 (어떤 일에 대한 바람, 계획)
> H. 의지, 바람 (어떤 일에 대한 강한 바람, 의지)
> I. 허락, 허가
> J. 의무, 도리 (마땅히 해야함, 반드시 해야함)
> K. 의무, 도리 (이치상, 객관적 사실에 따른 필요성)

(1) 我会说英语。　　　　　　(　)

(2) 明天会下雨　　　　　　　(　)

(3) 你又逃课了，老师准得说你。(　)

(4) 这里能抽烟吗？　　　　　(　)

(5) 这件衬衫得用手洗。　　　(　)

(6) 你想不想去中国？　　　　(　)

(7) 为了健康，要多运动。　　(　)

(8) 现在可以进来。　　　　　(　)

(9) 都三点了，他们应该下课了。(　)

(10) 我要找工作。　　　　　　(　)

(11) 你这样做要出问题的。　　(　)

(12) 他一次能跑5公里。　　　(　)

※ 다음 중 문법적으로 옳은 문장은 O, 틀린 문장(어색한 문장 포함)은 X 표시하고 바르게 고치시오.

(1) 你向他应该表示感谢。　　（　）→
(2) 你一定要参加今天的会议。（　）→
(3) 我要了做作业。　　　　　（　）→
(4) 我很想去中国旅行。　　　（　）→
(5) 他没会游泳。　　　　　　（　）→

※ 밑줄 친 표현을 중심으로 주어진 문장의 의미를 비교하시오.

(1) a. 他真<u>会</u>吃。　　　b. 他真<u>能</u>吃。

　　→

(2) a. 你好好儿<u>想</u>办法。　b. 我<u>想</u>好好儿休息一下。

　　→

※ 다음 문장을 바르게 고치고 이유를 설명하시오.

(1) *我想不去。

　　→

　　이유:

(2) 你会不会开车？—— *开车

　　→

　　이유:

(3) *我要要做作业。

　　→

　　이유:

(4) *不得那么努力学习。

　　→

　　이유:

연습문제

Chapter 6. 형용사

※ 다음 단어를 형용사의 유형에 따라 분류하시오.

> 绿油油　大　短　男　大大　笔直　绿　副　主要
> 清楚　聪明　国营　土里土气　清清楚楚　高档

(1) 성질형용사　　→

(2) 상태형용사　　→

(3) 비서술어성 형용사 →

※ 다음 중 문법적으로 옳은 문장은 O, 틀린 문장(어색한 문장 포함)은 X 표시하고 바르게 고치시오.

(1) 这件衣服很漂亮。　　　(　)→

(2) 这些是不主要问题。　　(　)→

(3) 她的头发长长的。　　　(　)→

(4) 我很饱了肚子。　　　　(　)→

(5) 他匆匆忙忙地离开了。　(　)→

※ 다음 형용사의 알맞은 중첩형을 쓰시오.

(1) 小　　→

(2) 清楚→

(3) 漂亮→

(4) 糊涂→

(5) 笔直→

(6) 香　　→

※ 밑줄 친 표현을 중심으로 주어진 문장의 의미를 비교하시오.

(1) a. 这朵花<u>不红</u>。　　　b. 这朵花<u>还没红</u>。

　　→

(2) a. 我以前胖过，现在瘦了。　　b. *我以前胖胖过，现在瘦瘦了。
　　　→

※ **다음 문장을 바르게 고치고 이유를 설명하시오.**

(1) *这是高档的产品。
　　　→
　　　이유:

(2) *昨晚下了大雪，到处雪雪白白的。
　　　→
　　　이유:

(3) *他做事不认认真真。
　　　→
　　　이유:

(4) *她穿了一件很雪白的连衣裙。
　　　→
　　　이유:

Chapter 7. 수사, 양사

※ 다음 밑줄 친 수사의 문장성분을 쓰시오.

(1) 十是五的两倍。　　(　　　)

(2) 他今年十七。　　　(　　　)

(3) 九的三分之一是三。(　　　)

(4) 五的两倍是十。　　(　　　)

※ 다음 주어진 수 표현을 올바른 중국어로 쓰시오.

(1) 2220　　　　　→

(2) 123456789　　→

(3) 11111　　　　→

(4) 1001　　　　　→

(5) 1949年10月1号 →

(6) 80.90元　　　 →

(7) 3.23　　　　　→

(8) 70%　　　　　→

※ 다음 괄호 안에 '二' 또는 '两'을 채워 넣으시오.

(1) (　　)两饭

(2) (　　)分之一

(3) 十(　　)个人

(4) (　　)尺

(5) (　　)把扇子

(6) (　　)百

(7) 第(　　)

(8) (　　)点(　　)十分

※ 다음 중 문법적으로 옳은 것은 O, 틀린 것은(어색한 경우 포함)은 X 표시하고 바르게 고치시오.

(1) 三四天　　　　　(　)→

(2) 十八九　　　　　(　)→

(3) 两多个小时　　　(　)→

(4) 一百来个人　　　(　)→

(5) 圣诞节左右　　　(　)→

(6) 三个小时前后　　(　)→

※ 밑줄 친 표현을 중심으로 주어진 문장의 의미를 비교하시오.

(1) a. 十<u>多</u>块钱　　b. 十块<u>多</u>钱　　c. 十<u>多</u>个人　　d. *十个<u>多</u>人

　　→

(2) a. 我们班同学<u>个个</u>都会游泳。　　b. *我们班同学<u>个个</u>游泳的水平都不一样。

　　→

※ 다음 문장을 바르게 고치고 이유를 설명하시오.

(1) *这件衣服一点儿大。

　　→

　　이유:

연습문제

(2) *你是哪个国人？

　　→

　　이유:

(3) *我认识他们个个。

　　→

　　이유:

(4) *她们个个地走了进来。

　　→

　　이유:

Chapter 8. 부사

※ 주어진 부사 중 가장 알맞은 부사를 선택하시오.

(1) 他(　　)喜欢读书。　　　　　　　　　　(一直，从来)

(2) 他(　　)没去过中国。　　　　　　　　　(一直，从来)

(3) (　　)来台风了！这已经是第三次了。　　(再，又，还)

(4) 你(　　)等我几分钟吧。　　　　　　　　(再，又，还)

(5) 这部电视剧(　　)吸引人了。　　　　　　(真，太)

(6) 你(　　)聪明啊！　　　　　　　　　　　(真，太)

(7) 他们(　　)是韩国人。　　　　　　　　　(还，都)

(8) 时间有点儿紧张，我们(　　)打车去吧。　(只是，还是)

(9) 孩子感冒了，我(　　)感冒了。　　　　　(还，也)

(10) 他听了一遍(　　)听明白了。　　　　　 (就，才)

※ 다음 중 문법적으로 옳은 것은 O, 틀린 것은(어색한 경우 포함)은 X 표시하고 바르게 고치시오.

(1) 他刚走了，你可能还赶得上。(　)→

(2) 我买了一件真漂亮的衣服。(　)→

(3) 他的中文说得很好。(　)→

(4) 我没能通过考试。(　)→

(5) 我并没有生气。(　)→

※ 밑줄 친 표현을 중심으로 주어진 문장의 의미를 비교하시오.

(1) a. 他1950年就到北京来了。　　b. 他1950年才到北京来。

　　→

연습문제

(2) a. 他一小时只读了十页。　　b. 他十页只读了一小时。

→

※ 다음 문장을 바르게 고치고 이유를 설명하시오.

(1) *这篇文章比较地难。

→

이유:

(2) *我上个月刚才去过中国。

→

이유:

(3) *他每天早上都没吃早饭。

→

이유:

(4) 她已经回国了吗？——*已经。

→

이유:

Chapter 9. 개사

※ 괄호에 들어갈 가장 알맞은 개사를 보기에서 골라 넣으시오.

(1) 请你(　　　)这边看。　　　　　　　　　　　(往, 向, 朝)

(2) 代表们来(　　　)世界各地。　　　　　　　　(从, 自, 由)

(3) 世界二战发生(　　　)1939年。　　　　　　　(在, 从, 离)

(4) 不好意思, (　　　)您添麻烦了。　　　　　　(给, 对, 为)

(5) (　　　)政府的统计, 今年的失业率有所下降。(按照, 根据, 通过)

※ 다음 괄호에 공통으로 사용될 알맞은 개사를 채워 넣으시오.

(1) a. 抽烟(　　　)身体没什么好处。b. 妈妈在车站(　　　)我招手。c. 他(　　　)我很好。

→ (　　　)

(2) a. 我(　)你介绍, 她是我的小学同学。b. 我(　　　)她借了一本书。c. 我(　　　)他表示感谢。

→ (　　　)

(3) a. 他(　)家里出发去公司。b. 你可以(　　　)这里绕过去。c. (　　　)北京到上海, 坐飞机要两个小时。

→ (　　　)

(4) a. 这次招聘是(　　　)你负责吧？ b. 这场疾病是(　　　)环境污染引发的。c. 中国改革开放(　　　)1978年开始。

→ (　　　)

(5) a. 这孩子(　　　)脑子聪明以外, 动作也很快。b. (　　　)这个问题以外, 其他问题都解决了。

→ (　　　)

※ 다음 중 문법적으로 옳은 것은 O, 틀린 것은(어색한 경우 포함)은 X 표시하고 바르게 고치시오.

(1) 我们向他学习汉语。　　　　　　　　(　)→

(2) 随着时间的推移, 问题变得更加复杂。(　)→

연습문제

(3) 趁热吃吧！　　　　　　　　　　　（ ）→

(4) 我对过他说，你是最优秀的。　　　（ ）→

(5) 从高考还有100天。　　　　　　　（ ）→

※ 밑줄 친 표현을 중심으로 주어진 문장의 의미를 비교하시오.

(1) a. 对于这次计划，他觉得很不满意。　　b. 关于这次计划，大家都没什么好主意。

　　→

(2) a. 飞机飞往光州。　　　　　　　b. 飞机飞向蓝天。

　　→

※ 다음 문장을 바르게 고치고 이유를 설명하시오.

(1) *为了人民服务。

　　→

　　이유:

(2) *我关于你提到的提案已经有了一些初步的想法。

　　→

　　이유:

(3) *我朝他表示感谢。

　　→

　　이유:

(4) *在春天的风景很美。

　　→

　　이유:

Chapter 10. 조사

※ 괄호에 들어갈 가장 알맞은 조사를 보기에서 골라 넣으시오.

> 的　地　得　了　着　过　吗　呢　吧

(1) 他们很仔细(　　)阅读了这篇论文。

(2) 她(　　)汉语很好。

(3) 桌子上放(　　)一份盒饭。

(4) 我的手机(　　)?

(5) 这个城市曾经也繁华(　　)。

(6) 快放假(　　)。

(7) 你认识他(　　)?

(8) 最近天气热(　　)要命。

(9) 他会答应你(　　)。

(10) 你不用送我。—— 那好(　　), 路上小心。

(11) 我昨天去书店买(　　)一本书。

(12) 天还亮着(　　)。

※ 다음 중 문법적으로 옳은 것은 O, 틀린 것은(어색한 경우 포함)은 X 표시하고 바르게 고치시오.

(1) 他去不去学校吗? (　　) →

(2) 我们明天再地聊吧。(　　) →

(3) 他的汉语好得很。(　　) →

(4) 我每天晚上11点睡觉。(　　) →

(5) 他们很仔细阅读了这篇论文。(　　) →

※ 밑줄 친 표현을 중심으로 주어진 문장의 의미를 비교하시오.

(1) a. <u>中国朋友</u>　　b. <u>中国的朋友</u>

　　→

연습문제

(2) a. 他们是昨天到的首尔。 b. 他们昨天到了首尔。

→

(3) a. 你是复旦毕业的吧？ b. 今天你在家休息吧。 c. 旁边有人吗？——没有，你坐吧。

→

※ 다음 문장을 바르게 고치고 이유를 설명하시오.

(1) *他早地到了半个小时。

→

이유:

(2) *他高兴答应了我的请求。

→

이유:

(3) *这个玻璃的杯很漂亮，我也想买一个。

→

이유:

Chapter 11. 접속사

※ 괄호에 들어갈 가장 알맞은 접속사 및 관련 단어를 보기에서 골라 넣으시오.

| 或者　　和　　因为　　一边…一边…　　又…又…　　由于…因此… |
| 先…然后…　　哪怕…都…　　不是…而是…　　不是…就是… |

(1) 他们都感到幸福(　　)骄傲。

(2) 我的妹妹(　　)聪明(　　)漂亮。

(3) 你(　　)去刷牙, (　　)上床睡觉吧。

(4) 老师大概一号(　　)二号回来。

(5) 我(　　)不想去, (　　)不能去。

(6) 大家(　　)已经回家了, (　　)在回家的路上。

(7) 花钱不心疼, (　　)不是我的。

(8) (　　)他经常旷课, (　　)被老师批评了。

(9) 老师(　　)讲, 我们(　　)写。

(10) 最困难的时候, (　　)是一句鼓励的话, (　　)能起很大作用。

※ 다음 중 문법적으로 옳은 것은 O, 틀린 것은(어색한 경우 포함)은 X 표시하고 바르게 고치시오.

(1) 只要天气好, 我们就去跑步吧。

(　　)→

(2) 因为他经常旷课, 因此被老师批评了。

(　　)→

(3) 你就住在宿舍吧, 省得还得每天来回跑。

(　　)→

(4) 他每天都坚持锻炼, 以免保持身体健康。

(　　)→

(5) 我跟她都是大学生。

(　　)→

337

연습문제

※ 다음 문장을 바르게 고치고 이유를 설명하시오.

(1) *我看了电影和喝了咖啡。

　　→

　　이유:

(2) *你吃中国菜或者吃韩国菜？

　　→

　　이유:

(3) *能考上名牌大学虽然很好，但考不上也无所谓。

　　→

　　이유:

(4) *你说的既对也不对。

　　→

　　이유:

Chapter 12. 감탄사

※ 괄호에 들어갈 가장 알맞은 감탄사를 보기에서 골라 넣으시오.

嗯　喂　噢　咦　呸　啊　嗨　哎呀

(1) (　　　), 你在干嘛呢？

(2) 你听不懂吗？——(　　　), 我该怎么做呢？

(3) (　　　), 我想起来了。

(4) (　　　), 你胡说！

(5) (　　　), 你怎么来了？

(6) (　　　), 最可惜的是以前没买张国荣的专辑。

(7) (　　　)？你说什么话？

(8) 这些小家伙, (　　　)！真有意思。

※ 다음 문장에서 감탄사 '啊'가 나타내는 감정과 어조를 연결하시오.

가. 깨달음　　나. 응답　　다. 추궁　　라. 놀라움
a. 하강 어조　b. 상승하고 짧은 어조　c. 상승하고 느린 어조　d. 하강하고 짧은 어조

(1) 啊, 是他呀。　　→

(2) 啊, 他们分手了？　→

(3) 啊, 就这样吧。　　→

(4) 啊？你说什么？　　→

연습문제

Chapter 13. 의성사

※ **괄호에 들어갈 가장 알맞은 의성사를 보기에서 골라 넣으시오.**

扑通扑通　　哇哇　　砰砰　　嘀嗒嘀嗒　　叮铃铃　　哗啦啦　　喵喵　　汪汪

(1) 孩子饿了，开始(　　　)大哭。

(2) 有人在门外(　　　)地敲门。

(3) 那只小猫在我脚边(　　　)叫要东西吃。

(4) 教室里很安静，突然电话(　　　)地响了。

(5) 房间里只听见钟表(　　　)的声音。

(6) (　　　)，心脏的跳动又加速了。

(7) 房间内不时传来(　　　)的水声。

(8) 小狗一看见陌生人就(　　　)叫。

※ **다음 밑줄 친 의성사의 문장성분을 쓰시오.**

(1) 他<u>咕噜咕噜</u>喝了一大杯水。　(　　　)

(2) 忽然听到<u>咕咚咕咚</u>的响声。　(　　　)

(3) 风刮得<u>呼呼</u>的。　　　　　　(　　　)

(4) 几个人在那里<u>叽里咕噜</u>。　　(　　　)

Chapter 14. 주요성분

※ 괄호에 들어갈 알맞은 문장성분을 채워 넣으시오.

(부사어) – (관형어) – (　　) – (부사어) – (　　) – (보어) – (관형어) – (　　)

(1) (　　)subject, 主语: 서술어가 나타내는 동작이나 상태의 주체, 서술의 대상.

(2) (　　)predicate, 谓语: 주어의 동작, 상태, 성질 따위에 대한 진술.

(3) (　　)object, 宾语: 서술어를 구성하는 동사의 지배를 받는 대상, 동작의 대상.

※ 다음 밑줄 친 단어(구)의 문장성분을 쓰시오.

(1) 身体健康是最重要的。　　(　　)

(2) 我学习汉语。　　(　　)

(3) 我天津人。　　(　　)

(4) 我肚子疼。　　(　　)

(5) 桌子上放着一本书。　　(　　)

※ 다음 중 문법적으로 옳은 것은 O, 틀린 것은(어색한 경우 포함)은 X 표시하고 바르게 고치시오.

(1) 我朋友告诉他的秘密。　　(　　)→

(2) 王老师教我们。　　(　　)→

(3) 我觉得身体有点不舒服。　　(　　)→

(4) 我借了他。　　(　　)→

(5) 我知道他很聪明。　　(　　)→

※ 주어진 문장의 의미를 비교하시오.

(1) a. 他耳朵软。　　　b. 他的耳朵软。

　　→

(2) a. 他唱歌 | 很好听。　　b. 他 | 唱歌很好听。

　　→

※ 주어진 동사구를 한국어로 번역하고, 동사와 목적어의 의미 관계를 밝히시오.

(1) 洗衣服　　→

(2) 写信　　→

(3) 吃大碗　　→

(4) 吃食堂　　→

(5) 存定期　　→

(6) 来客人　　→

Chapter 15. 부가성분

※ 괄호에 들어갈 알맞은 문장성분을 채워 넣으시오.

( ) – ( ) – 주어 – ( ) – 서술어 – ( ) – ( ) – 목적어

(1) (　　　)adnominal, 定语: 체언성성분(명사, 체언성 대사) 앞에서 이를 수식하는 성분.

(2) (　　　)adverbial, 状语: 용언성성분(동사, 형용사)의 앞에서 이를 수식하는 성분.

※ 다음 밑줄 친 단어(구)의 문장성분을 쓰시오.

(1) 这是<u>汉语</u>词典。　　　(　　)

(2) 外面的雨<u>不停地</u>下着。　　(　　)

(3) 她<u>在家里</u>看电视。　　　(　　)

(4) 他买了一套<u>新</u>房子。　　(　　)

(5) <u>全村的</u>老百姓都来参观了。(　　)

※ 다음 중 문법적으로 옳은 것은 O, 틀린 것은(어색한 경우 포함)은 X 표시하고 바르게 고치시오.

(1) 我马上地过来。　　　　(　　)→

(2) 他是新来的同学。　　　(　　)→

(3) 天气渐渐地好起来了。　(　　)→

(4) 他满载而归回老家了。　(　　)→

(5) 教室里有三个学生。　　(　　)→

※ 주어진 단어(구)를 배열하여 올바른 문장을 만드시오.

(1) 一件, 她, 买了, 中式, 的, 很典型, 上衣

　　→

(2) 在韩国留学, 这是, 的, 朋友, 好, 一位, 送给我的

　　→

(3) 整整三年, 都, 他, 在复旦旦大学, 地, 写, 拼命, 学位论文

　　→

연습문제

(4) 孩子, 哈哈, 地, 大, 开心, 笑起来

　　→

※ 밑줄 친 표현을 중심으로 주어진 문장의 의미를 비교하시오.

(1) a. <u>白</u>纸　　　　　b. <u>白的</u>纸

　　→

(2) a. 他仔细看了一遍。　b. 他仔细地看了一遍。

　　→

※ 다음 문장을 바르게 고치고 이유를 설명하시오.

(1) *他清楚回答了我们的问题。

　　→

　　이유:

(2) *他是我们的副的主任。

　　→

　　이유:

Chapter 16. 보충성분(보어)

※ 괄호에 들어갈 가장 알맞은 보어를 보기에서 골라 넣으시오.

> 上　下　见　开　极　起来　出来　下来　下去　过去

(1) 他中暑了，突然昏(　　　)了。

(2) 我闻(　　　)香味儿了。

(3) 这些事说(　　　)容易，做(　　　)难。

(4) 晚宴热闹(　　　)了。

(5) 一定要打(　　　)牢固的基础。

(6) 那么长的诗他都背(　　　)了。

(7) 你放(　　　)我！

(8) 我想(　　　)一个好主意。

(9) 把优良传统继承(　　　)，发扬(　　　)。

(10) 太累了，闭(　　　)眼睛休息一下。

※ 다음 중 문법적으로 옳은 것은 O, 틀린 것은(어색한 경우 포함)은 X 표시하고 바르게 고치시오.

(1) 汉语他不学会。　　(　) →

(2) 我收到了他的回信。(　) →

(3) 他的成绩好得很。　(　) →

(4) 我们走回去家吧。　(　) →

(5) 我找了一整天你。　(　) →

※ 밑줄 친 표현을 중심으로 주어진 문장의 의미를 비교하시오.

(1) a. 我马上过去。　　b. 我马上过来。

　　→

345

연습문제

(2) a. 我考上了大学。　　b. 我考了大学。

　　→

(3) a. 黑板上的字擦不掉。　　b. 黑板上的字不能擦掉。

　　→

(4) a. 我花了半个小时。　　b. 我看了半个小时。

　　→

※ 다음 문장을 바르게 고치고 이유를 설명하시오.

(1) *他喝酒醉了。

　　→

　　이유:

(2) *我把作业做得完。

　　→

　　이유:

(3) *她非常痛苦得流下泪来。

　　→

　　이유:

Chapter 17. 중국어의 특수구문

※ 괄호에 공통으로 들어갈 가장 알맞은 단어를 넣으시오.

(1) a. 他的发言最(　　)水平。 b. 桌子上(　　)一本书。 c. 我妈妈(　　)那个明星那么漂亮。

　　→ (　　)

(2) a. 他(　　)坐飞机来中国的。 b. 圣诞节(　　)12月25号。 c. 桌子上(　　)书。

　　→ (　　)

(3) a. 台上坐(　　)主席团。 b. 他听(　　)音乐走路。 c. 妈妈让我在家看(　　)弟弟。

　　→ (　　)

(4) a. 我说的(　　)是这个意思。 b. 他(　　)是从美国来的。 c. 这件和那件(　　)一样。

　　→ (　　)

※ 다음 중 문법적으로 옳은 것은 O, 틀린 것은(어색한 경우 포함)은 X 표시하고 바르게 고치시오.

(1) 小王把一张照片拿走了。 (　　)→

(2) 围巾叫大风吹跑了。 (　　)→

(3) 我比姐姐非常高。 (　　)→

(4) 对面走来那位老人。 (　　)→

(5) 我递给朋友铅笔了。 (　　)→

※ 주어진 단어(구)를 배열하여 올바른 문장을 만드시오.

(1) 他家, 被, 房子, 的, 拆, 已经, 了

　　→

(2) 没有, 那家的, 我家的, 这么, 西瓜, 甜

　　→

(3) 我, 他的话, 使, 很, 感到, 满意

　　→

(4) 我, 让, 他, 已经, 回, 老家, 了, 一趟

　　→

연습문제

(5) 我, 体育馆, 去, 羽毛球, 打, 不

　　→

※ 밑줄 친 표현을 중심으로 주어진 문장의 의미를 비교하시오.

(1) a. 我有理由这样做。　　b. 我有一个朋友懂汉语。

　　→

(2) a. 我不比你高。　　b. 我没有你高。

　　→

(3) a. 我做完了作业。　　b. 我把作业做完了。

　　→

(4) a. 窗户被打开了。　　b. 窗户打开了。

　　→

※ 다음 문장을 바르게 고치고 이유를 설명하시오.

(1) *这家书店以前是了咖啡厅。

　　→

　　이유:

(2) *我是在商场碰到了他的。

　　→

　　이유:

(3) *椅子放着一本书。

　　→

　　이유:

(4) *我们明天去去电影院看电影吧。

　　→

　　이유:

Chapter 18. 중국어의 문장

※ 문장부호에 주의하여 괄호에 들어갈 가장 알맞은 어기조사를 채워 넣으시오.

(1) 他会帮你(　　)。

(2) 太好(　　)！

(3) 真美(　　)！

(4) 咱们一起走(　　)。

(5) 妈妈(　　)？

(6) 难道你还不懂(　　)？

※ 괄호에 들어갈 가장 알맞은 접속사 및 부사를 보기에서 골라 넣으시오.

| 或者…或者…　　只要…就…　　哪怕…也…　　连…都… |
| 与其…不如…　　既然…就…　　先…然后…　　省得　　还是　　以便 |

(1) 你喜欢吃西瓜(　　)草莓？

(2) 这次会议，(　　)你去，(　　)他去，都无所谓。

(3) (　　)再大的困难，我(　　)要坚持到底。

(4) 你多穿点儿衣服，(　　)着凉。

(5) (　　)如此，你(　　)放弃吧。

(6) (　　)天气好，(　　)出去散散步吧。

(7) 明天早上我(　　)办点事，(　　)再找你。

(8) 最近我(　　)饭(　　)不想吃，更不用说出去逛街了。

(9) 你把资料传给我，(　　)我写报告。

(10) (　　)看这么无聊的小说，(　　)预习课文。

※ 다음 중 문법적으로 옳은 것은 O, 틀린 것은(어색한 경우 포함)은 X 표시하고 바르게 고치시오.

(1) 别说吧！　　　　(　　) →

(2) 你是中国人吗？　(　　) →

(3) 他脑子很聪明。　(　　) →

⑷ 猫！　　　　　　（　）→

⑸ 他上海人。　　　（　）→

※ **밑줄 친 표현을 중심으로 주어진 문장의 의미를 비교하시오.**

⑴ a. 快说！　　　b. 快说吧!　　　c. 快说啊!

　　→

⑵ a. 他不在家吗？　b. 他不在家吧？

　　→

⑶ a. 他是谁？　　b. 谁不关心她了？

　　→

Chapter 19. 중국어의 상

※ 괄호에 들어갈 가장 알맞은 상 표지를 보기에서 골라 넣으시오.

| 了₁　　了₂　　过　　着　　在　　下去　　起来　　来着 |

(1) 她还没有去(　　)美国。

(2) 天气慢慢暖和(　　)了。

(3) 下雨(　　), 回屋里去吧。

(4) 你刚才说什么(　　)?

(5) 我在北京住(　　)三年。

(6) 墙上贴(　　)一张地图。

(7) 她一直(　　)等你。

(8) 你按照这个计划继续干(　　)吧。

※ 다음 중 문법적으로 옳은 것은 O, 틀린 것은(어색한 경우 포함)은 X 표시하고 바르게 고치시오.

(1) 他来了中国学几年汉语。　　(　　) →

(2) 你去过北京没有？　　(　　) →

(3) 别生气了！　　(　　) →

(4) 我在看着电视呢。　　(　　) →

(5) 你没告诉妈妈我逃课来着。 (　　) →

※ 밑줄 친 표현을 중심으로 주어진 문장의 의미를 비교하시오.

(1) a. 我吃了三碗饭。　　b. 我吃了三碗饭了。

　　→

(2) a. 我正在开着会呢。　　b. 窗户开着呢。

　　→

※ **다음 문장을 바르게 고치고 이유를 설명하시오.**

(1) *他常常迟到了。

　　→

　　이유:

(2) *那段时间我也开开心心过。

　　→

　　이유:

(3) *他一直正学习呢。

　　→

　　이유:

(4) *五分钟以后快要上课了。

　　→

　　이유:

연습문제

Chapter 20. 중국어의 주요 문법 원리

※ 다음 중 문법적으로 옳은 것은 O, 틀린 것은(어색한 경우 포함)은 X 표시하고 바르게 고치시오.

(1) 一个人来了。　　　　　　(　)→

(2) 他昨天学习了三个小时。　(　)→

(3) 他学习在图书馆。　　　　(　)→

(4) 妈妈让我做作业。　　　　(　)→

(5) 他吃惯了吃生鱼片。　　　(　)→

※ 밑줄 친 표현을 중심으로 주어진 문장의 의미를 비교하시오.

(1) a. <u>朋友</u>来了。　　b. 来<u>朋友</u>了。

　　→

(2) a. <u>作业</u>你交好了吗？　b. 你把<u>作业</u>交好了吗？

　　→

(3) a. 他很开心<u>地</u>说着。　b. 他说<u>得</u>很开心。

　　→

(4) a. 他<u>坐高铁</u>来这儿。　b. 他来这儿<u>坐高铁</u>。

　　→

※ **다음 문장을 바르게 고치고 이유를 설명하시오.**

(1) *昨天来了那位客人。

　　→

　　이유:

(2) *他把墙上的地图挂了。

　　→

　　이유:

(3) *我休息回家。

　　→

　　이유:

참고문헌

강병규·이지은·전기정·정소영(2021), ≪55문장으로 끝내는 중국어 문법 노트≫, 서울: 시사중국어사
김종호·강희명(2011), ≪중국어 쉬운 문법≫, 서울: 다락원
박정구(2005), ≪박샘의 친절한 중문법≫, 서울: 다락원
박종한·양세욱·김석영(2012), ≪중국어의 비밀≫, 서울: 궁리.
상원무 외 저, 박귀진·민병석 역(2012), ≪왜? 라는 질문에 속 시원히 답주는 중국어문법책≫, 서울: 시사중국어사
육경화 저, 문유미·오유정·최진이 역(2021), ≪실용대외한어교학어법(상)≫, 광주: 전남대학교출판문화원
육경화 저, 문유미·오유정·최진이 역(2022), ≪실용대외한어교학어법(하)≫, 광주: 전남대학교출판문화원
이보귀 저, 임정빈·강혜성·장미라·쩡친 역(2012), ≪北京大學 중국어 어법의 모든 것≫, 서울: 동양북스
조경환(2018), ≪중국어 문법의 토대≫, 파주: 한국문화사
최재영·박창수(2018), ≪탄탄한 중국어 문법책≫, 서울: 동양북스
팽소천 외 저, 강춘화·박영순·서희명 역(2007), ≪틀리기 쉬운 중국어 어법 201≫, 서울: 다락원
한민이(2014), ≪맛있는 중국어 어법≫, 서울: JRC북스
한중인문학교류연구소 저(2023), ≪중국어와 중국인의 관계를 이해할 수 있는 중국 언어 알기≫, 서울: 시사중국어사
허성도(2014), ≪현대 중국어 어법의 이해(개정판)≫, 서울: 사람과 책.

陈平(1987),〈释汉语中与名词性成分相关的四组概念〉,≪中国语文≫, (2), 81-92
戴浩一, 黄河 译(1985[1988]), <时间顺序和汉语的语序>,≪国外语言学≫, (1), 10-20
姜丽萍 주편(2017), ≪HSK 语言点大纲解析与练习≫, 外语教学与研究出版社
刘月华·潘文娱·故韡(1983[2019]), ≪实用现代汉语语法(第三版)≫, 北京: 商务印书馆
卢福波(2011[2019]), ≪对外汉语教学实用语法(修订版)≫, 北京: 北京语言大学出版社
陆庆和(2006), ≪实用对外汉语教学语法≫, 北京: 北京大学出版社
吕叔湘 주편(1980[2002]), ≪现代汉语八百词≫ 增订本, 北京: 商务印书馆
朱德熙(1982), ≪语法讲义≫, 北京: 商务印书馆

Comrie, B.(1976), *Aspect*, Cambridge: Cambridge University Press.
Li & Thompson(1981), *Mandarin Chinese* (박정구·박종한·백은희·오문의·최영하 역, ≪표준중국어문법≫, 서울: 한울아카데미, 1989).

중국어 문법 강의
묻고 생각하고 답하다

1판 1쇄 발행　　2025년 2월 28일

지 은 이 ｜ 문유미·오유정
펴 낸 이 ｜ 김진수
펴 낸 곳 ｜ 한국문화사
등　　록 ｜ 제1994-9호
주　　소 ｜ 서울시 성동구 아차산로49, 404호 (성수동1가, 서울숲코오롱디지털타워3차)
전　　화 ｜ 02-464-7708
팩　　스 ｜ 02-499-0846
이 메 일 ｜ hkm7708@daum.net
홈페이지 ｜ http://hph.co.kr

ISBN　979-11-6919-299-6　93720

· 이 책의 내용은 저작권법에 따라 보호받고 있습니다.
· 잘못된 책은 구매처에서 바꾸어 드립니다.
· 책값은 뒤표지에 있습니다.
· 이 도서는 전남대학교 학술도서출판 지원을 받았음(과제번호 : 2024-1546)

오류를 발견하셨다면 이메일이나 홈페이지를 통해 알려주세요.
소중한 의견을 모아 더 좋은 책을 만들겠습니다.